Un Calice Elevé

Les Aventures *et les* Rencontres de Mort-Imminente *pendant ma* Recherche *de la* Fraternité de Lumière

Gene O'Neil

ASEMC Press
UpraisedChalice.com

Un Calice Elevé

Aventures et Rencontres de Mort Imminente
dans ma Recherche de la Fraternité de Lumière

Par Gene O'Neil
Preface de David Tame

Copyright © 2015; édition française copyright © 2018
par Gene O'Neil and ASEMC Press

Tous les droits sont réservés. Aucune partie de cette publication ne peut être reproduite ou utilisée dans aucune forme que ce soit informatique ou physique, y compris la photocopie, l'enregistrement, ou par tout système de stockage ou de récupération d'informations, sans l'autorisation écrite de l'éditeur.

ISBN 978-0-9912635-3-0 (Livre de Poche, Français)
ISBN 978-0-9912635-0-9 (Paperback, English)

1. O'Neil, Gene
2. Spiritualité
3. Expériences de Morte Imminente
4. Voyage d'Adventure
I. Titre

Publié par ASEMC PRESS
P.O. Box 34
South Newfane • Vermont USA 05351

Ouvrages d'art de couverture par Damian Bland
Modification, conception et mise en page par Denis Ouellette
Traduction française par Bernard Hammond

---

*Plus d'informations, de copies en différents formats,
de tirages d'art de la couverture sont disponibles à*

UpraisedChalice.com

Également disponible chez Amazon.com

Imprimé aux États-Unis d'Amérique

"Rien n'attire plus l'attention que la mort imminente d'une personne" écrit Gene O'Neil dans "Un Calice Elevé", un livre qui relate les voyages et aventures remarquables et les expériences de mort imminente qui ont marqué sa quête pour découvrir le sens de la vie. Les intuitions pratiques d'O'Neil, nées de l'expérience, traversent les frontières religieuses pour transmettre une spiritualité dynamique dans un langage simple et accessible... Le livre convaincant d'O'Neil offre une carte de route claire pour ce qu'il appelle le plus grand et le plus excitant voyage que l'on peut prendre (le voyage intérieur) et la plus grande découverte qu'on peut faire (notre véritable identité en tant qu'amour divin).

— *Récompensé par cinq étoiles dans ForeWord Reviews (critique de livres d'éditeurs indépendants)*

Lire le livre de Gene a été pour moi un moment remarquable pour réfléchir et remettre en question ce que nous considérons de nos jours être la réalité. C'était comme être avec lui dans une "retraite en mouvement" tout au long de son voyage ardu à travers des mystères, des expériences de mort imminente, des chocs, des conflits, des joies et des révélations, seulement pour découvrir la lumière du Soi Toujours-présent. Gene est audacieux comme un guerrier avec un superbe courage, mais avec un sublime abandon à la Volonté de Dieu. Son enthousiasme, sa conscience et ses paroles transcendent dans le champ constant de la Conscience qui est au-delà du temps et de l'espace. Je le remercie au nom de l'humanité.

— *Roop Verma, Maître Sitariste et Professeur de Musique, du Vedanta et de Philosophie du Yoga à la Faculté de Hartwick, Oneonta, New York*

Il n'y a pas de meilleur endroit pour commencer, pour une vraie révélation spirituelle, que dans l'expérience personnelle, et, par conséquent, Un Calice Elevé fixe la tonalité pour quiconque est prêt pour son "voyage de découverte". Ceux qui voudraient boire le calice de compréhension d'O'Neil trouveront son contenu plein et complexe. Ajoutez un journal de voyage aux lieux spirituels du monde et vous avez un mélange fascinant d'introspection, de pèlerinage et de révélation qui résonnera chez de nombreux lecteurs.

— *D. Donovan, Midwest Book Review*

C'est l'histoire exceptionnelle de la quête d'une vie à travers ses voyages autour du monde par un mystique moderne qui intègre ensuite ses expériences dans la vie professionnelle en Amérique. Mais ce qui est vraiment intéressant ici, ce sont les disciplines pratiques qu'il a incorporées dans sa vie et qui ont jalonné le chemin de sa survie dans de multiples expériences de mort imminente. Une lecture fascinante et stimulante.

— David Tame, auteur du "Pouvoir Secret de la Musique" et "Beethoven et le Chemin Spirituel"

Rarement, vous trouvez un livre qui est à la fois une aventure incroyable de cheminement, ainsi qu'une exploration vraiment du coeur d'une recherche sincère de l'unité avec la Divinité. J'étais étonné de la sincérité de la recherche spirituelle de Gene et de sa ténacité à suivre la voix, suivant sa "Présence Intérieure". Je me suis émerveillé de ses expériences à faire dresser les cheveux et aussi de sa tendresse envers ses découvertes intérieures. Les lecteurs adoreront ce livre et apprécieront également la sagesse qu'il contient, tandis que Gene développe ses aventures de vie et ses découvertes spirituelles. Un excellent outil pour développer et apprendre son chemin spirituel.

— Meredith Young-Sowers, D.Div., Auteur de "Agartha : Un Voyage vers les Etoiles" et "La Crise Spirituelle", fondateur, Stillpoint School of Integrative Life Healing (Ecole de Vie Intégrative de Guérison)

C'est une histoire personnelle qui d'une certaine façon inspire chacun de nous. Alors que Gene tisse son carnet de voyage cosmique, il est inévitable que vous y voyiez votre propre réflexion. Les récits de voyages sacrés sont souvent calmes, floconneux ou indistincts, mais Un Calice Elevé n'en n'est rien. C'est authentique et sincère. Son aventure offre une feuille de route claire pour une conscience plus élevée, sans remords en toute franchise, déterminée dans son exécution. Je l'ai placé dans ma liste de lectures recommandées et vous le placerez aussi.

— Dr Dennis Perman, co-fondateur de The Masters Circle (Le Cercle des Maîtres)

*Pour Azure and Jesse
qui m'ont tant enseigné
sur l'amour.*

Table des matières

Avant-Propos à la Version Française xi
Préface xii
Dédicace xiv
Remerciements xv
Introduction xvii

1 ~ Aperçu du Contexte 1
2 ~ L'Objectif de Cet Ouvrage 5
3 ~ Préparation à Ce qui Doit Arriver 8
    Le Contexte Extérieur 9
4 ~ Vue d'Ensemble 19
5 ~ Comment Transmettre ? 24
6 ~ Comment Cela a Commencé pour Moi 26
    "La Recherche de Bridey Murphy" et Edgar Cayce 27
    Le Lycée 28
    Le Militaire 30
    La Faculté—Les Maîtres Réapparaissent 32
    Ma Première Expérience avec la Totalité 33
    Une Nouvelle Perspective et le Rêve 35
7 ~ La Quête Commence 37
    Jésus et l'Evangile du Verseau 39
    Israël 42
    Istanbul et l'Asie 45
    Iran ~ Afghanistan ~ Pakistan 46
    Revenir "Chez Moi" en Inde 50
8 ~ L'Inde Mystique 56
    Le Taj Mahal 57
9 ~ Le Népal 60
    A l'Approche de Katmandou 62
    Accélération Intérieure—L'Himalaya 70
    L'Archer 71
    La Longue Randonnée vers l'Everest 72
    Perspective Himalayenne 77
    Le Monastère 81
    A l'Approche de l'Everest 88
    Le Monastère de Tengboche 92
    Le Glacier du Khumbu 98
    Kala Pattar 101
    Le Yeti 107
10 ~ De retour "chez moi" en Inde 109
    Bénarès et Sarnath 111
    De Nouveau au Taj Mahal 115
    Bombay et Goa 118
    Goa 123
    En Direction du Sud-Est vers Madras 128
11 ~ Pondichéry et Aurobindo 130
    Une Perspective Intérieure 138
    Qu'est-ce Que C'est ? 141
    L'Ashram d'Aurobindo et l'Accélération 144
    Journées Spéciales 149
    Le Rendez-vous d'Anniversaire—L'Achèvement d'un Cycle 151

Table des matières

12 ~ Réintégrer l'Amérique **159**
    Rappel du But de ce Travail *163*
    La Paix du Vermont *163*
    Construire et Harmoniser *164*
    Les Grandes Lois qui Gouvernent Tout *167*
    Les Enseignements des Maîtres *167*
    Retour au Plan Physique *172*

13 ~ Une Direction Différente **176**
    La Fraternité en Amérique *177*
    La Science de la Parole Décrétée *180*
    Une Comparaison *184*
    Le Contact avec les Maîtres *186*
    De Nouveau une Intercession Divine *188*
    La Bien-Aimée Mère Marie *192*
    Le Phare du Sommet *197*
    Le Conclave de Pâques à Camelot en 1985 ....*200*
    Préparation Intérieure *201*

14 ~ Archange Michel **205**
    Après l'Intervention du Seigneur Michel *211*
    En Partance du Phare du Sommet *213*
    Qu'est-ce Qu'un Messager de la Fraternité ? *214*

15 ~ Poursuivre le Chemin **217**
    Roop *217*
    Aquaculture *220*
    Joanne *221*
    L'Epreuve du Feu *224*

16 ~ Le Temple de La Présence **227**
    Première Dispense de l'Archange Michel *229*
    Les Premiers Jours *231*
    Différences entre Le Temple et Le Phare du Sommet *233*

17 ~ Tout Compte **238**
    Visualisation du Grand I AM *240*
    Regard sur le Passé et Regard vers le Futur *241*

18 ~ Un Nouveau Palier **245**
    Harmonisez et Décidez pour Vous-même *248*
    Faites en Sorte que Cela Arrive *253*

  ~ Réflexions sur le Chemin **256**
    Sortez de Votre Tête et Entrez dans Votre Cœur *256*
    Pas à Pas *258*
    Le Chemin et le Contrôle du Trafic Aérien *261*
    Les Enfants *261*
    Le Temple Physique *262*
    Le Processus d'Edition Commence (3 Octobre 2012) *267*
    L'Oeuvre Sacrée de la Fraternité et Vous *268*

  ~ Le Pouvoir des Décrets du Temple de La Présence **272**

Lectures Recommandées / Sites Web 281

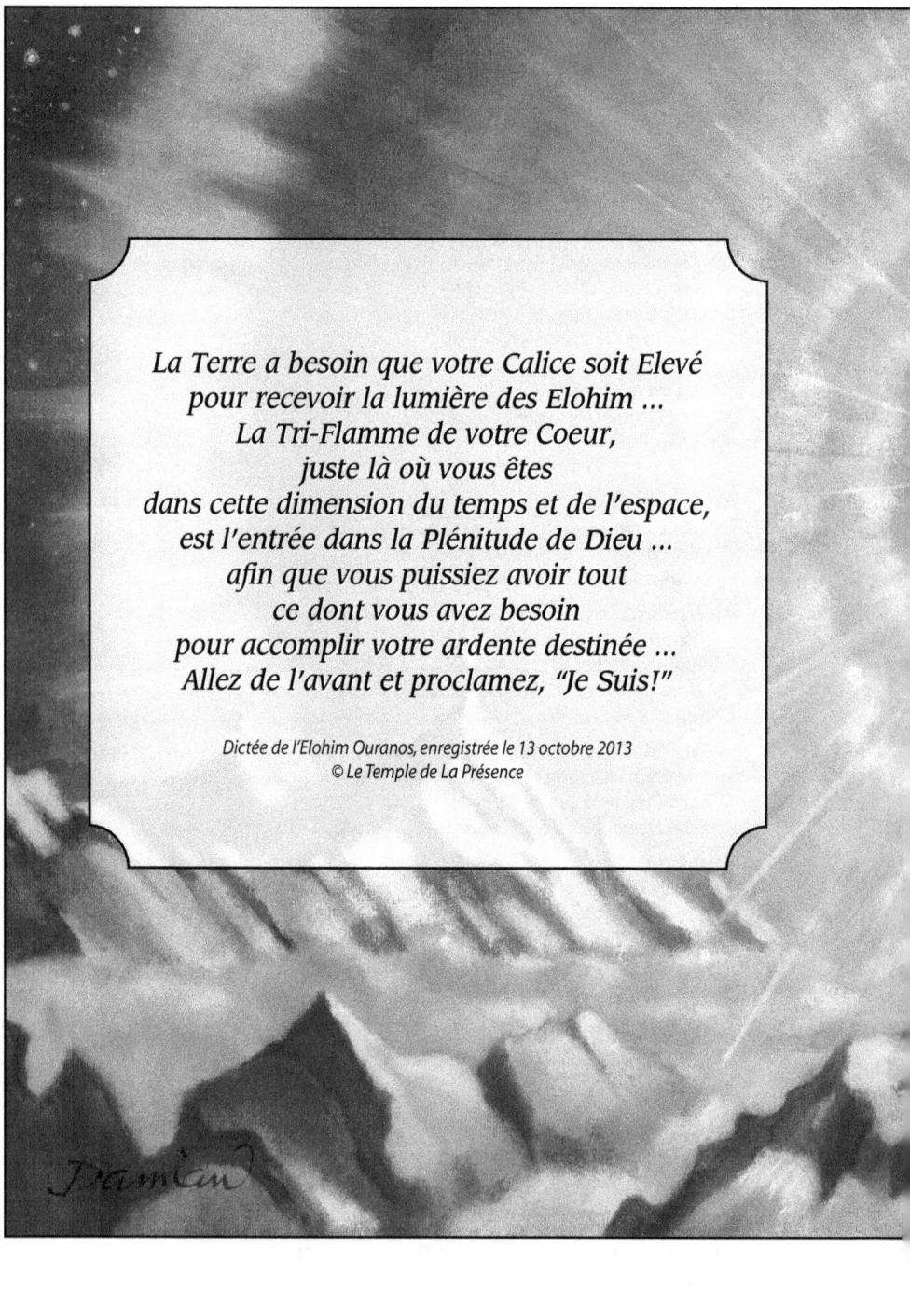

*La Terre a besoin que votre Calice soit Elevé
pour recevoir la lumière des Elohim ...
La Tri-Flamme de votre Coeur,
juste là où vous êtes
dans cette dimension du temps et de l'espace,
est l'entrée dans la Plénitude de Dieu ...
afin que vous puissiez avoir tout
ce dont vous avez besoin
pour accomplir votre ardente destinée ...
Allez de l'avant et proclamez, "Je Suis!"*

Dictée de l'Elohim Ouranos, enregistrée le 13 octobre 2013
© Le Temple de La Présence

Un Calice Elevé ~ Couverture de l'artiste Damian Bland
Des impressions en couleur sont disponibles sur UpraisedChalice.com

An Upraised Chalice

Avant-Propos a la Version Française

Comme le suggère "Un Calice Elevé", il y a de nombreuses personnes dans le monde qui s'éveillent à une perspective différente sur la vie. Pour beaucoup cela a été une envie de comprendre ce qu'est la vie. Pour certains (comme pour moi-même) ce fut un long périple consistant à explorer d'autres cultures, d'autres modes de vie et aussi soi-même dans la quête de découvrir quel est le sens de la vie...

La clé de ce livre est la recherche quotidienne du lien que l'auteur a avec sa Présence I Am (Je Suis) tandis qu'il traversait le cours de sa vie en découvrant la Fraternité de Lumière et le travail de celle-ci au cours des siècles. Cette traduction est aussi un acte d'Amour car je désirais partager ce récit avec le maximum de personnes. Il en est résulté la traduction française que vous êtes sur le point de lire.

Une dernière remarque : Pour la traduction du mot anglais "I AM", j'ai laissé le mot "I AM" juxtaposé au "Je Suis". Car si la traduction littérale de "I Am" est "Je Suis", le terme "Je suis" ne reflète pas toute la vibration contenue dans le son du terme original "I AM" prononcé phonétiquement "Ayam". Le "I" est direction et focalisation. Le son "AM" se retrouve en Orient dans le AUM ou le OM et en Occident dans l'Amen. Le "Am" est illimité. La Présence est le Lien entre le "I" et le "Am". ❧

Bernard Hammond,
le traducteur de l'anglais

Preface

par David Tame

Des vies extraordinaires sont généralement vécues par des personnes extraordinaires. Gene O'Neil est, sans aucun doute, une personne extraordinaire qui est devenue ainsi en raison de ses nombreuses expériences inhabituelles, miraculeuses et franchement étonnantes. Gene ne se considérerait pas lui-même exceptionnel; Dans ses mots il se considère comme un homme ordinaire "à la tête dure" qui a été choisi, pour une raison quelconque, pour expérimenter la vie d'une façon très inhabituelle. Jusqu'à ce qu'il ait mis ses expériences sur le papier, je ne savais pas à quel point ses histoires étaient profondes. Elles m'ont transformé et le feront probablement de même pour vous. En fait, Gene propose que l'histoire de sa vie soit un prologue et un tremplin pour que vous puissiez voir votre propre vie sous un jour nouveau.

Les expériences de Gene l'ont poussé sur un chemin spirituel, sans que ce soit celui d'un moine dans sa grotte. A notre époque, nous pouvons trouver des personnes mystiques de toutes sortes n'importe où. Gene est là pour nous montrer que la vie de quelqu'un devient mystique quand elle est vécue en tant que "Un Calice Elevé". Soyez avant tout ouvert à la Présence de Dieu dans votre vie et tout ira bien pour vous. En fait, les miracles peuvent devenir assez normaux.

J'ai tout d'abord rencontré Gene à la fin de juin 1999. Je devais arriver d'Angleterre à un endroit près de sa maison au Vermont et être pris par lui pour passer la nuit, après quoi il était prévu que nous allions le lendemain tous les deux, à quelques heures de là pour une retraite spirituelle de douze jours. J'avais volé vers Boston puis attrapé un bus pour les collines verdoyantes et boisées de la Nouvelle-Angleterre. Et étant Anglais, peut-être au fond de mon esprit, j'attendais une certaine salutation formelle lorsque Gene s'est arrêté avec sa voiture. Et bien, Gene est un homme d'action, très ancré dans le monde physique. Et tandis que notre rencontre était bonne, mes bagages étaient dans le coffre et nous étions en route en quelques secondes, Gene me présentant aussi à Alex l'employé de la NASA, qui était avec lui.

En arrivant à ses 40 hectares de terre dans les collines du Vermont, avec ses jolis ruisseaux et ses cascades, avant même d'atteindre la maison où me reposer sous un toit, Gene nous prévint que nous devions d'abord visiter son lieu spécial de baignade avec cascade.

Quelques heures plus tôt, j'étais à 10.000 mètres d'altitude. Maintenant, juste au-dessus du niveau de la mer et dans un après-midi légèrement glacé et bruineux, je me suis retrouvé à descendre des rochers entourés de bois épais dans le sillage de Gene et d'un scientifique de la NASA pour aller me tremper dans une piscine profonde et naturelle, nourrie par une cascade magique et son eau de montagne froide et rafraîchissante!

Ce soir-là, et pendant de nombreuses soirées à venir, je suis venu à mieux connaitre Gene. Nous avons vite découvert que nous avions en commun le défi du voyage terrestre que les jeunes prenaient dans les années 60 et 70, depuis l'Europe vers l'Inde et l'Himalaya. Nous avions tous deux entrepris ce rite de passage qui changeait la vie exactement au même âge de 21 à 22 ans, mais Gene trois ans avant moi. Je tenais le couteau spécial, avec le soleil incrusté sur un côté de la poignée et la lune de l'autre, qui lui avait été donné dans l'Himalaya par un lama bouddhiste.

Et j'ai entendu de la bouche de Gene, comme vous allez le lire ici, la rencontre étonnante avec une créature, elle à l'extérieur d'une cabane de berger pour yak, munie d'une porte barricadée, et Gene et son ami à l'intérieur. Quand il a écrit cette rencontre dans ce livre : "Nous nous sommes jetés contre le mur à l'opposé et avons saisi nos couteaux, terrifiés de ce qui sûrement devait arriver", c'est le couteau cérémonial donné par ce lama tibétain que Gene avait dans sa main.

Gene n'est pas un visionnaire tête en l'air. Il n'invente pas des histoires. Donc, quand il raconte, par exemple, que l'Archange Michel lui a parlé et lui a sauvé la vie, je crois que c'est la vérité pure, une qui est, en fait, plus réelle que l'expérience ordinaire et banale, car elle nous révèle la magnifique Réalité au-delà de celle-ci. De telles expériences nous donnent des aperçus importants sur un mode de vie qui a un but et une perspective élargis, une vie vécue en tant que calice élevé.

Gene croit que sa vie extraordinaire a été effectivement renouvelée plus d'une fois à des fins plus élevées. L'un de ces buts est assurément la transcription de ses expériences, les rassemblant ici dans un travail d'amour et de reconnaissance, envers Dieu et Ses émissaires, pour la postérité, mais plus directement et très sincèrement pour vous. ✆

David Tame est l'auteur de :
Le Pouvoir Secret de la Musique *et*
Beethoven et le Chemin Spirituel

Dedicace

Ce travail est dédié à ces enfants purs et magnifiques (de tous âges) qui se sont incarnés en ces temps pour jouer leur rôle dans le grand éveil de l'humanité, afin qu'ils sachent qu'ils ne sont pas seuls dans les aspirations tranquilles et non formulées de leur cœur.

Bien entendu, au début de ce travail, certains trouveront ici les concepts mêmes, et beaucoup de mes expériences détaillées, étonnantes, voire incroyables (selon le cadre de référence). Je vous assure que tout est vraiment affirmé, sans licence littéraire ni exagération.

Il y a beaucoup d'autres personnes qui ont également eu des expériences de première main sur ces questions et qui, par la pureté de leur vie, ont eu des interactions directes avec leur Présence Divine, le I Am, le Je Suis celui que Je Suis, à l'intérieur et ont rencontré les Grands Etres, que ce soit des anges ou des maîtres, semblables à ceux que j'ai décrit ici.

Il est vrai aussi qu'il y en a beaucoup d'autres qui sont sur le point de se souvenir, dans la pureté de leur cœur, qu'ils sont plus que la somme totale de leurs expériences de cette vie et qu'ils sont venus ici pour une raison sacrée.

C'est pour vous tous que ces récits sont écrits. Bien qu'il s'agisse d'une feuille de route de mon long voyage, mon espoir est que cela vous aidera dans votre propre parcours de découverte, afin que vous puissiez expérimenter par vous-même ces Grandes Lois et voir les fruits qu'elles apportent dans votre vie. Les Grands Etres ont déclaré que le Chemin de chacun est unique, mais ils procèdent tous des aspirations pures qui surgissent dans le Silence du Cœur, fusionnant finalement dans la grande réunion avec la Présence Individualisée de Dieu, le I AM, le Je Suis Celui que Je Suis, intérieur.

Enfin, ce récit est écrit pour ceux qui aiment, car ce n'est que par la pureté de l'amour que nous pouvons vraiment percevoir. ߷

Remerciements

En ce jour de Noël 2013, maintenant que ce projet est terminé, j'exprime toute ma gratitude pour tous ceux qui ont rendu cette longue histoire possible.

D'abord et avant tout à la Présence Divine, le JE SUIS Celui que JE SUIS intérieur, à l'Archange Michel, et à nos Frères et Sœurs Ainés Ascensionnés auxquels je me réfère en tant que Grands Etres, tous ceux qui m'ont aidé à bien des égards.

A Joanne, envoyée par le Ciel et mère de notre fils, qui a tenu la Flamme de la Mère et qui a nourri les autels ici avec son amour, ses prières et ses adorations pendant ces vingt dernières années. Sa compassion, sa grâce et ses capacités d'organisation ont touché beaucoup et ont aidé à créer un foyer de Lumière qui a été un refuge contre la tempête.

A Denis, Damian et David, mes trois guerriers spirituels frères d'armes. Denis Ouellette était le principal éditeur et artiste de mise en page. Son soutien a été un autre exemple d'aide divine pour perfectionner les concepts, le déroulement et l'aspect que je cherchais à présenter.

Damian Bland a peint l'œuvre d'art de la couverture qui représente la vision qui m'a d'abord été donnée dans une méditation avec l'Archange Michel, et vu de manière indépendante par Damian lui-même, et que maintenant beaucoup d'autres peuvent expérimenter dans la vision d'Un Calice Elevé. (Les tirages en couleur de cette peinture peuvent être obtenus chez UpraisedChalice.com.)

David Tame a été le premier à me donner le soutien et la direction littéraire dont j'avais besoin pour le premier brouillon de l'histoire. Son Avant-propos orne le début de ce livre.

Enfin, un remerciement particulier à Bernard Hammond pour avoir trouvé l'inspiration dans ce livre assez pour le traduire et l'ouvrir à un tout nouveau segment de l'humanité. Je suis reconnaissant! ☙

An Upraised Chalice

Recorder/Chuck Blake
One of two cars involved in the Factory Hollow accident Tuesday is towed from scene.

Factory Hollow crash claims life of Athol man

By CHARLES L. KELLER
Recorder Staff

GREENFIELD — A two-car crash on Route 2 in Factory Hollow at about 12:30 p.m. Tuesday claimed the life of a 30-year-old Athol man and hospitalized the other driver, a 35-year-old man from Wilmington, Vt.

It was the second fatal auto accident in the county in as many days, the fifth in the past three weeks and the 20th in 1985.

William P. Carlson of White Pond Road, Athol, was taken to Franklin Medical Center by Mercy Ambulance where he died about 30 minutes later. Mercy personnel found Carlson alive at the scene, but had a difficult time at one point finding a pulse.

Dr. Albert B. Giknis of Turners Falls, Eastern Franklin District medical examiner, said an autopsy on Carlson was to be performed this morning. Carlson suffered severe head and chest injuries.

On Monday, Lawrence R. Waldron Jr., 37, of Wilmington, Vt., died when his car left Colrain Road in Shelburne and struck two trees. Dr. Giknis said today that an autopsy showed Waldron died of multiple injuries. "He could have survived any one of them," Giknis said, "but put them all together and he didn't have a chance."

In Tuesday's accident, Carlson was driving west on Route 2 when he collided with a car being driven east by Eugene J. O'Neil, 35, of Newfane, Vt.

The accident occurred at the junction of Route 2 and Factory Hollow Road.

Greenfield police officer Roger S. Kisloski said O'Neil told him the Carlson car "just seemed to turn into his lane." That observation was corroborated by Michael Wellington of Swanzey, N.H., who was driving a Coca Cola vehicle behind the Carlson car. Neither could tell why. John Roberts of Attleboro, who was driving a Sysco truck behind the O'Neil vehicle, said he thought he saw Carlson turn his

See ACCIDENTS Page 16

Article du Greenfield Recorder (Greenfield, Massachusetts) daté du 4 décembre 1985, montrant ma voiture remorquée après l'accident mortel.

Introduction

Depuis plus d'un mois, les prémonitions se renforcèrent presque tous les jours. Quelque chose de très désagréable approchait. Je savais que je devais être physiquement alerte et super chargé de la Lumière de ma Présence afin de pouvoir faire face à ce que je ressentais, quoi que cela pourrait être. Mes méditations du matin étaient fortes et claires et les mantras que je faisais semblaient encore plus puissants. Pourtant, je savais à l'intérieur que ce rendez-vous approchait et ne pouvait être évité. J'ai parlé à ma famille de ces prémonitions et je me suis assuré que mes affaires étaient en ordre. Je pensais que l'avion dans lequel je volais s'écraserait.

Le 3 décembre 1985, vers midi, je conduisais ma voiture à environ 110 km/h en allant à l'aéroport pour animer une leçon de vol pour deux de mes étudiants. Ma conscience extérieure était occupée à revoir le plan de vol que nous devrions suivre pour le long vol d'entraînement vers le Maine. Soudain, il y eut une légère explosion de Lumière immédiatement devant moi et sur mon côté, une sphère de feu, environ 30 cm de diamètre est apparue devant le tableau de bord stéréo de ma voiture. Dans cette sphère de feu qui était devant moi, et déjà m'enveloppait, comme un coup de tonnerre, l'Archange Michel m'a ordonné de prononcer un décret, un fiat de protection. J'ai été stupéfié, abasourdi par cette expérience englobant tout, le temps a ralenti et j'ai réduit ma vitesse à peut-être 80 kilomètres à l'heure m'engageant instantanément dans la puissante prière qu'il m'était commandé de faire. C'est moins d'une minute plus tard qu'une voiture, venant dans la direction opposée, a perdu le contrôle, a traversé dans ma voie et m'a frappé frontalement. Les deux conducteurs, moi-même et l'homme qui a perdu le contrôle, ont été tués. Mais, à plusieurs reprises, j'ai été renvoyé sur Terre.

An Upraised Chalice

L'histoire que vous allez lire détaille la chaîne d'événements qui ont provoqués les intercessions de l'Archange Michel, les raisons pour lesquelles je crois qu'elles sont arrivées et l'interaction antérieure et subséquente avec les Grands Etres qui ont façonné ma vie. Aussi remarquable que cela puisse sembler, il y a une histoire plus profonde ici, une qui est vaste dans ses implications et qui pose un défi à tous ceux qui cherchent à connaître la Vérité. Ce défi implique la découverte des réponses à ces questions pénétrantes: ***"Qui sommes-nous ?"*** et ***"Pourquoi sommes-nous ici ?"*** ca

1 ~ Aperçu du Contexte

Je suis un homme endurci, peu patient pour la médiocrité, un homme multi-professionnel qui est bien au courant et performant en sciences physiques. J'habite dans une propriété que j'ai construite sur un sommet forestier. J'ai toujours un corps de guerrier beaucoup plus jeune que mes 62 printemps. Je suis un père, un amoureux, un bâtisseur, un enseignant, et j'ai toujours été un chercheur de la sagesse ancienne. Cette histoire parle de l'aspiration et de l'effort, pendant toute une vie, d'un garçon qui se rappelle et s'éveille sur ce qu'il ne pouvait que rêver à travers les brumes. Tandis que vous continuerez à lire ces grandes aventures, n'oubliez pas que je ne prends aucune licence littéraire ici, tout s'est passé comme c'est indiqué.

En regardant le contexte, la plupart d'entre nous font une pause pour s'inquiéter. Depuis de nombreuses décennies, nous avons regardé le monde dans lequel nous vivons devenir plus instable. Les populations ont considérablement augmenté, la nourriture et l'abri dans le monde entier, même aux États-Unis, sont préoccupants pour beaucoup. De nombreuses régions sur Terre éprouvent un changement climatique, ponctué par des conditions météorologiques extrêmes. Une sécheresse grave, des pluies abondantes et des variations extrêmes de température menacent la production alimentaire mondiale. L'économie mondiale semble marcher au bord de l'insolvabilité, subissant une crise après l'autre. Cela rend difficile, pour beaucoup, de joindre les deux bouts, ce qui, à son tour, sert à alimenter plus de dettes avec des cartes de crédit et exacerbe la crise de la dette. Les conflits géopolitiques à l'échelle mondiale, souvent alimentés par des dogmes religieux extrémistes, semblent, année après année, enserrer plus de pays et produire une horreur inimaginable.

Beaucoup estiment qu'un malaise culturel s'est installé. Exposés aux diffusions multimédias en continu concernant ces événements perturbateurs à l'échelle mondiale, beaucoup s'y habituent, engourdis et indifférents à ce qui se passe autour d'eux. Nous ne nous sentons pas à l'aise lorsque nos enfants grandissent dans cet environnement, exposés à tout cela. Ils cherchent à imiter les modes de vie qui leur sont présentés par l'industrie dite du divertissement et par la publicité d'entreprise. Cela se retrouve dans leur vie, orientant effectivement les nouvelles générations vers des modes de vie qui donnent moins d'importance aux comportements et aux idéaux altruistes et une plus grande importance aux activités matérialistes. Nos enfants sont confrontés à un gouffre presque irréconciliable entre l'innocence qu'ils connaissent dans leurs cœurs et les images froides et trop souvent violentes servies par les médias. Tragiquement et de plus en plus fréquemment, ce phénomène se retrouve dans des actes d'horreur inouïe qui, dans certains cas, peuvent mettre une nation entière à genoux. Il y a un sens grandissant parmi la multitude que quelque chose de majeur manque dans notre civilisation, un manque de boussole morale, un manque de direction. Beaucoup cherchent des réponses.

Avec en contexte tout ce qui précède, nous sommes pris dans notre vie quotidienne. Les jours se transforment en semaines et les mois en années. Avant de s'en rendre compte, nous ne sommes plus des enfants, les relations, les carrières, les familles et les responsabilités sont arrivés. Pour beaucoup dans cette culture, c'est presque d'un pas frénétique que de faire, faire, toujours faire pour nous et nos familles.

Les années avancent et chacun s'occupe des priorités de sa vie, en se concentrant sur la façon d'être heureux, de vivre, d'élever une famille. Les années se transforment en décennies et, tôt ou tard (j'espère au plus tard), des maladies ou des accidents se produisent et nous sommes tous à nouveau confrontés aux grandes questions : Pourquoi ? Et après ? Qu'est-ce que cette vie que j'ai vécu ? Comme on commence à envisager son éventuel départ : Qu'est-ce que j'ai pu faire pour rendre les choses un peu meilleures ? Qu'est-ce que j'ai fait pour rendre la vie des autres plus belle ?

Certains, et c'est heureusement vrai pour beaucoup d'entre nous, savent que, quelque part, tout au fond d'eux-mêmes, il y a une raison dans leur vie qui englobe ce que tous les parents veulent pour leurs enfants, et va même bien au-delà. Peut-être était-ce ce que nous avions ressenti dans l'idéalisme de notre jeunesse, avant de devenir fatigués par les responsabilités de la vie, et qui concerne ce sentiment profond d'une mission dans la vie.

Dans l'enfance il y avait un sens transmis par la famille, et peut-être dans un monde plus innocent qui nous entourait, que Dieu nous guidait. Cependant, au fur et à mesure que les années se sont déroulées, beaucoup ont commencé à se poser des questions qui ne pouvaient plus être résolues par le dogme simpliste des religions organisées.

La contre-culture des années 60 et 70 a ouvert la voie à l'interrogation de ma génération sur les symboles d'autorité établis et sur les organisations qui gouvernaient notre vie, de notre gouvernement jusqu'à l'église. Ces temps ont-ils rendu les nouvelles générations plus intelligentes, moins disposées à être dirigées par un anneau dans le nez ? Beaucoup d'entre nous, dans cette phase du lent réveil de l'humanité, se sont éloignés des dogmes creux que l'on trouve dans la plupart des religions, sentant que Dieu est plus évident dans le sourire d'un enfant, dans le baiser de l'aimé ou dans un magnifique endroit lors d'une belle journée.

Certains dont la soif de compréhension ne pouvait pas être repue par les activités matérialistes de cette culture ont exploré d'autres options.

Ceci est le récit du voyage d'une de ces personnes, cherchant à comprendre ce qu'est la vie. L'histoire détaille mon premier contact extérieur avec le concept de la Fraternité de Lumière, organisation des Grands Maîtres de la Sagesse, composée de ceux qui se sont "diplômés depuis la salle de classe sur Terre" et qui deviennent les Grands Etres immortels. Alors que les années passaient, mon inspiration m'amena à obtenir une expérience de première main avec ces Maîtres et leurs Enseignements, non pas seulement par la connaissance livresque, mais par le biais d'un plan physique, intégrant concrètement les Grandes Lois de la Vie et le pouvoir transformateur que le maniement de cette connaissance met dans les expériences de la vie, un pouvoir qui transcende et remplace les limites physiques.

Ce qui rend cette histoire peut-être un peu plus intéressante, c'est ma volonté inflexible et implacable de donner un sens à tout cela, qu'il y ait l'enfer ou le déluge, quel qu'en soit le coût extérieur. Je raconterai la longue étendue du voyage, y compris les intercessions physiques répétées des Maîtres Ascensionnés, y compris celles de l'Archange Michel dans de multiples circonstances de vie et de mort (y compris tous les détails de l'accident mortel de voiture que j'ai mentionné plus tôt). Tout cela a conduit à un crescendo continu de la Vie qui me laisse émerveillé et complètement humble par la glorieuse majesté du Plan Directeur de Dieu, et qui a propulsé ce récit pour que d'autres puissent en bénéficier.

2 ~ L'Objectif de Cet Ouvrage

Nous sommes à un carrefour crucial dans l'histoire de notre civilisation. Il y a beaucoup d'êtres incarnés maintenant qui ont été préparés pendant de nombreuses vies pour participer à ce qui se développe maintenant sur la face de la Terre. En raison du voile de l'oubli qui est abaissé sur la mémoire de chaque individu, avant son incarnation physique, nous devons tous suivre notre vie jusqu'à ce qu'un événement se produise qui ébranle notre mémoire. Espérons que ce soit un événement magnifique et pacifique qui fasse cela. Quelque part, il y aura une clé qui commencera à déchirer le voile et l'individu commencera le processus de se rappeler qu'il y a plus que les expériences de cette vie, qu'il existe un Grand Plan qui se déploie.

C'est un processus délicat, facilement contrarié ou interrompu par les pressions du monde extérieur. Alors que faire pour aider ce processus, pour renforcer un tel éveil personnel et doux ? Ma réponse à la question que j'ai posée ici est ce qui a brûlé en moi depuis des décennies. Je savais depuis longtemps que je devais faire mes expériences ici-bas. Je devais utiliser dans ma vie l'immensité absolue des récits des Maîtres et des intercessions de Michel, combinée à tout ce qui est rapporté ici et qui a forgé cette vie, pour peindre une description vivante de la façon dont ces Lois fonctionnent dans la vie d'un individu. Je prie que certains reconnaissent cette vérité, dans les espaces tranquilles de leur cœur, c'est ce qui est exposé ici.

Je ne me conformerai pas dans l'utilisation de langages et de descriptions spécifiques pour transmettre ces expériences et ces concepts. Le poids et le récit des expériences de cette vie devraient dissiper toute pensée que ce qui est contenu ici n'est que simple imagination. L'élaboration des expériences de cette vie a préparé directement la voie pour ce travail. C'est mon vœu le plus profond que ce que je vais raconter dans cette œuvre puisse profiter à ceux qui ne veulent pas accepter le statu quo de Samsara (Le mot sanskrit Samsara signifie "voyager". Dans le Bouddhisme, l'Hindouisme et le Jaïnisme, le Samsara est défini comme un cycle de naissance, de mort et de renaissance).

Nous sommes tous des Fils et des Filles de Dieu et pourtant, les Grandes Lois de la Vie sont immuables. Les circonstances difficiles de notre vie, les problèmes auxquels nous sommes confrontés, individuellement ou collectivement, sont le résultat direct de notre ignorance de ces Lois. Il est impératif que nous réveillions rapidement, ceux d'entre nous qui sommes prêts, et que nous travaillions dans le cadre de ces Lois pour notre libération, l'accélération et la guérison de l'humanité et de notre planète.

Cette œuvre ne laissera pas le lecteur sans espoir, sans ressource et sans savoir que faire. A la fin de ce récit, j'inclue une liste de lecture recommandée où le lecteur pourra obtenir plus d'informations sur l'histoire du travail de la Fraternité de Lumière. Plus directement il y a la présentation du Temple de La Présence qui est le travail accéléré et actuel de cette Fraternité.

Ce qui est très intéressant, c'est que beaucoup de récits sur les Grands Maîtres sont apparus dans l'ère actuelle en quelques décennies, autour des années 1900. Ces livres sont apparus sur quatre continents et tous contiennent des récits de cette même Fraternité de Lumière, rédigés par des personnes qui ont pris contact avec les Maîtres et qui ont cherché à sensibiliser davantage leur enseignement vers un plus grand public. Il y a eu plusieurs grands axes du travail extérieur de la Fraternité au cours des cent dernières années environ, chacun jetant les bases pour ceux qui suivraient. De la Société Théosophique (vers la fin des années 1880 jusqu'au début des années 1900), en passant par l'Activité du I Am (vers 1930 et 40), Le Pont de la Liberté (vers

1950), Le Phare du Sommet (années 1960-1990), jusqu'à l'activité d'avant-garde actuelle de la Fraternité qui continue actuellement et est connu sous le nom du Temple de La Présence.

Le lecteur découvrira tandis que cette histoire se déploiera que je ne parle pas ici d'une «connaissance livresque» des Sciences Anciennes Sacrées, mais d'une manière physiquement tangible de vivre la vie qui produit des résultats merveilleux et qui est d'une portée considérable. Les Maîtres ont fait la déclaration suivante que si un individu souhaite connaître et expérimenter le Chemin pour lui-même, il pourra employer une série d'exercices spécifiques que je détaillerai plus tard dans ce travail. Lorsque ces exercices simples sont entrepris pendant une période de temps, tellement de changements seront évidents dans sa vie qu'il appréhendera avec certitude la réalité de ce qui s'ouvre alors à lui. Cette Sagesse Sacrée lui permettra, par son choix de libre arbitre, de purifier et d'accélérer son être, de commencer le processus de repousser le voile de l'oubli et d'intégrer de plus en plus les Enseignements des Maîtres Ascensionnés. Le point final de ce processus sacré est l'union, le mariage alchimique, avec notre Présence Individuelle I Am (Je Suis). Ainsi, nous atteindrons tout notre potentiel en tant que Fils ou Fille de Dieu maniant l'Amour, la Sagesse et le Pouvoir absolu du JE SUIS Celui que JE SUIS, tout comme Jésus et tant d'autres l'ont fait.

3 ~ Préparation à Ce qui Doit Arriver

Peut-être est-ce dû à des différences culturelles, peut-être est-ce dû aux facultés intuitives plus intrinsèques des femmes, mais il me semble que la plupart des hommes sont beaucoup moins enclins à considérer, et encore moins à chercher à comprendre, les grands Mystères de la vie qui dépassent les murs de pierre des Dogmes culturellement imposés. Alors, comment présenter cette substance à ceux qui se sont focalisés sur leur chemin dans le monde, ceux qui ont été trop occupés par leur vie extérieure pour respirer profondément, faire une pause et faire le bilan de tout cela ? (C'est certainement un défi majeur, et c'est peut-être la raison pour laquelle j'ai mis de côté pendant très longtemps ce récit). En raison des expériences inhabituelles (du moins pour la plupart dans cette société) détaillées dans ce récit, il peut être utile pour le lecteur d'avoir un peu du contexte pour mieux comprendre ce qui suit.

Le bref aperçu biographique inclus ici traite principalement des circonstances du monde extérieur et des expériences vécues similaires à ce que la plupart des gens vivent au cours de leur vie. Cependant, au cours de ma "vie adulte", il y a eu au moins trois cas où l'intervention Divine m'a gardé dans ce corps, ou m'a amené à y retourner. L'un d'entre eux (l'accident de voiture déjà mentionné) est relativement connu. Tous, lorsque l'on prend en considération le mécanisme des situations et les raisons pour lesquelles ces expériences se sont produites, sont vraiment remarquables et, plus important encore, toutes contiennent des aspects des Grandes Lois en action qui pourraient certainement bénéficier à d'autres.

Bien que peu de choses, dans ce monde matériel, attire l'attention sur une mort imminente, comme détaillée ici, l'ampleur du développement des expériences transmises dans la majeure partie de ce travail (du chapitre 7, jusqu'à ce jour), encadrées par une telle beauté et perfection extérieure, fait allusion à une image et un dessin beaucoup plus grands que le simple hasard du destin. C'est pour cette raison que je l'ai exposé maintenant, afin que d'autres, quel que soit la profondeur des douleurs et des joies du monde matériel, puissent connaitre les enseignements des Maîtres et les grandes Lois qui régissent tout.

Le Contexte Extérieur

Après l'armée et trois semestres de faculté, j'ai quitté l'université pendant un an et demi pour me lancer dans une quête pour savoir qui j'étais; ce qui modifia ma vie. J'ai voyagé seul en Europe, en Israël et puis dans tout le sud de l'Asie. Je savais tout au long de cette période que j'étais en mission. Les expériences détaillées et remarquables qui ont eu lieu lors de ces aventures ont fourni un cadre et une nouvelle perspective à travers lesquels j'ai vécu cette vie.

Je suis retourné aux États et à la Faculté et j'ai immédiatement commencé une formation de vol aérien. En quelques années, je suis devenu un pilote professionnel, et quelques années plus tard, un instructeur de vol. Le vol me convenait parfaitement. Décoller de la Terre et monter de mille mètres dans le ciel, parcourant des centaines de kilomètres, puis revenir à la Terre, était exaltant. Regarder la beauté étonnante de la Terre, des rivières, des villes et des terres agricoles passant sous l'avion que je pilotais, me transmettait un sentiment de paix et d'ordre qui n'était pas aussi présent pour moi sur Terre.

D'atterrir et de décoller des principaux aéroports du nord-est des États-Unis, en particulier dans les conditions de l'IFR (Règles de Vol aux Instruments), c'est-à-dire lorsque les conditions météorologiques rendent impossible de voler en se référent visuellement à l'extérieur a toujours été un défi technique extrêmement enrichissant. Aussi merveilleux que l'aviation professionnelle puisse être, j'ai été complètement fasciné par le deltaplane. Attaché au deltaplane et courir sur une falaise de plusieurs centaines de mètres pour monter comme un oiseau, sans aucun bruit sauf le souffle du vent, est l'expérience la plus proche du paradis que j'ai pu faire avec mon corps physique.

Depuis l'Inde, au lever du jour, la partie la plus importante de ma journée, je commence toujours par la prière et la méditation. C'est dans ma méditation matinale que j'ai cherché à m'aligner avec ma Présence, à garder cette perspective et à exécuter ce que je devais accomplir dans la paix ce jour-là. J'ai utilisé les techniques que j'avais appris en Inde à partir de mes expériences avec les enseignements des grands maîtres indiens, y compris Sri Aurobindo (1872-1950) qui a été considéré comme étant le Thomas Jefferson de l'Inde, d'Yogananda (1893-1952), le sage indien qui a apporté les traditions spirituelles de l'Inde en Amérique de 1920 à 1952, quand il a fait sa transition, et des écrits de la Société théosophique (1875 et après), l'organisation mentionnée plus tôt et plus tard dans ce récit, qui était une initiative préliminaire de la Fraternité de Lumière pour transmettre au monde occidental l'enseignement de la sagesse ancienne.

Le plus grand défi pour moi en retournant dans ce pays après un an et demi était d'être capable de maintenir la paix profonde et l'harmonisation intérieure que j'ai appris à faire émerger en vivant en Inde. Pour ce faire, je devais me mettre dans un environnement rural harmonieux, les cités et les grandes villes me paraissant trop chaotiques. Après avoir déménagé pendant plusieurs années, je savais que je devais trouver un morceau de terre extraordinaire pour y construire une propriété.

De voler plusieurs fois par semaine à travers le nord-est des États-Unis dans le cadre de la vie active m'a donné une perspective claire de la disposition de la terre et j'ai trouvé qu'il y avait toujours quelque chose de spécial dans le sud du Vermont. En 1977, j'ai été conduit à un bout de terrain magique qui répondait à mes critères, une grande parcelle située dans un vallon de montagne avec une exposition au sud, des ruisseaux de montagne incroyablement magnifiques et des cascades avec des creux profonds où se baigner. Entre les deux ruisseaux il y avait de magnifiques collines boisées ondulantes et une aire avec une sensation particulière, un parfum incroyable que j'avais d'abord inhalé en cette journée d'été 77.

Je me suis assis et je me suis mis en méditation sur cet emplacement, écoutant le rugissement doux des deux ruisseaux qui m'entouraient, le parfum de la forêt d'été qui me transportait. C'était là que je construirai une maison.

Après de nombreuses recherches, j'ai construit une maison solaire passive à cet endroit et l'année suivante, encore après de nombreuses recherches, j'ai construit un système hydroélectrique sur le plus grand des deux ruisseaux pour fournir toute notre énergie. C'était tous les deux pour moi des immenses projets dans des domaines où je n'avais encore aucune expérience. J'ai embauché un ami qui était un entrepreneur pour m'enseigner à construire, et j'ai embauché un autre ami qui était un ingénieur en électricité pour m'aider à concevoir l'installation hydroélectrique. Il s'agissait de 300 mètres de tube en plastique de 15 centimètres de diamètre qui ont été enterrés dans la forêt à côté du ruisseau afin de ne pas perturber la beauté sacrée et immaculée du ruisseau rugissant. Au cours de ce parcours de 300 mètres (appelée conduite forcée), nous avons dû utiliser plusieurs fois de la dynamite pour faire exploser le bord en pierre qui bloquait notre creusage. Au cours de ces 300 mètres, la conduite forcée chutait de 30 mètres en altitude, créant une pression de 45 psi (3,1 bar) dans la salle de la turbine. J'ai fait parcourir, sur un kilomètre, des fils depuis le générateur de la salle de la turbine jusqu'à ma maison, alimentant directement en puissance une grande série de batteries pour fournir nos besoins électriques. Ce fut notre seule source d'électricité pendant 14 ans.

Mais il y eut des "complications". Trois ou quatre ans après la mise en service, le système hydroélectrique étant opérationnel en continu 365 jours par an, les "fonctionnaires" de la ville, nouvellement élus, décidèrent de me poursuivre en me chargeant des frais légaux pour n'avoir pas eu "leur permission" pour construire cette centrale hydroélectrique sur le vaste terrain que je possédais. Ils ordonnèrent que je la démonte complètement : le barrage de béton de 60 cm par 7 mètres, les 300 mètres de canalisation et la salle de la turbine. Ils m'imposèrent une amende de 250 $ pour chaque jour où le système serait toujours en place. Ils me dirent que je n'avais pas eu le permis de construire. Je leur ai dit que j'avais demandé à Dieu et Dieu m'avait dit que c'était correct, alors je l'ai construit. Eh bien, ils n'ont pas tellement aimé cela.

Quelques semaines plus tard, j'ai été inondé par des fonctionnaires fédéraux et de l'état qui ont commencé à examiner, mesurer et tester toutes les facettes du système, puisque les responsables de la ville leur avaient dit que mon système constituait un danger pour la communauté (Mes voisins les plus proches étaient à deux kilomètres ou plus). Les fonctionnaires ont tous convenu que mon système était un modèle d'efficacité et ne purent pas comprendre l'objection de la ville. Quelques jours plus tard, j'ai rencontré la Gouverneure du Vermont pendant qu'elle faisait campagne pour sa réélection et lui ai parlé de ma situation. Elle est devenue très intéressée et j'ai demandé son aide pour obtenir tous les détails. Une semaine plus tard, je recevais une notification de la ville selon laquelle toutes les accusations étaient abandonnées.

Le Bureau de la Gouverneure m'a demandé ensuite d'élaborer un ensemble de lignes directrices qui ont été intégrées dans une nouvelle loi pour l'état du Vermont encourageant le développement de petits réseaux hydroélectriques.

Maintenant allons rapidement plus loin. J'avais 40 ans et je me sentais fatigué de continuer à voler pour gagner ma vie. Après une année de recherche, je conçus et construisis ce qui devint par la suite dans ce domaine comme une installation d'aquaculture à la fine pointe de la technologie. Utilisant l'eau pure abondante de cette terre, je construisis un grand bâtiment clos sur 3 niveaux. Chaque niveau avait trois réservoirs circulaires d'élevage de 5 mètres par 1 mètre 10 dans lesquels des milliers de truites étaient élevées. En utilisant de l'oxygène pur et de l'injection d'ozone, l'écloserie solaire passive permit à nos poissons de croître en moins d'un an à partir d'un état de bébé truite pour atteindre 30 centimètres. Ce fut le projet le plus difficile et le plus exigeant pour lequel je me suis impliqué.

Bien que j'ai aimé la science et toute l'ingénierie impliquée dans cette entreprise, cela a été un travail immensément intense et laborieux et, après quelques années, je me suis demandé : "Dans quoi me suis-je embarqué ?" Finalement, l'affaire a commencé à gagner de l'argent et bientôt je ne pouvais plus répondre à la demande que j'avais créée pour nos poissons dans le sud du Vermont. Notre truite fumée obtint les meilleurs honneurs lors de la fête de l'alimentation au Festival du goût dans le Vermont.

Pourtant, je savais que je devais sortir de cette entreprise. Pendant des années dans ma méditation matinale, j'ai présenté cette question à mon Père, ma Présence, dans mes prières et mes méditations. Enfin après plusieurs années de cette entreprise, juste après que j'ai finalement trouvé quelqu'un qui aimait faire le travail et qui serait le gestionnaire de l'établissement, mon désir s'est manifesté de façon inattendue. Je reçus un appel de mon ami qui dirigeait les poissonneries du Vermont et de la pêche sauvage, l'organisme de réglementation qui régissait toute l'aquaculture de cet Etat. Ils me dirent que les 50.000 alevins, que j'avais achetés d'un autre établissement hors de l'Etat pour élever dans mon entreprise, étaient contaminés. L'autre entreprise avait falsifié des rapports d'inspection fédéraux et étatiques, commettant sciemment des fraudes et m'avait vendu des bébés truites qui n'étaient pas autorisés à franchir les frontières de l'État.

Un Calice Elevé

En l'espace d'un appel téléphonique de quinze minutes ma vitrine, mon entreprise d'aquaculture, a été fermée et on m'ordonna de tuer tous les poissons, de démanteler toute la structure puis de la stériliser avec des produits chimiques toxiques ! Sept années de travail intensément dur furent anéanties. Maintenant, j'étais confronté à la façon de rembourser les prêts que j'avais obtenus pour l'entreprise en utilisant ma maison et mon terrain en garantie. Puis, en plus de cela, je devais arriver à savoir comment gagner ma vie à l'âge de 47 ans.

Je peux me rappeler très clairement que, tout en écoutant mon ami des poissonneries du Vermont et de la pêche sauvage me dire que mon installation devait être fermée, je savais que c'était la réponse directe à mon aspiration à être libre de cette activité d'aquaculture. Je savais que je devais faire face à un énorme défi d'orchestrer une action en justice contre la société qui avait commis une fraude fédérale dans le but de se débarrasser de quelques milliers de dollars de poissons malades. Je savais que cela allait devenir littéralement une épreuve du feu et que la seule façon dont nous (ma famille) puissions prévaloir de nos droits et ne pas perdre notre maison dans une saisie fédérale et étatique était d'aller de plus en plus profondément en méditation. Je devais me charger de tellement de Lumière que je serais capable de naviguer à travers ces eaux très troubles et de rester à l'écart de tout le chaos et toute la peur qu'une telle situation juridique financière m'apportait dans mon monde.

Immédiatement après cet appel téléphonique avec l'état, je sortis et je m'assis en méditation près de l'étang où je méditais tous les matins lorsque le temps était agréable. J'offris tout cela à toute la volonté de ma Présence, quel que fut le plus grand plan pour moi dans cette vie. Je savais que c'était bien au-delà de mes facultés extérieures, d'orchestrer ce que j'étais sur le point de traverser. Avec toutes les ventes terminées, il n'y aurait pas d'argent pour acheter de la nourriture pour ma famille, pas d'argent pour payer les factures du ménage et les prêts hypothécaires, pas d'argent pour payer les notes beaucoup plus importantes du gouvernement fédéral et de l' État pour cette entreprise qui était maintenant terminée. Ma conscience était ébranlée avec les implications de tout cela. C'était un choc si intense, mais, quand même, je savais que tout cela faisait partie du Maître Plan et que nous triompherions.

A partir de ma première méditation, après avoir reçu cette nouvelle, je savais que d'une façon ou d'une autre, tout cela s'arrangerait, mais que je devais rester constamment centré dans ma Présence afin que je puisse diriger ce qui devait arriver.

Je devais faire confiance à ma Présence et aux Maîtres qui étaient impliqués dans ma vie, que, malgré ces circonstances désastreuses et apparemment si grandes, nous les traverserions, parce que "Je Suis la Seule Présence Agissant Partout". Ceci est une très puissante Affirmation enseignée par le grand maître Saint Germain dans les années 1930. Le "Je Suis" est la Présence I Am, Je Suis, individualisée à l'intérieur de chaque personne et pour que la Perfection se manifeste ce n'est pas la conscience humaine qui donne ce commandement mais le Je Suis.

L'installation d'aquaculture que j'avais conçue était une opération énorme et compliquée, mais était extrêmement efficace. Tous les sous-produits de l'écloserie étaient compostés de sorte qu'il n'y avait pas de pollution environnementale, même si j'élevais des tonnes de poissons chaque année.

Parce que nous étions une exploitation vitrine pour l'état du Vermont, nous avions des gens venant de tout le nord-est pour apprendre comment nous pouvions cultiver notre poisson en si grande quantité et en si peu de temps avec si peu d'eau. Un représentant des Nations Unies qui avait entendu parler de ce que nous faisions nous a visité et m'a demandé si j'envisageais de travailler avec l'ONU pour développer ce type d'aquaculture localement dans les pays en développement d'Afrique et d'Asie en tant que source de nourriture à haute teneur en protéines.

Comme je l'ai partagé, j'avais investi chaque centime que j'avais dans cette entreprise et je n'allais pas m'aplatir et laisser les menaces légales et le positionnement des avocats de l'autre société dissuader ma détermination inflexible à être indemnisé justement pour la perte de mon entreprise. J'avais alors 46 ans et je devais trouver une nouvelle façon de vivre pour soutenir ma famille, ce qui, comme beaucoup d'entre vous le savent, n'est pas une tâche facile à ce stade du jeu.

L'état du Vermont avait "l'arme à feu" réelle, le document d'inspection falsifié qui prouvait la fraude de l'autre grande entreprise. Je connaissais quelques avocats dans la ville locale et j'engageais l'un d'entre eux pour nous représenter. Après que cet avocat m'ait dit que nous pourrions avoir un règlement pour 10000 $, je me suis mis à rire et je l'ai licencié. J'ai retenu une deuxième équipe d'avocats qui semblaient plus intéressés à développer ce cas compliqué, mais après quelques mois avec eux, voyant leur médiocre performance, je me suis rendu compte qu'ils n'avaient tout simplement pas la capacité de faire face à l'équipe d'avocats de cette grande entreprise qui essayaient de nous intimider en essayant de nous faire accepter un très petit règlement. J'ai donc viré la deuxième équipe d'avocats et j'ai embauché un cabinet plus grand dont les antécédents dans de grands cas prouvaient leur valeur.

Pourtant, nous finissions par accomplir une grande partie du travail d'enquête pour ces avocats, les laissant traiter les documents juridiques sans fin, qu'une telle poursuite fédérale compliquée produisait. Nous avons obtenu tous les documents de l'état qui ont prouvé que nous avions raison. Nous avons fourni tous les documents propres à notre entreprise et nous avons même recherché et obtenu des informations cachées que l'autre partie ne souhaitait pas révéler au tribunal.

L'affaire a été ensuite transférée de l'État à la cour fédérale en raison de la fraude entre États. Pourtant, notre avocat a essayé de nous convaincre à nous contenter d'une somme dérisoire. Dans une médiation fédérale, il nous a dit d'accepter un règlement de moins de 40000 $, qui ne couvrirait même pas la moitié de nos prêts commerciaux. Je me suis levé et je suis sorti de la pièce après avoir dit à plusieurs avocats que je les amènerai devant les tribunaux.

Ce va-et-vient entre nos avocats et les avocats de l'autre partie était devenu très intense et amer. La partie adverse essayait de discréditer notre métier par tous les moyens imaginables. J'ai été placé dans la position de devoir justifier mon entreprise où j'avais passé plusieurs années et toutes nos économies. Toute cette expérience était exaspérante. Pourtant, à travers tout cela, j'ai pu maintenir mes méditations matinales et mon enthousiasme intérieur pendant les jours et les mois difficiles de ce procès de deux ans.

Enfin, au cours des derniers mois avant l'épreuve du tribunal fédéral, l'offre de règlement de l'autre partie a commencé à augmenter de taille. Notre avocat a été très contrarié lorsque j'ai refusé avec rage un montant de 75000 $, puis une offre de règlement de 100000 $. Il en obtiendrait 33% et craignait très fort de ne pas avoir son argent.

Au cours des mois suivants, le processus est devenu très intense à mesure que les offres de règlement augmentaient. Je pensais que notre avocat aurait un accident vasculaire cérébral tant il en était contrarié. A chaque rencontre avec l'autre partie, j'étais résolu à aller jusqu'au bout, que vienne l'enfer ou le déluge. Cette grande société avait détruit mes affaires, mis ma famille en danger et je ne voulais pas reculer, gémir et accepter avec gratitude leur offre. Il en a été ainsi jusqu'à la veille du début du procès. Mon avocat m'a alors appelé lors d'un dîner en famille.

L'autre partie, dans leur désespoir, a fait une grande offre qui nous permettrait de rembourser tous les frais, de sortir de nos dettes et d'avoir un peu d'argent pour commencer une nouvelle vie. Notre avocat a déclaré que c'était la plus grande offre de règlement dont il ait jamais entendu parler dans cet état lors d'un procès civil et que je serais fou de ne pas l'accepter. Il m'a rappelé que, même si je gagnais un montant plus important lors du procès, qui devait débuter le lendemain, cela me prendrait beaucoup de temps pour faire appel, et la compagnie pourrait faire faillite. Après avoir pesé le pour et le contre, j'ai accepté l'offre à contre-cœur.

Ainsi prit fin ce chapitre de ma vie sur l'aquaculture. Ce fut peut-être un an après que nous avions commencé cette épreuve juridique que Le Temple de La Présence déménagea au Vermont.

Maintenant, à ce stade de l'histoire, après la description de l'arrière plan physique de mes expériences extérieures, le lecteur aura une meilleure idée des sciences sur le plan physique, des conduites (et défis) qui sont la pierre angulaire de cette vie extérieure. Gardez à l'esprit cette grande description alors que je relaterai les expériences formatrices qui ont forgé cette vie, qui ont finalement ouvert mon cœur et ma conscience à une plus grande réalité que je ne pouvais simplement qu'effleurer dans mes plus jeunes années. Je souhaite que le lecteur ait cette co-mesure tandis que les événements les plus intenses et les plus magiques se déroulèrent dans le calendrier de cette vie, car cela permet de comprendre pourquoi je fus miraculeusement protégé lors de multiples rencontres de mort imminente détaillées dans cette œuvre.

4 ~ Vue d'Ensemble

Il arrive un moment dans le cycle de la vie, pour chaque Fils et Fille de Dieu, où il est temps de se réveiller et de se demander pourquoi nous sommes ici et qu'est-ce la Vie. Pour certains, cet éveil évolue doucement tout au long de leur vie. Pour d'autres, ce processus nait d'un malheur apparent, souvent associé à des événements traumatiques, ou se produit dans les dernières années (même les derniers moments) d'une vie particulière. Alors que la personne confronte son sens du soi, le grand mystère descend sur elle, parfois avec un gros poids de tristesse, et la réalité de l'impermanence et de l'imprévisibilité de cette vie physique ne peut plus être ignorée.

Pendant longtemps, pour nous tous, cette tragédie a eu lieu encore et encore. A l'Est, cela s'appelle la Roue des renaissances du Samsara. En Occident, la doctrine de la réincarnation a été enseignée dans les premiers livres de la Bible, dans les fondements du Judaïsme et a été dispersée dans le Nouveau Testament et dans les Évangiles Gnostiques rappelant la grande victoire de Jésus. Le fait est que la réincarnation est un thème cohérent dans la plupart des traditions religieuses du monde, bien qu'elle soit voilée et bloquée dans les ramifications externes du christianisme, mais pas dans ses écoles des mystères.

Donc maintenant, à l'aube du 21ème siècle, la vie continue. Mais, maintenant, il y en a beaucoup, dispersés sur cette belle planète, qui ont quitté les limites des religions organisées, dans leur désir d'intégrer cet implacable désir ardent de leur cœur. Ce besoin profond et sans forme est la volonté innée de comprendre et d'être intégré à cette Réalité Suprême qu'ils peuvent contacter dans leur cœur, dans les moments calmes de leur vie. Cette soif d'une relation plus étroite avec Dieu en dehors du moule de la religion organisée a donné naissance à une myriade de formes d'expression spirituelle.

La profusion de la mystique du new-age, l'intérêt pour les traditions religieuses de l'est et la fascination croissante pour les anges sont autant d'exemples extérieurs de cette grande accélération intérieure. Même les médias ont pris note de cet intérêt croissant pour les choses de l'esprit. C'est presque comme si ces aspirants cherchaient à "prendre le ciel par la force", en utilisant tous les moyens possibles disponibles pour y arriver.

Mais alors, comme avec toutes choses sous le Ciel, il y a une rime et une raison à tout. Bien que cela ne soit pas évident pour ceux qui sont tellement pris dans les aspects physiques de leur vie, il devient de plus en plus évident pour ceux qui sont nés dans cette vie avec le sentiment qu'ils ont quelque chose qu'ils sont supposés faire, qu'il y a quelque chose de profond en eux qui parle, oh si doucement, de la cause derrière l'effet. Certains de ces individus grandissent dans ce monde, souvent pensant qu'ils sont seuls, qu'ils sont victimes d'une telle sensibilité du cœur qu'ils ont dû apprendre, dès leur plus jeune âge, à se protéger des expériences difficiles qui, en grandissant dans ce monde, surviennent à beaucoup.

Malheureusement, ce comportement savant, motivé par la préservation de soi, a permis aussi de durcir leur cœur, étouffant le sens inné de l'amour, de la joie et de la pureté et l'innocence de l'enfant, ce qui est en Réalité leur droit Divin de naissance.

Ainsi, l'enfant a grandi, propulsé ici et là dans les circonstances de la vie par les actions qu'il a initiées dans ses précédentes vies (karma). Maintenant, de tels individus connaissent profondément dans leur cœur l'Omniprésence du Divin. Ils mènent leur vie selon les prescriptions de leur cœur, cherchant à vivre en harmonie et en paix avec autant d'amour que n'importe lequel d'entre nous peut obtenir. Et, dans leur parcours sur les routes de la vie, sciemment ou inconsciemment, ils ont l'oreille de leur conscience développée à écouter une certaine vibration, la vibration qu'ils connaissaient très clairement autrefois en tant que jeunes enfants, la vibration du Foyer, de la Pureté et de l'Innocence, et qui est la vibration de l'Amour de Dieu.

A un moment, si Dieu le veut, ces individus (Individualisations de Dieu) rencontreront quelqu'un, saisiront un livre, écouteront une émission, assisteront à une présentation ou auront un rêve où ils reconnaîtront de nouveau une oh si douce vibration qu'ils connaissaient autrefois il y a si longtemps. Cette expérience sacrée est assurée par leur propre Présence I Am (Je Suis) et les Maîtres Ascensionnés et déterminée par la préparation et la pureté de leur cœur. A ce moment-là, les Grands Maîtres Ascensionnés par la Grâce de Dieu, ouvriront la conscience et le cœur de l'aspirant et permettront l'accélération de l'individu dans les préceptes des Grandes Lois qu'ils pourront manifester en toute sécurité dans leur vie au moment présent. Ainsi, l'individu sera arrivé dans la vie au moment où il sera tant béni qu'il pourra s'engager consciemment sur le Chemin pour lequel toute sa vie a été un entraînement. Alors, il sera consciemment en route vers la Maison.

Ensuite, viendra la conscience que c'est ce qu'il a tout le temps connu, depuis ses premiers souvenirs dans cette vie et parfois même avant. Il y a le vague souvenir que cet Ordre Divin et cette Perfection qu'il peut à peine percevoir a été avec lui, en arrière-plan, depuis très longtemps. Il y a un sentiment de Sainte Admiration quant au but qui s'ouvre et se déroule comme à travers des brumes devant sa conscience.

Pour beaucoup, lorsque la première fois que la connaissance vient qu'il existe une association très réelle, tangible et céleste (ou extra-dimensionnelle) de Grands Etres qui a été chargée de superviser les affaires de l'humanité, ce n'est pas tellement une surprise. En fait, toutes les cultures et les religions indiquent une telle organisation Divine, bien qu'elle soit appelée sous de nombreux noms différents, selon la tradition culturelle ou religieuse qui s'y réfère. Beaucoup d'entre nous qui ont cherché cette Sagesse Ancienne et cette connexion avec notre Source Divine depuis de très nombreuses années, sont arrivés à connaitre ces grands êtres comme étant les Grands Maîtres de la Sagesse ou les Maîtres Ascensionnés.

Serait-ce que tous pourraient connaître le grand amour et l'assistance qui leur est accordée, en particulier à ceux sur le Chemin de l'éveil de soi, par les Grands Etres connus sous le nom de Maîtres Ascensionnés, qui ont parcouru cette Terre, tout comme vous et moi, dans leurs divers incarnations avant leur Ascension. Les Maîtres Ascensionnés sont les Grands Etres, qui ont amené la pureté initiale de toutes les grandes religions du monde, ainsi que de toutes les réalisations de l'humanité. Ce sont ceux qui manient l'Amour, la Sagesse et le Pouvoir illimités de Dieu pour et au nom de toute vie partout. La portée de leur service envers la Vie est impossible à évaluer, car en effet, ils sont devenus Un avec Dieu à travers l'initiation de l'Ascension, tout comme Jésus l'a démontré il y a près de deux mille ans.

De cette Union absolue avec leur propre Présence I Am, les Maîtres Ascensionnés administrent, avec l'amour illimité d'un parent pour son enfant, l'éveil de l'Identité Christique en chacun. Leur Grande Œuvre est l'éveil de l'humanité à la réalité de la Puissante Présence de Dieu JE SUIS, individualisé chez chaque personne. Les Maîtres veillent à ce, que chacun soit alimenté et développe cette identité dans la plénitude du Plan Divin de chacun. Dans ce processus, l'Etincelle Divine, connue sous le nom de Tri-Flamme d'Amour, de Sagesse et de Pouvoir dans le cœur se développe, et le monde de la personne commence à se transformer. Graduellement, sa vie extérieure prend ces modèles de perfection qui sont "sur Terre comme au Ciel".

Maintenant, par la Grâce de Dieu, l'humanité est au moment de son évolution où cette Sagesse Ancienne peut être partagée avec la multitude. Avant ces quatre-vingts dernières années, cet Enseignement Sacré n'était disponible qu'aux initiés qui avaient atteint un niveau de vie intérieur suffisant pour pouvoir voyager dans les Retraites des Grands Maîtres dans leurs corps les plus fins tout en dormant. Pendant des siècles innombrables, cette Connaissance a été transmise aux quelques-uns parmi l'humanité qui avaient les moyens de suivre les incitations douces de leurs cœurs pour rechercher la raison de Tout cela.

Maintenant, les cycles ont tournés. L'âge des Poissons est terminé et l'âge du Verseau est arrivé. Les Grands Seigneurs de la Vie ont donné la Dispense pour l'éveil de l'humanité à la réalité de leur droit Divin de naissance. Le ciel a encore envoyé ses Messagers pour nous rappeler tout ce que nous avons oublié au cours des siècles de nombreuses vies. Que nous sommes vraiment des Fils et des Filles de Dieu, tout comme Jésus l'a dit dans le Sermon sur la Montagne. L'appel a été lancé pour que la Connaissance de la Présence I Am et de la Flamme Violette de Transmutation et de la Grâce de la Miséricorde soit mise à la disposition de ceux parmi l'humanité qui ont "des yeux pour voir et des oreilles pour entendre", et je pourrais ajouter un cœur pour sentir l'accélération, tandis que le Feu Sacré de leur propre Présence, Je Suis, descend et que le processus de la Ré-Union se déploie.

5 ~ **Comment Transmettre ?**

Comment commencer à transmettre un souvenir de perfection et d'amour de ma petite enfance qui finalement a pris forme avec mon premier souvenir conscient à treize ans qu'il y a toujours eu une Fraternité de Lumière composée des Grands Maîtres de la Sagesse ?

Comment décrire cette aspiration qui était toujours en arrière-plan de mes premières expériences, un désir de découvrir, peut-être pour me souvenir, pourquoi ces Grands Maîtres étaient si importants pour moi ?

Comment commencer à compiler les circonstances d'une telle quête qui a eu lieu au cours de cinq décennies, une quête qui a supprimé les frontières imposant de tels fossés imaginaires entre la vie telle qu'elle est vécue dans ce monde matériel et dans les mondes supérieurs ?

Comment commencer à transmettre la promesse, l'espoir et le but que ces événements pourraient avoir pour une humanité si inconsciemment blasée dans le matérialisme, les réalités de gagner sa vie et les effluves continuelles des médias et de la conscience de masse qui se fixent sur le désir pur du cœur comme une couverture froide et dense de brouillard polluant.

Comment concevoir des phrases qui éveillent l'endormi et ouvrent le cœur, afin que d'autres puissent expérimenter physiquement et tangiblement cette perfection pour eux-mêmes, en devenant de nouveau conscients de ces anciennes Grandes Lois qui régissent tous les aspects de la vie ? Lorsque cette perfection est ne serait-ce qu'aperçue, arrive une accélération qui touche chaque facette de sa vie.

Cela a été l'objectif supérieur de cet exercice; ce que beaucoup d'autres ont essayé de transmettre sous une forme ou une autre pendant des dizaines de milliers d'années pendant la longue histoire de la Terre.

6 ~ Comment Cela a Commencé pour Moi

L'autre jour, mais aussi il y a très longtemps, un petit garçon se posait des questions. Ses premiers souvenirs étaient d'être à l'église, et d'aimer le chant, de se sentir proche de quelque chose qui semblait "d'être chez soi", mais qui pourtant, à cet âge précoce, était intangible. Il se souvenait du conflit qu'il ressentait en regardant l'horrible image au fronton de l'église de la personne suspendue à la croix. Il ne pouvait concilier le sens d'être chez soi dans la paix et la joie avec l'atmosphère stérile et cruelle de l'église.

Au cours de ces années d'enfance, il y avait souvent un sentiment de ne pas être à sa place. Ce qui lui a apporté la plus grande paix et la plus grande joie était ceci : il se rappelait très clairement se balancer sur un swing, de lui-même, en chantant un hymne particulier que les religieuses enseignaient à l'école, quelque chose comme "Dieu Père, louange et gloire ..."

Il se souvenait de ressentir un tel déluge d'amour, de joie et de pouvoir qu'il aurait pu se déplacer au point le plus haut de l'arche puis se balancer, volant dans l'air peut-être à trois mètres du sol en pleine joie, avec abandon, volant parmi les Anges. Puis il se heurtait sur le sol, riant, se levant et le refaisant encore et encore. C'était tout simplement merveilleux.

J'avais probablement sept à huit ans et je me souviens encore du réconfort et du sentiment d'être "chez moi" que cette activité fournissait lorsque je ne pouvais pas comprendre la vie en ce qui me concerne.

"La Recherche de Bridey Murphy" et Edgar Cayce

Mis à part ce sentiment de connexion avec les Anges, j'ai grandi et vécu de la même manière que les autres enfants jusqu'à ma douzième ou treizième année. Je ne sais pas à quel âge le sentiment "de ne pas être à ma place" a commencé. Je me souviens que lorsque j'ai lu mon premier livre sur la réincarnation, vers l'âge de douze ou treize ans, je me demandais si toutes ces images que j'avais d'une autre vie dans les montagnes, loin, très loin, étaient dues à une vie antérieure. Je me rappelle encore de ma mère me remettant le livre et me disant que je pourrais le trouver intéressant. J'ai dévoré ce livre, La Recherche de Bridey Murphy, de Morey Bernstein, en probablement moins d'une semaine. Mon esprit s'excitait avec toutes les implications de la réincarnation et comment elle s'imbriquait dans ma propre expérience. C'est à ce moment-là que j'ai compris que l'Église Catholique ne racontait pas toute la vérité. Je savais que Jésus, Mère Marie et les Anges étaient réels, mais je savais aussi qu'il y avait quelque chose d'erroné dans le message dont j'avais été (et tant d'autres) à ce point gavé.

Une certaine prise de conscience qu'il y avait "plus" à comprendre fut ajoutée à ma conscience. C'était presque comme un contexte indéfinissable dont j'ai pris conscience, mais je ne savais pas comment commencer à décrire ou même comprendre pourquoi il était si convaincant.

Je me souviens être allé à la bibliothèque pour essayer d'en découvrir le plus possible sur la réincarnation. Au début des années soixante, il n'y avait pas beaucoup de d'écrits disponibles sur ce sujet. Finalement, j'ai pu trouver un livre sur Edgar Cayce où son expérience était décrite avec des détails passionnants. Ce fut ma première rencontre avec le concept de karma et de réincarnation et le concept de Grands Maîtres. Je me souviens encore de la prise de conscience, le sens profond de "Je sais tout cela". C'était comme si le sommet de ma tête décollait avec une grande tension électrique.

A ce moment-là, vers 13 ans, je savais que je n'étais pas seulement le fils de mes parents. Je savais que j'étais quelqu'un qui avait eu de nombreuses vies. Je savais aussi que je devais découvrir pourquoi j'étais revenu dans ce monde, dans une culture si étrangère et si inconfortable pour moi. A ce moment-là, j'avais l'impression d'avoir un million d'années, et d'être si sage, j'avais un sentiment de liberté, mais encore une fois quelle liberté un garçon de treize ans avait-il dans cette société en 1963 ?

C'est à cette époque que j'ai commencé à ressentir l'aura autour des gens. Il n'y avait absolument aucun intérêt de ma famille ou de mes pairs pour tout ce que j'expérimentais, aussi tout cela est resté une expérience mise à l'arrière-plan. J'ai eu le sentiment que j'avais vécu plusieurs fois auparavant, mais étais maintenant coincé dans ce lieu que je n'aimais pas beaucoup. Les conflits semblaient être partout où je me tournais. Je me souviens d'avoir vu un voisin construire un abri anti-bombes dans son arrière-cour. C'était pendant la période de la crise des missiles cubains et mes parents étaient effrayés.

Le Lycée

Mes années de lycée semblaient pleines de conflits encore plus apparents, et manquer de direction sur que faire de ma vie. Maintenant, en voyant ce que mes propres enfants reçoivent au lycée, quelqu'un pourrait voir un "conseiller d'orientation" une ou deux fois par an. C'était ma façon d'être "moi" et ma forte présence physique qui m'a amené le respect de mes pairs et un désir de plus en plus fort de m'éloigner autant que possible de l'atmosphère de "ma ville natale". Au début de ma vie de lycéen, je me suis beaucoup impliqué dans la plongée, aimant simplement le sens de l'aventure qui était dans ce nouveau monde. C'est ce qui m'a poussé à me pré-engager dans la Marine afin, qu'après l'obtention du diplôme, je puisse aller directement dans le service actif. Les recruteurs navals m'ont dit que je devrais passer une série de tests si j'espérais être admis dans les Forces Spéciales.

6 ~ Comment Cela a Commencé pour Moi

J'ai commencé dans ma dernière année de lycée à bâtir mon corps physique pour cela.

Il y eut un autre événement qui, d'une certaine façon, a joué un rôle dans mon développement à cette époque. Au cours de ma dernière année, j'étais très impliqué dans le gouvernement étudiant. D'une façon ou d'une autre, je suis devenu le point central pour organiser une rébellion étudiante contre quelques décisions unilatérales sans conséquence qui avaient été prises par notre directeur despotique du lycée. Pour abréger cette longue histoire, j'ai été suspendu de l'école par ce directeur pour cause de "fomenter une dissidence". En raison de cette suspension, il était douteux que je puisse avoir le diplôme du lycée.

Lorsque mes amis ont découvert que j'étais dans le bureau du directeur d'école prêt à être suspendu, pour opposition en prenant la parole pour promouvoir les "droits" des élèves du lycée, ils ont aussitôt entamé une protestation dans la cafétéria du lycée, qui a bientôt impliqué l'ensemble des étudiants à partir de cette heure de repas. Plusieurs centaines d'étudiants ont commencé à chanter et certains ont même jeté leur nourriture aux cuisiniers. Les "surveillants" ont verrouillé les portes, essayant de contenir tous les étudiants, ce qui n'a fait que les exciter davantage.

Je me souviens d'être dans le bureau du directeur, en train d'être renvoyé de l'école, quand son téléphone a sonné et que son visage est devenu blême. Il m'a regardé et m'a dit que je l'avais "détruit" et que les étudiants faisaient des émeutes. En fait, les étudiants (environ 2000) étaient sortis de la cafétéria et la manifestation s'était répandue dans l'ensemble du lycée. Ils se sont tous sortis du bâtiment et se sont rassemblés sur la pelouse devant l'école, dans la rue principale de la ville. Les caméras de la police et de la télévision étaient apparues.

Le principal, très ébranlé, m'a imploré de prendre la parole publiquement devant les étudiants de tout le lycée, et de leur demander de rester calme, de retourner dans leur chambres et de leur assurer que leurs réclamations seraient honorées. Au cours des jours suivants, j'ai été poussé à négocier avec le directeur et un comité scolaire au nom des étudiants. Je me souviens avoir été interviewé par le FBI à l'école. Ils voulaient savoir si la manifestation scolaire avait quelque chose à voir avec la SDS (Students for a Democratic Society), une organisation de gauche qui protestait contre la guerre du Vietnam et causait beaucoup de problèmes dans les facultés de la côte ouest. En tout cas, ce fut ma première implication dans une prise de position qui n'était pas appréciée par l'autorité gouvernementale, évitant à peine les conséquences désastreuses qui pourraient en résulter.

Le Militaire

La phase suivante de ma vie, après l'obtention du diplôme, s'est déroulée dans l'armée. Il suffit de dire que cette expérience a cristallisé mon autodiscipline et ma détermination à suivre les incitations de mon cœur, même s'ils étaient apparemment opposés aux pouvoirs temporels de la société dans laquelle je vivais.

Avant d'avoir prêté serment dans la Marine, j'étais instructeur de plongée et membre de l'équipe locale de défense civile sous-marine. Je me suis mis à une formation physique intense pendant un an pour me préparer à devenir plongeur dans la Marine. J'ai passé des examens physiques et écrits pour déterminer ma qualification pour le programme des Forces Spéciales Navales.

Je les ai passés avec plein succès et je m'attendais à entrer dans cette formation une fois que je ferai officiellement partie de la Marine Américaine. Lors de l'enrôlement, j'ai vite découvert que j'étais juste un numéro quelconque, on m'a dit que je ne participerai pas à ce programme en raison d'une déficience de ma vision pour les couleurs. Le recruteur de la Marine savait cela, mais avait besoin de moi pour augmenter son quota d'enrôlement, aussi cette information m'a été dissimulée. Alors, j'ai eu le choc de me voir quatre ans dans l'armée, à faire quelque chose que je ne voulais pas faire.

J'ai accepté cela de mon mieux jusqu'au massacre qui a eu lieu dans l'État de Kent en 1970. Je fus horrifié que les Militaires Américains (membres de la Garde Nationale de l'Ohio) aient tiré et tué les étudiants qui protestaient contre la guerre du Vietnam. Cela m'a dérangé si profondément que j'ai décidé de quitter la Marine. J'étais en colère et horrifié après mon gouvernement pour tout cela, même si je savais que l'Amérique devait défendre la Liberté et que l'armée Américaine était le moyen par lequel les droits de l'homme des moins fortunés pouvaient être protégés dans d'autres parties du monde. Toujours est-il, que j'avais le sentiment intense que j'avais quelque chose de très important à faire et que ce n'était pas dans la Marine Américaine.

J'ai utilisé les connaissances que j'avais obtenues à l'école de l'administration navale pour traiter ma demande d'être libéré du service. Cela me fut refusé et j'ai dû passer par un examen officiel du conseil militaire. Toutes mes notes trimestrielles étaient de 4.0, le maximum que vous puissiez obtenir. Il était évident que tout le pays était ébranlé par les manifestations contre la guerre du Vietnam et l'horreur de ce qui s'était passé dans l'État de Kent. J'ai tenu bon durant ces longues semaines, totalement seul et j'en ai fait mon affaire.

J'avais 20 ans et ma désillusion avec le gouvernement Américain et le système politique conduit par Nixon était grande. Quand je fus finalement libéré honorablement et que je suis sorti par les portes de la base militaire, par un jour froid et gris de novembre, les nuages se sont déchirés et un rayon de lumière du soleil intense s'est répandu tout autour de moi tandis que j'entrais dans une nouvelle vie. Je me souviens clairement qu'à cet instant je me suis dit : "Merci, Père". Cela n'a fait aucun doute, c'était pour moi un changement décisif immense. Si j'avais ignoré ce que j'avais senti si fortement à l'intérieur et que j'étais resté dans l'armée, ma vie aurait été bien différente. Aurais-je toujours été attiré par le Chemin ? Bien sûr, mais qu'en aurait-il été du calendrier des événements sacrés qui se sont déroulés par la suite ?

Un Calice Elevé

Maintenant, regardant presque 40 ans en arrière, cette période fut vraiment pour moi un carrefour sur la route. Le feu et la détermination que j'ai dû faire venir pour faire face à ce système en tant que jeune homme enrôlé m'a bien servi pendant les années qui ont suivi. Dans mes dernières années de lycée et à l'armée, il semblerait que ma conscience extérieure de l'Eternel qui avait tant imprégné ma jeunesse ait été obscurcie pour traverser une société qui extérieurement (au moins pour moi) était pleine de conflits et avait peu de qualités de rachat.

La Faculté—Les Maîtres Réapparaissent

Après l'armée, j'ai utilisé le Bill GI (loi de financement d'études universitaires pour les anciens militaires) pour aller à la Faculté. Je n'avais encore aucune idée de la direction que ma vie prendrait, mais la faculté était l'étape suivante évidente, d'autant plus que le gouvernement la paierait. C'était une nouvelle vie qui était beaucoup plus amusante et réfléchie que ce que j'avais vécu auparavant. Ce fut ici, pendant ma première année de faculté, que ma conscience a de nouveau été attirée par le côté mystique de la vie. Je me souviens de prendre un livre, La Frontière Ultime, qui détaillait le récit de l'engagement d'un jeune garçon auprès des Grands Maîtres. C'est là que j'ai entendu parler pour la première fois de la Grande Fraternité Blanche. A ce stade, à la faculté au début des années soixante-dix, il y avait un peu plus d'informations disponibles sur la réincarnation. En fait, il y avait une telle profusion d'écrits, qu'il était facile d'être rebuté simplement en regardant les titres.

Le problème pour moi était de trouver quelque chose qui parlait à mon cœur, afin que je n'aie pas à me débattre avec des concepts cérébraux et intellectuels difficiles à comprendre, je n'avais pas la patience pour tout cela. De temps à autre, je trouvais des livres très intéressants qui commençaient à me donner beaucoup d'informations sur les traditions mystiques du monde. Je me souviens encore de lire "la première et dernière liberté" de Krishnamurti à l'âge de vingt et un ans et le sentiment de paix que j'ai ressenti en méditant sur ses paroles.

Une assertion particulière me vient à l'esprit. Lorsqu'on lui a demandé en quoi il croyait, il a répondu : " L'espace entre à la fin d'une phrase et la lettre majuscule qui commence la phrase suivante ...", ce qui implique que cet espace de silence était ce qu'il considérait être la chose la plus importante dans la vie. Dans ce silence, tout était contenu.

Ma Première Expérience avec la Totalité

A mon vingt et unième été, je fus confronté à la fin de ma première relation majeure, méditant sur un sommet de montagne dans les Rocheuses juste à l'extérieur d'Aspen dans le Colorado. J'étais émotionnellement épuisé et confus quant à la prochaine étape de ma vie. A cette époque, je réfléchissais si je devais entrer dans l'entreprise familiale d'assurances, dont la pensée me faisait reculer, ou jeter tout simplement mon destin au vent et regarder où il atterrirait. Tout cela a été mis en évidence lorsque mon amie a décidé de mettre fin à notre relation. Après une randonnée de 3 jours, je me rappelle très clairement marcher dans une prairie de fleurs sauvages dans les Rocheuses et monter un peu plus haut au sommet de la montagne (environ 3.600 mètres) entouré d'une vue superbe.

Je me souviens de la confusion et du désespoir que j'ai ressentis, mêlés à la grandeur d'être au sommet surplombant la ligne continentale de séparation des eaux et apparemment toute la création. J'étais en admiration devant la majesté de la vue et la perfection devant moi. J'ai lentement commencé à ressentir le sens du but de ma vie dont j'avais été privé depuis très longtemps. Je me suis penché pour ramasser une roche semblant intéressante, de sorte que, dans le futur, je me rappelle ce moment de clarté que j'éprouvais. Autour de moi, il y avait des orages épars que je pouvais voir dans l'incroyable relief des montagnes. En me rappelant ce passé je peux encore voir et entendre la foudre et le tonnerre se réverbérant entre les montagnes et les vallées.

Dans ce contexte, le Soleil brillait et il y avait une légère bruine dans l'air pur et surchargé. Alors que je me penchais pour ramasser cette roche, une voix forte et claire m'a dit : "Gene, tu n'as pas besoin de cette pierre pour te rappeler ce moment, tu as cela en toi pour toujours ..." A ce moment-là, j'ai vacillé contre le bord de la falaise, étonné de ce qui se déroulait autour de moi. Mon corps semblait électrifié alors que je voyais des vagues de courants de Lumière traversant la séparation continentale des eaux qui fait la grandeur des Rocheuses du Colorado. La foudre et le tonnerre au loin, des rayons de soleil à travers les nuages illuminant les sommets dans une gloire dorée, c'était magnifique. Alors que ces vagues de courants de Lumière s'approchaient plus près de moi (ils avaient commencé à l'horizon peut-être à cent cinquante kilomètres), j'ai commencé à avoir des prises de conscience incroyables à propos de ma vie.

Quand la vague de courant de Lumière m'a frappé, elle m'a plaqué avec toute sa force contre la falaise rocheuse. Les prises de conscience qui me frappaient semblaient détacher et soulever le sommet de ma tête. L'une après l'autre, ces vagues de courant de Lumière sont venues rouler à travers la séparation continentale, chacune apportant avec elle une autre encyclopédie de compréhension. Des larmes de joie et d'action de grâces coulaient sur mon visage. Je savais avec certitude que j'étais venu dans ce monde pour faire un certain travail. Je savais avec certitude que je n'irais jamais dans l'entreprise familiale.

Je savais avec certitude que ma vie était guidée par ces Grands Etres dont je n'avais encore qu'une vague connaissance consciente, que je n'avais qu'à être fidèle à moi-même et que tout me serait révélé dans le Temps voulu par Dieu lui-même.

Après une apparente éternité où j'étais plaqué contre cette falaise du haut de la montagne par ces glorieuses vagues de courant de Lumière, cette expérience bénie a commencé à se calmer.

Etourdi et me sentant renouvelé, complètement transformé par ce qui s'était passé, j'ai suis redescendu dans la prairie de fleurs sauvages juste sous le sommet. Toutes les fleurs sauvages irradiaient cette Lumière auto-lumineuse et ce parfum incroyable. Je me roulais dedans, en pleurs, complètement bouleversé par ce qui m'était arrivé. Partout où je regardais, le monde était transformé par ce que j'avais expérimenté. Tout rayonnait de cette lumière, apparemment de l'intérieur.

Je savais maintenant que je faisais partie de toute cette grandeur. Le sentiment qu'il y avait un but dans ma vie, que je découvrirais finalement, était pour moi la plus incroyable bénédiction. Et il y avait la paix : les conflits que j'avais eus pendant toute ma vie n'étaient plus. J'ai souri à mon amie et à nos autres amis quand je suis revenu au camping plusieurs heures après le sommet. J'ai ramassé mon sac à dos, dit au revoir et j'étais très heureux de descendre de la montagne pour entrer dans mon futur.

Une Nouvelle Perspective et le Rêve

Quand je recommençai les études en septembre après mon expérience sur la montagne, je pris une nouvelle direction. J'entrai dans l'éducation spécialisée et commençai à travailler avec des personnes handicapées. Tout avait changé; J'aimais ce que je faisais. J'ai continué sur ce chemin pendant les deux semestres suivants, lorsque j'ai eu un rêve qui a changé ma vie encore plus que les vagues de courant de Lumière sur la ligne de séparation continentale.

J'ai rêvé que j'étais dans un bar dans ma ville natale que je ne pouvais pas quitter pendant toutes ces années. Me sentant en stagnation et faisant les mêmes choses anciennes : boire de la bière, les femmes et l'oisiveté, alors qu'il y avait un tremblement de terre majeur. Alors j'ai couru hors de ce bar, la terre tremblant tellement, la mairie s'effondrant, le sol se séparant et les étoiles tombant du ciel nocturne. Il y avait ce sentiment nauséeux que j'avais détruit la raison pour laquelle je m'étais incarné. Je me suis réveillé, totalement éveillé, sachant instantanément que j'allais quitter l'école et le pays, d'abord pour Londres, puis pour des lieux et dans des temps encore inconnus.

Et ce jour même, j'ai demandé mon passeport et mis ma moto et ma stéréo en vente. Je savais que j'avais un rendez-vous quelque part dans la vie qui devait être maintenu mais que ce n'était pas ici. Avec toutes les fibres de mon être, je savais que je devais découvrir exactement qui j'étais, qui Je Suis. Le sud-ouest de l'Angleterre, Rome, la Grèce puis Israël m'ont appelé. L'Orient m'appelait. Les montagnes du Tibet, du Népal et de l'Inde, que j'avais si clairement vues quand j'étais petit garçon, quand j'avais commencé à me rappeler "le chez moi", m'appelaient.

Je ne savais pas si je reviendrais aux États-Unis et je ne m'en souciais pas vraiment. La seule chose qui importait était de faire ce que j'avais à faire. Deux semaines après ce "rêve" j'ai dit au revoir à ma famille et à mes amis et j'ai quitté la vie que je connaissais, sur un avion en direction de Londres. Il n'y avait aucune appréhension. Je ressentais une telle poussée vers un objectif. Ce fut une course surréaliste vers l'aéroport pour un vol de nuit de Boston à Londres. Ce fut surréaliste de passer d'un autobus à un siège de première classe dans l'avion parce qu'il y avait un siège disponible, et d'y recevoir un verre de champagne. C'était comme si les Puissances Supérieures me félicitaient de prendre la bonne décision. Je savais que ce qui était à venir faisait partie de mon destin et que c'était approuvé par les Grands Etres qui étaient maintenant plus souvent dans ma conscience extérieure. C'est dans cet état de compréhension que j'ai fermé les yeux et me suis endormi, sachant que mes lendemains seraient très différents.

7 ~ La Quête Commence

Je passerai mon compte-rendu sur l'Europe. Alors que le sud-ouest de l'Angleterre (Glastonbury), l'Irlande, le sud de l'Italie et la Grèce étaient très familiers, même agréable, la magie n'a pas commencé avant Israël. Ma destination en Israël était l'ancienne Jérusalem, la légendaire Jérusalem. Contrairement à tout autre endroit que j'ai visité, prononcer le nom même était presque une expérience mystique en soi, produisant un flot de sentiments que je pouvais à peine percevoir au bord de ma conscience. J'avais juste besoin d'y arriver le plus rapidement possible en prenant une route directe vers cette ancienne cité dès mon arrivée à Tel-Aviv dans les petites heures de la matinée.

Je me souviens d'avoir traversé la porte de l'arc de pierre dans la vieille Jérusalem avant l'aube ce matin là, l'antiquité incroyable qui semblait juste se répandre des petites rues pavées et tortueuses, et des allées qui traversaient les bâtiments anciens et sombres comme un labyrinthe. Je me souviens avoir vu quelques Arabes et quelques Juifs s'occupant avant l'aube de leurs corvées en préparation du travail de la journée. Je me souviens très clairement du poids palpable et lourd de la cité, de tout ce qui s'était passé ici depuis des milliers d'années, alors qu'il me descendait dessus comme une lourde couverture.

Plus tard, j'ai constaté que se diriger dans Jérusalem, même avec une carte, était plutôt difficile : les minuscules rues et les allées se développent en cercles. Mais à ce moment, la faible lumière de la pré-aurore ne servait qu'à mettre en évidence l'environnement sombre et sinistre. Pourtant, dans ce premier matin avant l'aube à Jérusalem, je n'étais pas perdu. Mes pas avaient un objectif et une direction dont je n'avais, à ma stupéfaction, que faiblement conscience. C'était comme si mes pieds savaient où j'allais, mais pas ma conscience. En passant dans ces rues pavées très étroites, à gauche ici, à droite là, puis tournant au coin d'une rue, je me suis retrouvé au milieu d'une file de moines grecs encapuchonnés et en robes noires. Ils attendaient, debout en file indienne sur les marches anciennes, descendant dans le sous-sol d'une ancienne et vaste structure. Ils m'ont regardé et je les ai regardés, mais peut-être sauf un léger sourire, aucun mot n'a été prononcé.

Au bout d'un moment, les charnières de fer de l'énorme et lourde porte en bois qui s'ouvrait ont grincé, et ces prêtres sont descendus par les escaliers en pierre. Ces marches étaient concaves, usées par des millénaires d'utilisation. La file des moines traversa la porte dans le sombre bâtiment, avec moi qui suivait. Nous entrâmes dans ce vaste espace caverneux éclairé seulement par des bougies. Il semblait avoir été découpé dans la pierre sur laquelle le bâtiment a été érigé. Il y avait des icônes religieuses sculptées sur les murs de pierre, puis, finalement, quelques écrits en anglais. C'est alors dans un coup de tonnerre apparent que j'ai compris par l'inscription sur les murs que j'étais au sous-sol de l'Eglise du Saint-Sépulcre.

Au fond de ma conscience, mon esprit étonné s'emballa afin de donner un sens à ce qui venait de se passer. Comment et pourquoi je fus attiré comme un aimant à cet endroit, mais, autour de cette conscience, il y avait la charge indéniable du but alors que je me suis senti conduit par les escaliers du corps principal vers cet ancien endroit sacré, pour remonter les escaliers, jusqu'au petit autel qui avait été construit sur la roche avec une fente, celle pour la Croix.

Pourquoi ai-je été dirigé vers cet endroit, très tôt ce matin, par des pas si sûrs ? Pourquoi est-ce que j'ai traversé le sous-sol avec les prêtres avant que les portes principales ne soient ouvertes au public ? En me remémorant cela, après toutes ces années, je me retrouve de nouveau assis en méditation là-bas au niveau supérieur de l'Eglise du Saint-Sépulcre. Je suis conscient de mon étonnement, pas tant du fait d'être guidé au petit matin vers cet endroit, mais de sentir la Main de Dieu si puissante dans ma vie. Pour la première fois, je sentais avec une certitude absolument concrète que j'étais au bon endroit exactement au bon moment, pour commencer quelque chose que je devais faire, et que je n'avais aucune idée de ce qui allait m'arriver ensuite.

Je me souviens d'être assis dans les bancs au niveau supérieur de l'église méditant sur les événements des dernières heures. Finalement, les touristes commencèrent à entrer et à sortir à la périphérie de ma vision, j'ai remarqué que le prêtre qui était assis près de l'autel, l'autel même qui avait été érigé à l'endroit où la crucifixion était supposée avoir eu lieu, agissait différemment. Mon attention fut attirée à nouveau sur ce prêtre et je découvris qu'il lisait une sorte de magazine de charme féminin qu'il cachait rapidement sous la table lorsque les touristes entraient, puis qu'il ressortait quand ils repartaient. Il ne s'était pas rendu compte que j'étais là depuis un certain temps.

Cette dichotomie outrancière a résonné en moi. Un mois ou deux auparavant, j'avais visité le Vatican, ce qui pour moi, en dehors du grand art, était comme un mausolée sans vie de dogme desséché. Maintenant, ici, à l'endroit même où tout avait commencé, l'hypocrisie que j'avais cherchée à faire disparaître était toujours présente. La juxtaposition de ces expériences m'a poussé plus profondément dans la méditation, ici, au niveau supérieur de l'Eglise du Saint-Sépulcre. J'étais conscient de la question : "Pourquoi est-ce que j'expérimente tout cela, et dans quel but ?"

Jésus et l'Evangile du Verseau

Comment puis-je mettre en mots ce qui s'est passé ensuite ? Quelque temps après, j'ai été sorti de ma méditation par deux de ces prêtres de chaque côté de moi. L'un d'eux a dit dans un anglais approximatif : "Sortez ! Vous avez dormi ici presque toute la journée". Etonnement, c'est à ce moment-là que j'ai compris que j'avais été hors de mon corps en pleine conscience, regardant Jésus enseigner et guérir les gens à Jérusalem. Le point de vue que j'avais était peut-être situé à vingt ou trente mètres au-dessus, sur le côté de la scène, je voyais Jésus exercer son grand amour et sa maîtrise. J'ai été stupéfait en réalisant ce que j'avais vu. Ce n'était pas un rêve, c'était tellement réel que je pouvais le goûter.

Les prêtres m'ont escorté hors du bâtiment, me laissant debout sur les marches de l'entrée principale de l'église, sous le soleil du milieu de l'après-midi. Ma tête vacillait en essayant de comprendre ce qui s'était passé ce jour-là, essayant de comprendre ce que tout cela signifiait. Je traversai les rues maintenant bondées de la vieille Jérusalem, me sentant d'une certaine façon transformé, être une autre personne que lorsque j'avais traversé les portes de cette ancienne cité avant l'aube ce matin-là.

L'histoire racontée sur cet endroit et à peu près tout ce qu'il y avait dans ma vie ne me semblait plus important. Je me sentais tellement en expansion, tellement agrandi. Je connaissais alors suffisamment le côté mystique de la vie pour savoir que cette expérience était une grande bénédiction, que j'avais vu une partie des Enregistrements Akashiques de la vie de Jésus. (Les Enregistrements Akashiques sont un terme sanskrit qui se réfère à cette substance sur laquelle sont enregistrés tous les événements qui se sont produits dans la vie d'une personne. Dans l'Ancien et le Nouveau Testament, on parle du "Livre de la vie" que l'on passe en revue à la fin d'une vie et dans lequel toutes les actions d'une personne sont enregistrées).

A quelques centaines de mètres de l'église, je suis entré dans l'un des nombreux cafés qui remplissent les rues de la vieille Jérusalem. J'étais déshydraté par la chaleur sèche de fin d'été de cette ancienne cité. En me faufilant dans le café bondé, je suis tombé sur une chaise et j'ai commandé une boisson froide. Un moment plus tard, un jeune homme en vêtement de pasteur s'est assis sur la chaise en face de moi, a souri et a commencé à parler.

"Vous avez l'air d'avoir connu une expérience intense", a-t-il déclaré. Avec un léger sourire, j'ai hoché la tête et, avec un regard incrédule, j'ai dit : "Ca c'est sûr". Il s'est identifié comme étant un Américain qui étudiait pour devenir un rabbin juif. Un sujet en a amené un autre et, d'une certaine façon, nous avons discuté de ce qui s'était passé ce jour-là. Je lui ai parlé de mon arrivée avant l'aube dans le niveau souterrain de l'église et ensuite de mon expérience de regarder Jésus enseigner et guérir. Il a souri et m'a dit : "J'ai quelque chose pour vous". Il a ensuite sorti un livre de sa sacoche et l'a posé sur la table devant moi.

Le livre, L'Evangile du Verseau du Christ Jésus, de Levi, a été écrit par un ministre Américain à la fin des années 1800 suivant les révélations d'un Ange. Il a été tiré des enregistrements Akashiques et a décrit un Jésus très différent de celui qui est rapporté dans tout le Nouveau Testament. Ce livre a eu par la suite un grand impact sur moi. Au cours des jours et semaines qui suivirent la lecture du livre, je savais que c'était une affirmation de ma Présence et des Grands Maîtres, qui m'était présentée lors de ce jour incroyable après mon expérience à Jérusalem. C'était une indication très physique que j'étais au bon endroit, au bon moment. C'était comme si j'avais une ancienne feuille de route pour les plus grandes aventures, à la fin desquelles m'attendait le plus grand des trésors. Tout ce que j'avais à faire c'était d'apprendre à la lire puis d'engager les moyens pour que cela se produise.

Au cours des décennies qui suivirent, je me suis souvent demandé qui était cette personne qui avait mis ce livre dans mes mains en cette fin d'après-midi. Comment a-t-il su qu'il devait venir vers moi pour commencer à engager un dialogue ? Comment se fait-il qu'il avait le livre absolument parfait à mettre dans mes mains ? Était-il vraiment un étudiant rabbin américain ? De mon point de vue, maintenant, je ne serais pas surpris qu'il ait été directement employé par la Fraternité de Lumière pour jouer ce bref rôle dans mon aventure à Jérusalem.

Ce livre parlait de la façon dont Jésus s'était éveillé dans sa vie à la mission pour laquelle il s'était préparé pendant de nombreuses vies, et avait parcouru le monde pendant des années pour chercher et trouver les Grands Maîtres qui constituent la Fraternité sacrée de Lumière, et étudier sous leur direction. Je savais depuis toujours que les vrais enseignements de Jésus étaient bien différents de ce que le dogme Chrétien enseignait, qu'ils ont été édités et réédités par les hommes, et que depuis près de deux millénaires avaient façonné la culture de l'Occident. Cependant, recevoir ce livre entre mes mains en ce jour précis, après les événements extraordinaires qui s'étaient produits en l'Eglise du Saint-Sépulcre était comme une affirmation foudroyante des Pouvoirs que j'étais sur le bon parcours et que ma quête était sur le point d'accélérer considérablement.

Comme je l'ai déjà dit dans cet ouvrage, j'étais familiarisé avec le concept selon lequel il y avait, depuis mon enfance, des Grands Maîtres dans ma vie. Ma première compréhension consciente de leur existence était venue, à l'âge de treize ou quatorze ans, à la lecture d'un livre sur la vie d'Edgar Cayce. Puis à la fin de mon adolescence et au début de la vingtaine, j'ai lu plusieurs autres récits, provenant de plusieurs sources différentes, sur cette Grande Fraternité. Cela allait complètement de soi que Jésus était intimement lié à ces Grands Maîtres et que sa mission était de transmettre cette sagesse au monde. J'aurais été particulièrement obtus si je n'avais pas compris que "quelqu'un" essayait de me dire quelque chose ici dans ma 22ème année de cette incarnation.

Israël

Chaque jour, au cours des trois mois suivants, tandis que je voyageais en Israël, l'expérience qui s'était produite dans l'Eglise du Saint-Sépulcre s'est déployée dans ma conscience. Bien des fois durant ces jours-là, j'ai été ramené avec émerveillement sur ce qui s'était passé. En raison de la magie de cet endroit, j'ai décidé que je devais passer du temps à vivre et voyager en Israël pour intégrer ce que je ressentais. A cette époque, de nombreux jeunes du monde entier choisissaient de passer quelques semaines ou quelques mois dans les différentes fermes collectives ou kibboutz, qui étaient partout en Israël. Si vous étiez accepté par le kibboutz, vous deviez travailler 5 à 6 jours par semaine en échange de la chambre, des repas et d'un petit salaire. C'était un bon moyen d'expérimenter la culture de cet endroit et d'économiser de l'argent, tout en pouvant voyager beaucoup le week-end. Parce qu'Israël est tellement petit géographiquement, vous pouviez voyager le week-end à n'importe quel endroit de cet ancien pays.

J'ai été attiré par Masada, cette ancienne forteresse située sur une montagne adjacente à la mer Morte, qui est un sanctuaire national pour le peuple d'Israël. C'est ici que les Juifs ont contenu l'armée romaine pendant des années jusqu'à ce que celle-ci ait finalement construit une grande rampe et ait pris d'assaut la forteresse sur la montagne seulement pour constater que les Juifs s'étaient tous tués plutôt que d'être tués par l'armée romaine ou devenir esclaves. Avec quelques compagnons de voyage du kibboutz, nous décidâmes de dormir là-bas, cette nuit-là, sous les étoiles. On pouvait sentir la charge de l'énergie de tout ce qui s'était passé dans ce lieu et cette nuit-là, la légère brise, s'ajoutant à l'atmosphère sombre, gémissait dans les ruines. Tout autour de nous se trouvait le grand désert, la mer Morte et l'histoire d'Israël.

Pour montrer le pouvoir de cet endroit, une dizaine d'années ou deux après que j'y étais, le président de l'Allemagne fit le premier voyage, pour un chef d'Etat allemand, depuis l'Holocauste, en Israël. Lors de la visite de Masada, son hélicoptère s'est écrasé sur l'un des petits affleurements qui forment un rebord à plusieurs centaines de mètres au-dessus du sol du désert. Aucun de son groupe n'a été blessé. C'était un rappel pas trop agréable de ce qui s'était passé.

Un Calice Elevé

Après avoir visité plusieurs kibboutz, je suis arrivé à Kafar Blum au nord d'Israël, un endroit magnifique sur la rivière Jourdain, juste au sud de Kiryat Shmona avec des champs larges et ondulants, des collines, de vastes vergers et des étangs. Il y avait des fleurs partout et même les quartiers de vie du kibboutz, un réseau de petits bâtiments, étaient interconnectés par des chemins fleuris. J'ai tant de merveilleux souvenirs de cet endroit et des gens magnifiques qui vivaient là. C'est ici que j'ai trouvé l'espace nécessaire pour intégrer les événements de ma vie jusqu'à ce jour. C'est ici que j'ai commencé ce qui allait devenir ma pratique régulière de méditation. Chaque jour, à l'aube, habituellement en train de cueillir des pommes le long de la rivière Jourdain, je prenais une pause dans mon travail et me promenais vers un endroit près de la rivière, loin des autres travailleurs, pour méditer alors que le Soleil se dégageait de la crête des montagnes à l'est.

Ici, dans cet endroit où tant de choses s'étaient produites, j'appelais Jésus et ma Présence, que je pouvais faiblement percevoir dans mon cœur, que je connaissais comme étant le Père, leur demandant de me montrer pourquoi j'avais vécu tout cela et qu'est-ce que je devais faire ensuite. C'est ici que j'ai su que j'allais voyager à pied à travers l'Asie vers l'Inde, tout comme Jésus l'avait fait près de deux mille ans plus tôt (comme c'est transcrit dans l'Evangile du Verseau de Jésus-Christ, par Levi Dowling (1908) et La Vie Inconnue de Jésus-Christ : la vie de saint Issa, de Nicolas Notovitch (1894) et d'autres œuvres).

En revenant sur cette période, j'ai souvent décrit la sensation que je me sentais connecté à ma Présence par un mince brin de Lumière doré et que ma Présence m'entrainait d'une expérience à l'autre, d'un pays à l'autre, par ce mince brin de Lumière doré. Ce brin devait augmenter en taille et en puissance au cours des prochains mois et années de ma vie.

Les jours se sont transformés en semaines et les semaines en mois dans ce magnifique endroit, jusqu'au jour où des terroristes ont tué les athlètes israéliens aux Jeux Olympiques de Munich. Je me souviens très bien de ce matin là. J'étais dans les vergers près du Jourdain avec plusieurs autres Israéliens et Européens à cueillir des pommes. L'un des Israéliens écoutait une radio portable et nous a dit que les athlètes israéliens avaient été tués. Moins d'une minute plus tard, vague après vague, des avions de guerre israéliens rugissaient juste au-dessus de la vallée du Jourdain, à pas plus de 15 mètres au-dessus des pommiers où nous travaillions, nous faisant tomber des arbres avec le tonnerre de leurs moteurs. Nous regardions avec ahurissement tandis qu'ils remontaient la vallée, puis se divisaient en deux formations autour du mont Hermon, avec une formation allant en Syrie et l'autre au Liban. D'où nous étions, nous pouvions entendre les bombes tomber.

Ce fut ma première expérience de la guerre. Le lendemain matin, il semblait que toute l'armée israélienne était garée devant l'entrée de notre kibboutz. Il y avait des soldats armés partout et les hommes et les femmes qui vivaient à temps plein dans le kibboutz parcouraient les promenades fleuries, en bicyclettes avec des mitrailleuses Uzi accrochées sur leurs épaules. Cette nuit-là, les Syriens lancèrent des missiles dans le nord d'Israël, non loin de notre kibboutz. La paix de cet endroit fut complètement brisée. Il était temps pour moi de quitter Israël.

Istanbul et l'Asie

Après quelques jours, un vol court m'a amené d'Israël à Istanbul. Bien que j'étais allé en Grèce à plusieurs centaines de kilomètres à l'ouest d'Istanbul seulement quatre mois auparavant, Istanbul semblait un monde très différent. Il n'y avait pas de doute que j'étais enfin en Asie. Les bâtiments, les gens et la culture étaient différents de tout ce que j'avais jamais connu jusqu'à ce moment. Me remémorant maintenant cette période, je me rends compte que je n'avais pas pensé rester à Istanbul ni en aucun autre lieu de la Turquie, de l'Iran, de l'Afghanistan ou du Pakistan, ne serait-ce que pendant une journée pour visiter différents endroits.

J'étais un jeune homme guidé pour arriver en Inde le plus tôt possible. C'était presque comme si j'étais programmé et que je ne devais pas être en retard. Ce sentiment de "rendez-vous à respecter" a continué à se développer dans ma conscience.

La culture familière de l'Occident qui a été ma seule expérience dans cette vie (sauf pour mon temps en Israël) était maintenant très loin de moi. Maintenant, chaque jour m'amenait de plus en plus en Asie, qui, dans la plupart des cas, à l'exception des quelques villes, n'avait pas changée depuis des milliers d'années.

Je me souviens quand j'ai traversé la frontière vers l'Iran, que les gardes-frontières étaient très agressifs avec leurs mitrailleuses. Ils ordonnaient à tout le monde de sortir de l'ancien bus qui était le seul moyen de voyager et avec leurs fusils automatiques chargés, inspectaient les passeports et objets personnels de chacun. C'était une situation menaçante qui ne faisait qu'accroître l'oppression de ces pays. Je devais obtenir des visas des ambassades des pays où j'allais entrer avant même d'entrer dans ces pays. Cela a été fait à Istanbul pour l'Iran, à Téhéran pour l'Afghanistan, à Kaboul pour le Pakistan et l'Inde, etc. Cela prenait habituellement quelques jours pour que les visas soient traités, ainsi donc, j'ai passé quelques jours dans chaque capitale, mais j'étais très heureux d'avoir enfin le visa pour pouvoir quitter ces pays et continuer vers l'est.

Iran ~ Afghanistan ~ Pakistan

Ces voyages sans fin dans des bus branlants, d'une ancienne ville asiatique à la suivante, étaient la seule méthode de voyage autre que par les caravanes de chameaux que j'ai souvent vu passer, à l'extérieur des fenêtres de bus. Partout, à l'exception des grandes villes, les bâtiments, les gens, la culture et le paysage semblaient avoir des milliers d'années. Les cabanes en boue et en pierre, sans eau courante, étaient la norme. Le paysage était brûlé par le soleil. Les bâtiments étaient dans les tons gris ternes. Toutes

7 ~ *La Quête Commence*

Kandahar, Afghanistan. Cette photo, prise à la fin de 1972, représente la vie au centre de la ville. Notez le bus sur la gauche. C'est ici que j'ai vu un groupe de garçons tirer un bœuf pour le faire entrer dans une allée entre les bâtiments. Ils ont attaché un nœud coulant autour de son cou et ont jeté la corde sur une branche d'arbre, puis ont attaché une autre corde autour de ses pattes avant. Il y avait plusieurs garçons sur la corde pendue à l'arbre et plusieurs sur la corde liée à ses pattes avant. Ils ont tiré et le bœuf avait sa tête tirée en avant et ses pattes avant tirées en arrière. Ensuite, les garçons se sont installés sur une grande scie à arbres pour deux personnes, dans ce cas deux garçons de chaque côté. Ils ont coupé la tête du bœuf par le bas. En l'espace de dix minutes, ils l'ont coupé dans la poussière et apporté la viande aux nombreux feux de cuisine qui bordaient les deux côtés de la rue. La brutalité de cette scène, toutes les images dans l'ambassade de personnes occidentales disparues et les regards gênant de nombreuses personnes ici ont mis en évidence mon désir de quitter rapidement cet endroit. C'était la vie en Afghanistan.

les femmes musulmanes étaient couvertes de robes noires oppressives (burkas), sauf pour un petit espace sur leurs yeux où elles pouvaient regarder dans ce monde très sombre et desséché dans lequel elles vivaient. Cette oppression s'intensifiait alors que les jours se changeaient en semaines, puis en mois, tandis que je traversais l'Asie.

La nature de mon aventure de traverser l'Asie peut sûrement être mieux résumée par une expérience particulière que j'ai eue en traversant l'Afghanistan. Comme vous l'avez remarqué, le seul moyen de transport public était de très vieux autobus dégradés. Dans la plupart des cas, les bus avaient peu de fenêtres et étaient remplis de chèvres, de poulets, de cochons et de personnes. Les chemins de terre étaient en mauvais état, ce qui entraînait des embardées du bus de ci de là. A cette époque, il y avait une route principale qui allait de Herat à l'ouest jusqu'à Kandahar au sud, puis à Kaboul à l'est.

Lorsque le bus quittait Herat pour Kandahar ou Kandahar pour Kaboul, il ne s'arrêtait pas (sauf brièvement) jusqu'à ce qu'il atteigne sa destination. Il s'agissait de voyages de nuit qui semblaient ne jamais se terminer.

Je me souviens très bien du paysage sans fin du désert et des montagnes extraterrestres qui défilaient lentement, le bruit incessant des animaux et des humains dans le bus et le répit trop bref lorsque finalement je m'endormais pendant quelques minutes ou quelques heures, quel que soit le cas.

C'était dans un tel moment de sommeil bref, instable, quelque part en Afghanistan, que vaguement, j'ai senti quelque chose, comme un rat qui grattait à mes côtés. Comme je me suis instantanément réveillé, j'ai tapé sur ce "rat" pour constater que c'était une main humaine. La main appartenait à l'un des locaux assis sur le siège immédiatement derrière moi. Ce type avait coupé un trou dans l'arrière de mon siège et avait passé sa main dans le trou pour tenter de me dérober ma sacoche que je portais sur mon épaule droite. La sacoche contenait mon passeport et une partie de mon argent. (Le reste de mon argent était caché dans ma botte.)

Aussitôt que je me suis rendu compte de ce qui se passait, je me suis levé et j'ai pivoté sur moi pour être prêt à ce qui pouvait se passer ensuite. Il me semblait que tout l'arrière du bus était plein de ces afghans, me regardant avec méchanceté. J'avais environ 30 centimètres et 25 kilos de plus que n'importe lequel d'entre eux. Je n'étais pas trop à l'aise quand je me suis retourné et me suis assis à mon siège en cherchant à descendre au prochain village où nous nous sommes arrêtés.

Je comprenais alors plus clairement la raison pour laquelle j'avais été averti à chaque ambassade de rester sur les routes bien fréquentées pour traverser l'Asie de cette manière. Dans le hall d'entrée de chaque ambassade, il y avait des centaines de photos d'Américains et d'Européens qui avaient "disparu" en traversant l'Asie de la même manière que moi. Il y avait des récompenses offertes par leurs familles pour toute information permettant de les retrouver. Néanmoins, je me sentais encore très concentré et toujours propulsé vers mon but, qui était d'aller en Inde le plus tôt possible.

Chaque jour depuis mon expérience à Jérusalem, je commençais ma journée avec ma propre forme de prière et de méditation. Ma prière était de chercher simplement à connaître et suivre tout ce qui était la Volonté de Dieu pour ma vie. Ensuite, avec cette forme pensée dans mon cœur, j'essayais d'être mentalement et émotionnellement silencieux afin que je puisse percevoir tout ce qui pourrait être perçu comme une réponse. J'étais très conscient à ce stade qu'il y avait un fil d'or mince qui me reliait à ma Présence. Ce fil d'or semblait augmenter en taille et me conduisait d'une expérience à l'autre, d'Amérique à l'Europe, en Israël et maintenant en Asie. C'est peut-être là, en Afghanistan, dans ce bus, que j'ai pris pour la première fois conscience de la Protection que cette connexion tangible à ma Présence m'offrait.

Bien que je sois certain qu'il y ait de beaux endroits dans ces pays, je n'avais aucun intérêt à m'arrêter partout en Turquie, en Iran, en Afghanistan ou au Pakistan plus longtemps que je ne le devais pour obtenir des visas ou avoir un peu à manger. C'est avec un certain soulagement que j'ai vu les montagnes hindoues Kush avec le passage infâme de Khyber qui commençaient à apparaitre au loin, à l'est; soulagement parce que je savais que, au-delà de ces montagnes, il y avait le Pakistan et après un jour de voyage à travers le Pakistan, l'Inde.

Un Calice Elevé

Le Temple Doré d'Amritsar. Il traduit clairement la magie de l'expérience de l'Inde après avoir traversé à pied l'Asie.

Retour "Chez Moi" en Inde

Après avoir traversé les montagnes Hindou Kush, le monde a commencé à changer à nouveau. Le Pakistan était très différent du reste de l'Asie où j'avais voyagé pendant toutes ces longues semaines. Les gens semblaient avoir plus d'énergie, les bâtiments étaient plus dynamiques, et il y avait beaucoup plus de gens, surtout dans les villes. Ce fut seulement une courte journée de voyage pour traverser ce petit morceau de Pakistan et être alors à la frontière indienne.

Jamais auparavant, je ne pouvais différencier autre chose qu'une frontière politique en passant d'un pays à l'autre, mais il y avait vraiment là quelque chose dans l'air qui me disait que maintenant j'étais en Inde. C'était comme un rêve après avoir traversé l'Asie ces derniers mois. En quelques minutes, après avoir franchi la frontière, il y avait partout des couleurs somptueuses. Les gens, les bâtiments et le paysage, tous étaient vivants d'une manière que je n'avais jamais vue en Asie ni ailleurs. Les femmes n'étaient pas voilées dans des burkas ternes et noires avec seulement de petits trous pour regarder dans leur sombre environnement. Ici en Inde, elles étaient habillées de saris magnifiques et colorés. Vous pouviez réellement les voir et elles vous souriaient même quand vous passiez.

Il y avait une qualité et une odeur dans l'air qui était tellement différentes de tout ce que j'avais déjà expérimenté. Jamais auparavant je n'avais ressenti mon cœur vibrer comme je le sentais maintenant. Toute la fatigue du voyage et d'avoir si peu dormi au cours des derniers mois me fut enlevée en un instant. Quelque chose de merveilleux se passait. Là, chatoyant sur les berges de la rivière, se dressait le Temple Doré d'Amritsar. Certains considèrent cet endroit sacré comme l'une des merveilles du monde. Pour moi, par rapport aux longs et fastidieux mois de voyage en Asie, le Temple Doré était une métaphore appropriée, une introduction à la somptueuse beauté de l'Inde.

A Amritsar, je suis monté à bord du premier des nombreux trains que je devrais prendre en Inde. Les Britanniques avaient construit des milliers de kilomètres de lignes qui traversaient l'Inde et c'était le moyen le plus commode pour passer d'un endroit à l'autre. C'est peut-être ici, lors de ce premier trajet en train, que j'ai commencé à remarquer les gens. Ceux qui vivaient dans les autres pays asiatiques que j'avais traversés semblaient presque emprisonnés par la mauvaise qualité de leur vie et leurs dogmes religieux. Ici en Inde, il y avait tant de beauté et tant de sourires.

Le trajet en train était vraiment une expérience qui deviendrait mon quotidien au cours des mois suivants. Les gens étaient si polis, mais il y avait aussi la tonalité évidente de grande pauvreté. Je n'ai pas d'abord compris pourquoi toutes les fenêtres du train avaient des barreaux jusqu'au moment où nous nous sommes entrés dans une ville. Toutes les voitures du train furent littéralement assaillies par tous types de vendeurs, vendant tout depuis le chai (une boisson de thé sucré), les chappattis (tortillas de farine), et tout ce qu'on peut imaginer dans ce pays où tout était possible. Ils poussaient leurs marchandises à travers les fenêtres barrées après que quelques roupies leur aient été fournies.

Ce qui fut le plus désagréable, c'est ce qui se passa lorsque le train s'est éloigné de la gare. Apparemment, la police garda les malheureux loin du train, mais aussitôt que le train eut commencé à s'éloigner de la gare, des dizaines et dizaines de personnes sautèrent et agrippèrent les grilles des fenêtres. Certains tombèrent alors que le train gagnait de la vitesse. Certains grimpèrent sur le toit du train pour un trajet gratuit vers une autre destination.

Il est assez difficile d'expliquer l'interconnexion entre la beauté de l'Inde et sa grande misère. Peut-être que seulement ceux qui ont réellement vécu dans ce pays pendant une période de temps peuvent vraiment se rendre compte de ce que j'essaye de transmettre. Ce fut peut-être en ce premier jour que j'ai dû voir le premier des nombreux morts qui se trouvaient sur le bas-côté d'une rue. Ce fut à la gare de Delhi que je vis le premier des nombreux lépreux. Ceux qui étaient encore valides m'approchaient en demandant un bakchich (charité) avec leurs mains infectées émergeant de ce qu'ils pouvaient avoir comme tissus. Ensuite, après quelques pas, vous pouviez voir une belle femme portant un sari, faisant affaire, ignorant complètement les mendiants et les malades. Je n'avais jamais vu la lèpre auparavant. Les images que je me rappelais des premières histoires Chrétiennes étaient effrayantes, mais de voir une personne se rapprocher de vous avec de terribles et grandes blessures ouvertes sur leurs visages, et bien pire, et ne pas pouvoir fournir quelque chose d'autre pour aider que quelques roupies, fut une expérience que je ne désirerais pas répéter.

Même alors en 1972, aller à Delhi n'était pas une expérience agréable. C'était une ville sud-asiatique démesurée avec tous les maux que toutes les grandes villes ont, et plus encore, car c'était la capitale de l'Inde. Les pousse-pousses (à pied, à vélo et en scooter) étaient partout. Il y avait des gens partout. Il me semblait que plus de la moitié étaient très pauvres, avec beaucoup de sans-abris vivant dans les rues. Dans certaines parties de Delhi, il y avait des feux de cuisine le long des rues et beaucoup de gens, comme c'était le cas partout en Inde, et probablement encore maintenant, construisaient leur maison dans la rue. Ils y habitaient et y dormaient, et beaucoup se soulageaient là où ils étaient quand ils en avaient besoin.

Je cherchais un endroit où passer ma première nuit à Delhi. J'avais entendu parler d'un hôtel peu coûteux fréquenté par des occidentaux au centre de la ville, alors je me suis rendu là-bas. C'était un grand bâtiment de trois ou quatre étages, avec un grand porche extérieur à chaque niveau. Dès que je suis entré à l'intérieur, j'ai su que les lits superposés de type dortoir, couvrant le moindre espace, n'étaient pas pour moi. J'ai donc choisi de rester sous le porche du deuxième étage où il y avait beaucoup d'air et plus d'espace ouvert autour de moi. Je me suis finalement endormi dans les petites heures aux sons et aux odeurs de cette ville ancienne et animée.

Le lendemain matin, j'ai été réveillé en sursaut alors que le ciel avait commencé à s'éclaircir. J'avais appris depuis longtemps qu'il était toujours préférable d'être le premier dans une salle de bain publique à prendre une douche et partir. Cependant, je n'étais pas préparé pour ce que j'ai vu quand j'ai quitté le porche et traversé le couloir vers la salle de bain. Partout sur le sol devant moi, et il me semblait partout où je pouvais regarder, il y avait des tas d'excréments. Comme je l'avais appris, une des premières choses que les Occidentaux doivent surmonter lorsqu'ils viennent en Inde est leur réaction à la nourriture et à l'eau contaminées. La dysenterie, ou la diarrhée sévère, étaient des afflictions courantes. Heureusement pour moi, j'avais arrêté depuis longtemps de manger de la viande, donc j'étais d'une certaine façon protégé. Je dis d'une certaine façon parce que plus tard, ce même jour, avant d'embarquer dans le train pour Agra, j'ai été frappé de crampes d'estomac sévères qui m'ont amené à plonger dans les buissons de l'un des parcs qui sont dispersés autour de Delhi.

Un Calice Elevé

Au cours des sept mois suivants où j'ai voyagé à travers l'Inde, ce fut mon seul cas de maladie de quelque sorte que ce soit. Je crois que c'était grâce à un sentiment d'être "à la maison" que je ressentais si fortement, une compréhension que tant que je maintiendrais ce contact avec ce que je ne pouvais décrire que comme ma Présence, tout se déroulerait parfaitement. Je commençais à comprendre un peu que cette vibration que j'ai associée au Père devenait de plus en plus forte. Au cours des sept derniers mois, la pression de cette vibration avait augmenté, tandis que je m'arrêtais plus fréquemment pour aller à l'intérieur, pour me souvenir d'être reconnaissant pour les expériences qui m'entouraient. Je devenais plus conscient des changements de vibrations qui m'entouraient alors que j'allais d'un endroit à l'autre. Je commençais à ressentir cela plus fréquemment, alors je faisais une pause, comme pour chercher la direction de ce nouveau sens.

Cela m'a également permis de prendre un moment avant de manger pour demander à cette Grande Présence de Dieu de bénir les aliments et la boisson que je prendrais, afin que je puisse faire tout ce que je devais faire. Quoi qu'il en soit, cela et ma joie d'être dans un pays pratiquement végétarien m'ont maintenu en bonne santé et par la suite jusqu'à ce jour.

Je n'oublierai jamais d'avoir été assis dans un restaurant à Delhi en train de dîner et de regarder un grand bœuf entrer par la porte d'entrée et essayer de prendre de la nourriture du plat de la personne qui venait juste de quitter la table. Le propriétaire du restaurant chassa le bœuf.

J'ai de fortes aversions pour les grandes villes. Je me devais de quitter Delhi aussi vite que possible. Je devais entrer dans le pays et voir comment vivaient les gens. Je décidai d'aller à Agra pour voir le Taj Mahal. C'était au matin de mon départ de l'autel dans un pousse-pousse tiré dans les rues arrière de Delhi, que je devins plus conscient de la vibration de cette terre et des gens qui y vivaient. Les pousse-pousses qui étaient partout à Delhi et à travers toute l'Inde, comme celui dans lequel je voyageais, étaient propulsés par des jeunes hommes, des hommes d'âge moyen ou des hommes âgés, pieds nus, accrochant les perches qui se connectent du pousse-pousse à la bicyclette et filant partout où on leur demandait d'aller, le tirant derrière eux.

C'est pendant cette course matinale à la gare que j'ai de nouveau pris conscience des odeurs incroyables de l'Inde. L'air même était différent contre ma peau. J'étais en Inde, du côté opposé du monde d'où j'avais vécu les 21 premières années de cette vie. Au cours de cette course en pousse-pousse dans l'éclairage monochromatique du début de l'aube, j'étais une fois de plus très conscient de me regarder expérimenter ce qui se passait autour de moi.

Le Taj Mahal vu de l'intérieur du mur du Fort Rouge. Cette perspective différente du Taj Mahal a été prise immédiatement à côté du mur en grès rouge du fort et qui entoure le Taj Mahal sur trois côtés. À côté de l'arrière du Taj Mahal, s'écoule la rivière Yamuna. (Les images en couleur en haute résolution peuvent être visualisées sur UpraisedChalice.com).

8 ~ L'Inde Mystique

De tous les pays du monde, l'Inde a une dimension spirituelle très spéciale et très unique. Chaque jour est un jour sacré dans cette terre. La plupart des gens ont été élevés avec une compréhension du karma et de la réincarnation qui est contenue dans les anciens livres sacrés de l'Inde—la Bhagavad-Gita, les Upanisads et les Vedas. En dehors des villes intensément bondées, dans les petites villes et les villages, les temples sont omniprésents, de même que les moines et les sâdhus hindous (hommes saints) qui leur sont associés. Chaque temple est consacré à cette manifestation ou à la manifestation des Dieux et ornés de statues et de peintures élaborées. Les moines, les prêtres et les sâdhus se distinguent facilement par leurs têtes rasées et leurs robes simples, ou comme c'est le cas avec les sâdhus errants renonçants, leurs chiffons raides, souvent leurs coiffures bizarres et leurs visages peints.

Je me rappelle marcher dans de petits villages et voir des femmes faisant tous les matins de beaux yantras géométriques sur des chemins de gravier devant leurs maisons (souvent de petites cabanes en bois ou en paille). Les Yantras sont des motifs colorés et complexes, habituellement d'un mètre de diamètre, créés avec des cailloux ou des grains colorés. Des prières et des mantras sont récités alors que ces yantras sont créés. Immédiatement après que ces yantras sont faits, le trafic à pied de la journée augmentait et les yantras étaient parcourus par des centaines voire des milliers de personnes, par des charrettes, des pousse-pousses et des animaux. Le but du yantra est de rappeler à la personne qui le crée, à ceux qui le voient ou à ceux qui marchent dessus, le fait que le Divin est partout, dans chaque personne, chaque objet et chaque action.

Le Taj Mahal

Je me souviens d'avoir pris le train de Delhi à Agra en passant par les longues plaines sans fin. Pendant des heures, je regardais au loin chaque ville s'approcher, chacune avec une brume de fumée flottant autour d'elles et provenant des nombreux feux de cuisine en bordure de route, ce qui rendait chaque village que nous traversions encore plus surréaliste dans le paysage, en arrière-plan. Après un certain temps, le Taj Mahal apparut au loin, brillant comme un rêve énorme, superbe et blanc à l'horizon. C'était incroyable. Tandis que le train parcourait les derniers kilomètres dans Agra, je ne pouvais plus détourner les yeux du Taj Mahal. Plus je me rapprochais, plus j'étais très conscient que

Un Calice Elevé

c'était plus qu'une merveille du monde incroyablement belle. Il y avait ici une énergie unique que je voulais explorer. En dehors du grand fort qui entoure le Taj Mahal, sur une petite colline boisée, il y avait un vaste village de huttes remplies de divers hommes saints constamment impliqués dans leurs rituels religieux. Ici, il y avait aussi un foisonnement de personnes qui avaient toutes sortes d'afflictions imaginables et qui imploraient leurs dieux pour être soulagés.

Dans un tel endroit, je développais en moi le sentiment de devenir super-conscient de mon entourage et de ne rien prendre pour acquis. Ce n'en n'était pas moins étonnant de voir et de ressentir ce niveau de dévotion religieuse mélangée à une telle misère humaine, mêlée à ce que l'on peut ressentir en traversant les portes du grand fort en pierre qui entoure le Taj Mahal. La majesté, la beauté incroyable du Taj Mahal, flottant au-dessus de son reflet dans les bassins qui l'entourent, était étonnante. C'était vraiment un tout autre monde.

Il y a une histoire intéressante de la façon dont le Taj Mahal a été protégé pendant la guerre en 1940. Un grand avion s'est presque écrasé dessus, mais au dernier moment il a été magiquement dévié. Il serait facile de sourire de cette histoire, mais quand on rencontre le Taj Mahal, la magie même de cet endroit semble rendre toutes les choses possibles. Le Taj Mahal a été construit par le grand empereur Moghol, Shâh Jahân, comme mausolée pour sa femme bien-aimée, Mumtaz. Des années plus tard, j'ai découvert que Shâh Jahân était une précédente incarnation de l'un des Grands Maîtres, Kuthumi, l'un des sponsors de la Société Théosophique (vers 1875, époque à laquelle Kuthumi était un adepte non-ascensionné).

Le Taj Mahal est fait de marbre de lune et pendant les trois nuits entourant la pleine lune, les portes du fort sont ouvertes pour permettre aux gens d'entrer. D'entrer par la porte, la première nuit que j'étais là, sera pour toujours gravé dans ma mémoire. C'était peut-être la chose physique la plus magique que

Sâdhu. L'un des nombreux sâdhus (prêtres) et moines qui vivent sur le sommet forestier immédiatement adjacent au Taj Mahal.

j'aie jamais vécue. La lumière de la pleine lune est en quelque sorte capturée par le Taj Mahal et toute la structure rayonne le clair de lune, plus lumineuse en quelque sorte que la pleine lune elle-même. Le Taj Mahal semble se léviter, brillant au-dessus de la terre, reflété dans les énormes bassins réfléchissants et les fontaines qui l'entourent, comme un rêve céleste. Il n'y a pas d'autre mot pour le décrire.

J'ai pris conscience que regarder le Taj Mahal était une méditation visuelle, produisant une paix profonde et un sens grandissant du Divin. Je cherchais à fixer dans mon souvenir cette vision en absorbant chaque courbure gracieuse des arches parfaites et des contrastes du marbre de lune lumineux et rayonnant contre l'obscurité du ciel nocturne. J'ai cherché à fixer dans ma mémoire chaque détail de cet endroit qui est tellement chargé de Vie. Encore une fois, j'ai pris conscience de me regarder en train de vivre cette expérience, y compris le sentiment que j'étais au bon endroit au bon moment. Le grand Amour qui a imprégné cet endroit était tellement tangible.

Les moines tibétains célébrant la vie au centre-ville de Katmandou. Remarquez le petit garçon au devant. C'est un honneur pour une famille tibétaine d'avoir un enfant qui devient moine. J'ai appris ici que chaque jour est célébré comme un jour sacré, contrairement aux jours de congés périodiques que j'ai vécu en tant que garçon grandissant aux États-Unis. Remarquez les toits de chaume sur la pagode du temple et des bâtiments.

9 ~ Le Népal

Après avoir visité le Taj Mahal, je suis revenu dans le train et je me suis dirigé vers Katmandou. Les trains prolifiques de l'Inde, que les Britanniques ont construits pendant leur longue période coloniale qui a pris fin le 14 août 1947, sont plus que vastes. Ils traversent toute l'Inde et desservent apparemment toutes les grandes villes. La première classe est pour ceux qui en ont les moyens, mais je devais compter chaque roupie, aussi j'ai toujours voyagé dans les autres voitures avec le reste de l'Inde. J'ai déjà décrit la pléthore de tous les types d'humains plus haut dans mes premières expériences avec l'Inde. Les gares et les trains étaient un creuset mélangeant des dizaines de différentes cultures ethniques indiennes.

Contrairement à l'homogénéisation de la culture dans laquelle on vit dans toute l'Europe et l'Amérique, la seule chose apparemment garantie en Inde est que vous vivrez une telle diversité de personnes, de groupes ethniques, de circonstances, de niveaux de pauvreté, de maladies, de vie et de mort que vous serez toujours étonné.

Ensuite, alors que le train prend de la vitesse et quitte la gare, sortant de la ville ou de la cité, il traverse, pendant des kilomètres, des paysages ruraux et intemporels qui n'ont pas changé depuis des centaines ou des milliers d'années. Un buffle d'eau labourant les champs dirigé par un homme à pieds nus portant un simple dhoti de coton (tissu enveloppé autour de la taille), des huttes de chaume réparties en grappes dans des villages avec des bâtiments en pierre plus permanents au centre des villes, des femmes drapées gracieusement en saris portant des pichets d'eau sur leurs têtes, généralement avec quelques jeunes enfants à la traîne.

Ces personnes traversent la vie dans leur village comme elles l'ont fait depuis des millénaires. Je me souviens que les fenêtres du train étaient ouvertes la plupart du temps. Les odeurs, dans certains cas, les parfums de l'Inde étaient piquants, presque exaltants, changeant d'une région à l'autre.

A l'intérieur du train, c'était littéralement un autre monde. Des gens de tous âges, dans toutes sortes d'habits, voyageant habituellement en familles, s'occupaient de leurs affaires. Les familles, assises toutes ensemble sur les bancs, les sièges et les planchers du train, ouvraient leurs paniers de nourriture préparée pour leurs repas, parfois même cuisant leurs repas sur un feu brûlant contenu dans une sorte de grill posé sur le sol.

Je voyageais toujours en train à travers l'Inde et ces voyages étaient habituellement comptés en jours et nuits de voyage, en prenant généralement quelques heures de sommeil ici et là sur les bancs, avec les autres voyageurs. Il s'agissait toujours d'un tumulte d'activités lorsque le train arrivait dans la gare de l'une des grandes villes, car même avant que le train ne s'arrête, des douzaines d'Indiens se précipitaient vers le train, poussant leurs marchandises à travers les barreaux des fenêtres essayant de vendre leurs aliments aux voyageurs.

A l'Approche de Katmandou

Je me suis réveillé à l'aube sous le bruit discordant du train qui s'amplifiait tandis qu'il arrivait dans la ville frontalière de Siliguri entre l'Inde et le Népal. Ici, je devais monter à bord d'un très vieux bus pour un voyage d'une journée à travers les contreforts de l'Himalaya. Les routes, comme partout en dehors des villes de l'Asie du Sud, n'étaient pas pavées. La route sinueuse à travers les montagnes, que cet autobus rafistolé a prises sur le chemin de Katmandou, n'est pas faite pour les timorés, avec des falaises abruptes souvent adjacentes à des courbes abruptes, et le bus roulant toujours trop vite. A ce jour, il semble que chaque année, je lis que, dans cette partie du monde, un autobus est sortit de la route et a dégringolé la falaise tuant des douzaines de personnes.

Après ce voyage interminable et souvent pénible traversant ces contreforts de l'Himalaya qui sont encore comparables aux Rocheuses, nous sommes descendus dans la vallée de la montagne qui contient l'ancienne région interdite de Katmandou; interdite parce que toute cette zone était fermée aux étrangers jusqu'au début du vingtième siècle. Tandis que nous nous approchions de cette ancienne cité, j'ai été de nouveau confronté au fait que j'étais dans un monde si complètement différent de tous les

Les vendeurs de produits à Katmandou. Indique les produits cultivés autour de la vallée de Katmandou ainsi que les paniers de portage de grande envergure qui ne sont portés que par une sangle sur le front. (L'image en couleur en haute résolution sur UpraisedChalice.com montre les détails finement sculptés sur les messages de chaque côté des vendeurs).

endroits où j'avais passé le reste de ma vie. Mais pourtant, cet endroit, tout comme l'Inde, me semblait d'une certaine façon rassurante et familière.

La cité de Katmandou était étonnante, entourée par les hauts sommets enneigés de l'Himalaya, avec de nombreuses pagodes ornées de bois qui se dressent sur d'autres bâtiments très anciens et qui étaient si entravés ensemble. Les gens d'ici étaient très différents de ceux de l'Inde. Katmandou, au Népal, est une zone de mélange de peuples et de cultures de l'Inde au sud avec les fortes cultures orientales tibétaines, mongoles et chinoises au nord et à l'est.

Finalement, le bus est arrivé. Je me souviens juste de me promener en m'émerveillant de la vue, des sons et des odeurs. L'architecture et l'artisanat qui entraient dans les imposants

Un Calice Elevé

Le Stupa de Bouddhanath, juste à l'est de Katmandou, est l'un des plus grands au monde et est maintenant classé au Patrimoine Mondial de l'UNESCO. Remarquez les yeux de Dieu regardant dans les quatre directions, les drapeaux de prière et les roues de prière insérées autour de la base du stupa.

temples pagodes en bois et les bâtiments faits de bois et de pierre étaient si orientaux et exquis. Les étages supérieurs du bâtiment étaient des résidences, tandis que les étages inférieurs étaient généralement des marchés en plein air vendant tout, des tas de céréales, de légumes et de fruits, aux paniers tissés de paille et ornés, portés comme des sacs à dos, où les hommes et les femmes portaient leurs biens, généralement attachés par une sangle sur le front.

Ces paniers, comme je l'ai découvert plus tard, étaient utilisés par la plupart au Népal et au Tibet pour transporter leur cargaison à travers les sentiers pédestres sans fin de l'Himalaya et qui étaient les seules voies de communication pour la plus grande partie de cette région du monde. Plus tard, je serais émerveillé par les charges que les hommes et les femmes portaient dans ces grands paniers alors qu'ils montaient et descendaient les longs sentiers escarpés menant d'un village ou d'un monastère à un autre.

9 ~ Le Népal

Les féroces dragons de neige, comme cette statue, gardent les portes de la plupart des pagodes des temples tibétains. Celui-ci mesure un mètre de hauteur.

Chaque fois que j'arrivais dans une nouvelle cité ou ville, la première chose que je faisais était de localiser une base, un endroit où rester un moment, pour planifier mes prochaines étapes. Heureusement pour moi, bien que je n'avais que très peu d'argent, la plupart de la population en avait encore moins, donc j'ai toujours été en mesure de trouver une chambre d'hôtel agréable et propre qui était encore dans mes maigres moyens. Habituellement après avoir évalué la sécurité de ma chambre d'hôtel, je laissais mon lourd sac à dos qui contenait toutes mes affaires terrestres avec lesquelles j'avais parcouru le monde entier et ne portais que ma petite sacoche sur mon épaule avec mon argent et mon passeport et je sortais explorer mon nouvel emplacement.

De dire que Katmandou était magique, en ce début de matinée de la mi-décembre 1972, ce serait un euphémisme. Je ne sais pas (même maintenant) si c'était l'air de montagne, raffiné et étincelant, de l'Himalaya (Katmandou est, après tout, situé dans une

Deux grandes statues de Bouddha flanquant les longues marches jusqu'au sommet du temple de Swayambhunath sur une colline au centre de Katmandou.

Le grand Bouddha, peut-être 4 mètres de haut, dans le temple principal au sommet de Swayambhunath.

vallée de 1350 mètres au-dessus du niveau de la mer) ou les innombrables et magnifiques temples pagodes qui ornaient chaque bloc de la cité avec leurs innombrables moulins à prière qui tournaient.

Même à ce moment-là, alors que je ne savais pas quelle était la signification de ce qui était chanté lorsque les roues de prière tournaient, cela me semblait familier : Om Mane Padme Hum. Ce texte était habituellement écrit trois fois sur la roue de prière, de sorte que chaque fois qu'il tournait, le mantra était répété trois fois à chaque révolution. Une traduction approximative de ce puissant mantra m'a été expliquée par un tibétain à Katmandou qui parlait un peu l'anglais. Il m'a dit que cela signifiait, "Salut à ..." ou "Je suis ... le Joyau dans le Centre du Lotus", ce qui est encore compris comme référence au I Am, Je Suis, qui est le Feu Sacré, La Présence de Dieu, ancré au centre de notre Chakra du Cœur. En d'autres termes, le mantra est une salutation et affirmation du Foyer Divin de notre vie pendant cette incarnation.

Il semblait que les gens étaient plus enclins à sourire. Il y avait des moines dans leurs robes rouges marchant partout, certains roulant des roues de prière et chantant. Bien que j'aie été quelque peu au courant de la vaste spiritualité de l'Inde au cours des semaines précédentes passées à traverser le nord de l'Inde, ici, à Katmandou, j'ai senti pour la première fois que j'étais vraiment dans un endroit très sacré, puissant et spirituellement vaste. Il y avait une pureté ici, peut-être mieux transmise par les sourires sur le visage des gens quand nous faisions un contact visuel, qui a éclipsé tout ce que j'avais déjà vécu lors de mes voyages.

Mes premiers jours ont été consacrés à explorer ce lieu enchanté, à connaître les temples, l'influence des cultures hindoues et tibétaines qui se sont réunies et, dans une certaine mesure, se sont mélangées ici. Une nouvelle culture a surgi ici dans cette vallée de montagne, tout comme la vaste chaîne de montagnes de l'Himalaya a surgie de la collision des plaques tectoniques indiennes et asiatiques. Il y avait ici une dureté dramatique et une clarté immaculée, dans la cité, le peuple, l'architecture et la vibration globale de cet endroit qui était tout à fait différents de tout ce que j'avais alors connu. C'était comme si les milliers d'années des récitations incessantes du grand mantra, Om Mane Padme Hum, avaient aminci le voile qui sépare le monde physique du monde supérieur ou éthérique des Dieux.

Au centre même de cette ancienne cité entourée par l'Himalaya aux sommets enneigés, se dressait une grande colline en haut de laquelle se trouvait un monastère ancien appelé Swayambhunath ayant une vue dominante sur toute la ville en-dessous. Escalader cette colline raide était un bon exercice. Il y avait des marches anciennes tout le long du chemin jusqu'au monastère que les nombreux pèlerins utilisaient quotidiennement pour faire leurs offrandes à la Divine Présence. Comme Katmandou était un mélange de diverses cultures, la Divine Presence pouvait être représentée par la grande statue en or du Bouddha qui se trouvait à l'intérieur du monastère, ou par Chenresig / Avalokitésvara / Le Bouddha de la Compassion (la forme rayonnante de Bouddha blanc qui représente La pureté et le pouvoir de la bonté et de la compassion de l'esprit éclairé) ou par Maha Kali (l'aspect hindou féroce de la divinité de la Grande Mère, souvent représentée en tenant des têtes humaines décapitées), tous les aspects du Divin étaient révérés dans ce lieu.

Tandis que je commençais à monter les longues marches jusqu'au monastère, il y avait des signes avec des messages d'avertissement apparents. Je ne pouvais pas lire l'écriture, mais les images étaient plus faciles à comprendre. Apparemment, cette montagne abritait de nombreux grands singes (environ 1 mètre de haut) qui étaient connus pour harceler les pèlerins alors qu'ils se dirigeaient vers le temple au sommet de la colline.

Au fil des siècles, les singes étaient devenus dépendants des pèlerins pour leur nourriture, aussi lorsque les gens montaient vers le temple, ils étaient approchés par de nombreux singes, tous à la recherche de nourriture. Il était recommandé de ne pas voyager seul car les singes étaient très agressifs. J'étais en solo, mais il y avait beaucoup de pèlerins qui se dirigeaient vers le temple, alors je me suis rapidement familiarisé avec le comportement des singes. Quand plusieurs singes m'ont approché, j'ai feint de les charger et ils se sont dispersés en jacassant.

9 ~ *Le Népal*

Le sommet du temple de Swayambhunath avec l'un des singes gardiens qui errent librement partout où ils le souhaitent, à l'extérieur et à l'intérieur du temple. [AmazingPicturesPlace.com]

Au sommet du complexe de ce monastère, il y avait un grand stupa, une structure en dôme avec une grande flèche. Au-dessous de la flèche sur le dôme, étaient peints les yeux du Bouddha vers l'extérieur dans les quatre directions. Ces stupas ou chortens de différentes tailles apparaissent à chaque temple, chaque monastère, chaque col des montagnes au Népal, au Tibet, au Sikkim et au Bhoutan. Ceux-ci servent de rappel à ceux qui passent de l'omniprésence de Dieu symbolisée par les yeux du Bouddha regardant dans quatre directions.

A l'intérieur du temple, au sommet de la montagne se trouvait une grande statue en or d'un Bouddha assis, peut-être de 5 à 7 mètres de haut. Drapé sur ses épaules il y avait une grande feuille de plastique transparent qui était quelque peu souillée par les excréments des singes. Les singes régnaient librement dans tout le temple et grimpaient activement les murs et les boiseries qui soutenaient le plafond. J'ai appris plus tard que les singes étaient considérés comme sacrés dans ce lieu et étaient autorisés à vagabonder librement (comme les vaches en Inde).

Accélération Intérieure—L'Himalaya

Dans mes méditations matinales qui avaient commencé à prendre forme en Israël, je posais toujours une question. C'était peut-être plus une affirmation à ma Présence.

Cette prière était que je sois guidé tout au long de la journée afin que puisse vivre tout ce que j'étais censé expérimenter. Maintenant, ici, dans l'Himalaya, tout au long de la journée, je me suis retrouvé dans un courant similaire de méditation même en marchant. C'était comme un dialogue d'écoute avec la Présence, mon Père. Le fil léger et fin qui me conduisait jour après jour en Angleterre, à travers l'Europe et en Israël, tous les mois précédents, devenait maintenant plutôt une chaîne d'or. J'étais tellement conscient de la force croissante de cette chaîne d'or que je savais ce qui était connecté à ma Présence, me guidant en avant selon un agenda que je ne pouvais pas encore percevoir. J'avais le sentiment que tout ce que je devais faire était de me lever le matin et d'entrer dans ce courant qui me conduirait à la prochaine expérience, quel que soit l'endroit où cela se produirait, faisant partie du Plan Directeur pour cette vie.

Après être allé dans cet endroit enchanté pendant quelques jours, ce sens de la chaîne dorée s'était renforcé. Il y avait un sentiment d'excitation d'avoir conscience qu'il y avait un événement majeur devant moi et que j'étais littéralement attiré vers lui. J'avais le sentiment fort et clair que j'avais réellement commencé ce processus il y avait longtemps, que j'avais fait des choix plus tôt dans ma vie qui étaient directement responsables de l'accélération que je vivais maintenant.

A ce moment, dans cette quête, j'avais depuis longtemps abandonné un sentiment d'inquiétude quant à ce qui m'arriverait dans l'heure suivante, et encore moins dans les prochains jours, semaines ou mois. Il n'était jamais question un seul instant de revenir à la vie que j'avais vécue avant de partir sur cette quête. Je pouvais facilement me rappeler du terrible goût de cette expérience du rêve que j'avais fait à l'université d'Amherst avant de quitter l'Amérique, pour ce que je ne connaissais pas. Me réveillant immédiatement après le rêve, j'avais le sentiment de dévastation totale de ma culture, le sentiment que j'avais échoué à tout ce que j'étais venu accomplir dans cette vie. Je me rappelle clairement le sentiment écœurant en me rendant compte que j'avais été tellement pris dans cette culture matérialiste, malgré les inspirations intérieures de mon cœur me disant qu'il y avait plus à vivre. Je sus alors que c'était ma mission dans cette vie de découvrir qui Je Suis, I AM, et pourquoi je suis venu dans cette vie.

L'Archer

Alors, dans les premiers jours à Katmandou, le profond sentiment d'accélération et d'être à la maison en Inde et maintenant au Népal semblaient jeter un éclairage sur tant de moments décisifs de ma vie. J'avais la compréhension claire de voir comment tout ce qui m'était arrivé auparavant m'avait préparé à tout ce que je devrais entreprendre. L'atmosphère cristalline de la vallée de Katmandou, les sourires rayonnants de tous ceux avec qui j'entrais en contact visuel, même si je ne pouvais pas consciemment comprendre un mot de qu'ils disaient, les beaux temples pagodes, tellement ornés à la main, chacun centré sur un Dieu différent, que je savais, même alors, être un aspect différent de la Présence Divine Unique. Le chant des mantras qui semblaient être ininterrompus, tout cela était pour moi comme une grande récompense, une récompense pour les bonnes décisions que j'avais prises jusqu'à ce moment.

Tout cela était comme un grand arc tendu avec moi comme flèche, prête pour le vol, bien que je ne connaissais pas consciemment la cible de cette flèche. Je savais que le Grand Archer qui tendait l'arc connaissait bien la cible et j'étais excité au-delà des mots par cette compréhension.

Marchant dans les anciennes rues de Katmandou dans ce sens de révélation, j'ai rencontré des gens qui venaient de rentrer d'un voyage dans la région du mont Everest. Ils m'ont dit que leurs guides Sherpa s'arrêtaient dans divers monastères en chemin pour s'abriter. Au cours des premières années de ma vie j'avais lu des récits mystiques sur les monastères tibétains de l'Himalaya et des moines qui y vivaient. Je sus alors, en un instant, que j'allais visiter ces monastères, et le fait qu'ils ornaient les longs sentiers jusqu'à l'endroit le plus élevé de la Terre, comme des bijoux placés sur de hautes falaises de montagne, venait juste d'ajouter du carburant au feu de mon désir.

Je visitais le seul magasin d'expédition (en 1972) qui existait à Katmandou. C'était un lieu géré par quelques gars européens et nord-américains qui fournissaient des équipements aux expéditions qui allaient tenter le sommet de l'Everest ou les autres cimes de l'Himalaya. Ils arrangeaient aussi pour les guides Sherpa et connaissaient les différentes conditions pour se diriger et tenter une longue randonnée à travers le haut Himalaya à la frontière tibétaine (par opposition aux contreforts de l'Himalaya de plusieurs milliers de mètres là où se trouve Katmandou). C'est ici que j'ai d'abord appris qu'il y avait un chemin difficile et long de centaines de kilomètres qui s'étirait depuis les faubourgs de Katmandou jusqu'au camp de base de l'Everest. Ce long parcours ardu était l'itinéraire que les expéditions pour l'Everest prenaient pour se conditionner davantage avant la tentative du sommet et acclimater leurs corps à la haute altitude.

La Longue Randonnée vers l'Everest

A la veille de Noël, j'étais assis près d'un temple pagode sirotant une petite bouteille de rhum népalais que j'avais acheté en l'honneur du jour. Pendant que je pensais à tout ce qui s'ouvrait à

9 ~ Le Népal

Les photos suivantes ont été prises lors de la randonnée de 25 jours de Katmandou au mont Everest. Au cours de cette période, nous avons traversé plusieurs zones climatiques différentes tandis que nous montions de plus en plus haut durant notre périple.

Les luxuriantes terrasses agricoles en étage taillées sur le flanc de l'Himalaya inférieur.

L'une des passerelles de bois et de corde des plus robustes que nous avons dû traverser chaque fois que nous descendions un col de la montagne, avant de commencer l'ascension vers le suivant, et il y en avait beaucoup.

Une femme tibétaine portant un gros panier lourd par la sangle sur son front. Remarquez la taille de mon sac à dos et que je porte un short. Dans les altitudes inférieures, il faisait souvent très chaud. Cependant, après avoir ascensionné plusieurs heures, il faisait beaucoup plus froid.

moi, je vis un type pas loin prendre des photos. Nous avons commencé à parler et avons constaté que nous avions certaines choses en commun. Il était de Seattle et voyageait aussi en solo, ayant juste atterri à Delhi. Il s'avérait qu'il était également très intéressé à faire le long périple jusqu'au mont Everest. Nous nous rencontrâmes le lendemain au magasin d'expéditions et nous avons commencé à faire des plans pour y arriver. Il savait que mon principal intérêt était de visiter les monastères en cours de route. J'avais entendu dire que, en faisant un petit cadeau au lama-chef à chaque monastère, on pouvait s'y abriter des nuits froides et glaciales.

Nous obtînmes nos permis du gouvernement népalais pour faire un périple à la frontière tibétaine et népalaise et avons commencé à rassembler des équipements, des médicaments, des aliments déshydratés et des vêtements très chauds. On nous a dit que très peu avaient tenté ce que nous allions faire sans les guides Sherpa et les porteurs. On nous a dit que c'était approximativement un voyage de trois semaines, ardu, d'environ 250 kilomètres à travers l'artère de l'Himalaya, juste pour se rendre au camp de base de l'Everest et qu'il y avait beaucoup d'endroits où la marche était extrêmement périlleuse. On nous a dit que le chemin n'était qu'un simple sentier, parfois de quelques centimètres de large, qui montait et descendait en serpentant sur des terrains extrêmement accidentés et dangereux. On nous a dit qu'il y avait de nombreuses passerelles tremblantes passant au-dessus des rivières rugissantes de l'Himalaya et qu'il ne fallait pas y avoir un accident. Les hommes qui possédaient le magasin d'expédition firent leur maximum pour nous avertir contre quoi nous allions nous affronter et ce pourquoi nous avions besoin d'avoir des guides sherpa et des porteurs. Cependant, il en était hors de question, car nous ne pouvions tout simplement pas nous permettre ce luxe.

Y aller était une chose, revenir en était une autre, nous savions qu'il faudrait plus de trois semaines pour y arriver. La planification de la logistique pour un voyage de plus de six semaines semblait un peu trop difficile. Compte tenu des options, j'ai découvert qu'il était possible pour un avion spécialement équipé, si le temps le permettait, d'atterrir dans un champ court, à 3 300 mètres d'altitude, où les yaks trouvaient leur fourrage, lieu appelé Lukla à cinq jours au sud de l'Everest, à une date spécifique ou à proximité. Nous ne pouvions pas porter suffisamment de provisions pour un voyage de retour de trois semaines à Katmandou. J'ai alors pris des dispositions pour que cet avion nous ramène de Lukla le 27 janvier 1973 environ.

Le "environ" était dû au fait que l'avion pourrait ne pas pouvoir atterrir un jour précis en raison des conditions météorologiques, et il n'y avait aucun moyen de communication (sauf par les lamas téléportant leurs pensées d'un monastère à l'autre). C'était notre plan de nous rendre à Lukla après avoir atteint le mont Everest, en comprenant qu'il nous faudrait peut-être attendre quelques jours que le temps soit dégagé pour que l'avion puisse atterrir.

Un Calice Elevé

L'organisation s'est poursuivie. Autour du 30 décembre, j'ai envoyé une lettre à mes parents, ce qui, je le savais, prendrait 2 à 3 semaines pour leur venir de Katmandou. Je leur ai écrit que j'avais consacré la plus grande partie des fonds qui me restaient aux fournitures et aux vêtements pour entreprendre ce périple de plus de trois semaines sur des centaines de kilomètres de l'Himalaya jusqu'à Everest. Que je serais de retour à Katmandou vers la fin de janvier et que s'ils souhaitaient me revoir, me prêteraient-ils plusieurs centaines de dollars, sinon je serais effectivement fauché de l'autre côté du monde à mon retour de l'Everest. J'étais en plein accord avec cette décision, car j'avais depuis longtemps abandonné tout dans ma vie à ce sentiment croissant que ma Présence me propulsait d'une expérience à l'autre. J'ai dit à mes parents dans cette lettre qu'ils pouvaient transmettre les fonds à l'ambassade américaine à Katmandou. J'ai envoyé la lettre et je l'ai oubliée.

Le 1er janvier à l'aube, nous avons pris un bus pour un court trajet vers l'endroit où la piste de terre démarrait et nous avons commencé notre long chemin vers l'Everest, à travers le toit du monde. Nos sacs à dos étaient énormes et très lourds avec de la nourriture, des vêtements chauds et des sacs de couchage doubles. J'avais une carte (que j'ai encore) montrant les centaines de kilomètres de ce parcours à travers l'Himalaya avec tous les cols et leurs altitudes, avec les planchers de la vallée, les passerelles pardessus les rivières et leurs altitudes et les différents monastères Tibétains et des colonies Népalaises.

Un habitat, faute d'un mot meilleur, était constitué de deux bâtiments ou plus. En fait, c'étaient des habitations de boue, de pierre et de chaume qui n'avaient pas beaucoup changé pendant des milliers d'années. Le bas de ces habitations était là où les animaux de la famille se réfugiaient la nuit, l'étage supérieur était habituellement une seule pièce où vivait la famille. Quand il n'y avait pas de monastère à proximité, nous étions autorisés à dormir dans la partie inférieure de certaines de ces structures avec les animaux. C'était bien mieux que d'être dehors dans le froid.

9 ~ Le Népal

Faire une pause près du col de montagne avec notre destination, l'Himalaya supérieur, en arrière-plan.

Il y a eu quelques occasions où nous avons manqué de prendre le bon embranchement sur le sentier et après avoir grimpé et descendu plusieurs milliers de mètres sur de nombreux kilomètres, réalisant notre erreur, nous devions revenir en arrière. A Katmandou, les guides des expéditions m'ont dit que l'une des raisons pour lesquelles vous aviez des guides Sherpa et des porteurs c'est qu'ils connaissaient les sentiers. Il y avait souvent des avalanches qui emportaient les sentiers et les ponts, nécessitant des détours. Au bas de la carte, il y avait une remarque selon laquelle "les sentiers, les passages et les ponts étaient sujets aux changements" selon les actes des Dieux; ils pouvaient ou non être là quand vous arriviez.

Perspective Himalayenne

Bien que j'ai écrit un journal des aspects techniques de cette période de 28 jours détaillant les milliers de mètres d'ascensions et de descentes quotidiennes, alors que nous parcourions l'artère de l'Himalaya, je ne l'inclurai pas ici.

Le parfum spécifique de l'air de l'Himalaya est encore présent à ma mémoire après toutes ces années; l'émotion intense d'allégresse que j'ai éprouvée précisément à chaque instant de cette longue randonnée ardue est si tangible. Il n'y a aucun moyen de décrire la grandeur des panoramas, et comme ils changeaient à chaque instant, alors que nous progressions dans cette longue randonnée. J'étais déjà en très bonne condition physique, donc mon corps a accepté la lourde charge de mon sac à dos. La magnificence qui s'ouvrait devant moi, mètre après mètre, éclipsait l'effort physique de grimper des milliers de mètres et plusieurs kilomètres de long à chaque col de l'Himalaya, puis descendant des milliers de mètres et beaucoup plus de kilomètres vers le passage obligé de la rivière furieuse au-dessous. Les passerelles tremblantes que nous devions alors traverser faisaient juste partie de l'expérience quotidienne.

Lorsque nous montions à chaque col, des vues étonnantes se développaient partout où l'on pouvait regarder. Après plusieurs jours comme cela, chaque col de l'Himalaya que nous avions traversés semblait être une victoire, un accomplissement, car il requérait beaucoup pour arriver à cet endroit. La piste au sommet du col était littéralement creusée par les milliers d'années où les voyageurs à pied du peuple tibétain avaient égratigné le gravier ou le substrat rocheux alors qu'ils traversaient le col. Dans certains cols, la tranchée faisait plusieurs mètres de profondeur et, sur les deux côtés, étaient élevés des murs de Mani, de grandes pierres rectangulaires, peut-être larges de quelques décimètres sur 1 mètre de haut, sur lesquelles étaient gravées des écritures bouddhistes tibétaines. Ces murs de Mani étaient pour la plupart très anciens. Sur quelques cols, ils s'étendaient sur plusieurs douzaines de mètres des deux côtés de la piste creusée.

Il y avait toujours un stupa relativement petit, ou chorten peut-être haut de 4 mètres, semblable à ce que j'ai décrit au sommet du Temple des singes à Katmandou. Le stupa était situé au point le plus haut du col, pas dans la dépression faite par les milliers d'années de trafic à pied, mais sur le côté. Les yeux de Dieu, peints sur les 4 côtés au sommet du stupa, regardaient dans les quatre directions surveillant les affaires terrestres. Au sommet du stupa, la girouette ornée de drapeaux de prière tibétains flottait dans le vent toujours présente. Sur le sol autour du col se trouvaient les restes d'anciens morceaux de mur de Mani, érodés par le vent et la pluie, se transformant en gravier, sans aucun doute depuis des milliers d'années. Il y avait aussi d'anciens drapeaux de prière qui retournaient leurs éléments de base.

J'essaie de transmettre ici le grand sens de Majesté et le sens de la sacralité que mon environnement presque éblouissant sollicitait dans ma conscience en éveil. Le rassemblement d'un groupe de Sherpas Tibétains voyageant dans la direction opposée le long de cette piste accentuait ce sens. Ils marchaient en file indienne, portant chacun, sur leur dos, les grands paniers en forme de cône tissés maintenus par une sangle sur le front. Parfois, ils utilisaient des yaks lourdement chargés transportant des centaines de kilos de marchandises. Cependant, la plupart du temps, les gens faisaient tout le travail.

C'est de cette manière que les marchandises étaient transportées d'un monastère ou d'un habitat à un autre. Tandis que nous approchions, ils se mettaient sur le côté et levaient les mains, les paumes pressées ensemble comme en prière devant leur cœur, inclinaient la tête et souriaient en disant : "Namaste" ou "je m'incline devant le Dieu en vous". Voyant leurs yeux sourire, je pensais que rien ne pouvait être plus approprié, aucun accueil ne pouvait être plus parfait, dans ce cadre spectaculaire.

Chaque jour, le voyage de presque un mois pour l'Everest devenait physiquement plus difficile mais plus enrichissant de toutes les autres manières. Après plusieurs jours de piste, nous avions tous deux de multiples ampoules aux pieds et il était douloureux de marcher. Nous avions prévu de passer une nuit dans

Un Calice Elevé

Stupas avec les yeux de Dieu regardant au-delà de cet ancien col de montagne. Remarquez les drapeaux de prières déchiquetés et l'antiquité de la base du stupa. Ceux-ci ont été reconstruits au cours d'innombrables siècles. Remarquez également les murs de mani entre les deux stupas. Ces murs de mani sont hauts d'un mètre indiquant qu'au fil des siècles le trafic à pied a creusé une tranchée profonde sur le haut de ce col de montagne. Nous commençons à nous approcher de l'Himalaya supérieur, au loin.

une maison de Sherpa dont nous avions pris connaissance à Katmandou, et où il était possible de partager de la nourriture et de se reposer une journée. Lorsque nous arrivâmes à cet endroit, nous étions en rude forme. Il s'est avéré que c'était une sorte de station pour les expéditions qui se dirigeaient vers Everest ou en revenaient. Ici, nous avons pu rester dans une chambre de style dortoir avec des couchettes réelles. La première chose que nous avons faite, c'était de laisser tomber nos lourds et gigantesques sacs à dos, de retirer nos chaussures de montagne, de claudiquer jusqu'à un magnifique et clair ruisseau de l'Himalaya et d'y tremper nos pieds torturés. J'avais planifié pour cette éventualité et j'avais emporté des bandages et de la crème antibiotique pour mes pieds cloqués. Nous avons séjourné ici presque tout le lendemain, nous reposant et trempant nos pieds. J'étais étonné de la rapidité avec laquelle les ampoules de mes pieds étaient guéris.

C'était comme si le courant de la montagne où j'avais plongé mes pieds pendant des heures avait des propriétés magiques. Le lendemain, rechargés, nous sommes repartis sur le chemin.

Ce chemin était long de plusieurs centaines de kilomètres. Au cours de cette période, nous avions grimpé de plus de 11600 mètres et descendu plus de 7300 mètres tandis que nous montions et descendions l'artère de l'Himalaya, traversant de nombreuses rivières sur des falaises déchiquetées. Il n'y avait certainement aucune route, de sorte que les randonneurs et les yaks devaient s'accommoder des ponts raides et étroits, en bois et corde.

Plus d'une fois, alors que nous entrions dans la deuxième moitié du périple, nous contournions le coin du sentier très étroit taillé sur le côté de la falaise rocheuse, lorsqu'un énorme yak venait vers nous. Grimpant sur le bord de la falaise, avant que nous fûmes encornés, piétinés ou poussés hors de la falaise, nous regardions passer ces énormes bêtes chargées avec leurs paquets désorganisés. Ils étaient plus courts que les vaches, mais beaucoup plus larges, plus longs et plus lourds, avec des cornes longues et pointues et des poils très longs.

Le Monastère

J'ai partagé plus tôt, que mon plan était de visiter les monastères qui étaient au cœur de la culture du sherpa tibétain de l'Himalaya. Nous avons planifié le voyage dans l'espoir de passer les nuits dans divers monastères au cours du parcours. Tandis que nous parcourions une demi-journée hors de la piste principale, montant encore et encore cette grande saillie de l'Himalaya vers un monastère chevauchant une grande falaise de montagne, je me demandais tout le travail qu'il avait fallu entreprendre pour ériger ce bâtiment. Il était étendu, beaucoup plus grand que la taille des habitations de la population locale. Le bâtiment, situé sur une grande terrasse coupée dans la falaise de la montagne, était en

Un Calice Elevé

Le monastère de Taksindu. Les plus petits bâtiments sont les quartiers pour les moines. Le petit bâtiment blanc au-dessus du monastère est une pièce simple non chauffée (tout comme tous les quartiers des moines) qui est utilisée par les moines pour de longues périodes d'isolement solitaire, dans certains cas pendant plusieurs mois.

L'intérieur de la pièce principale. Ce sont des armoires contenant des rouleaux de parchemin tibétains anciens et sacrés. Les peintures des dieux tibétains sont somptueuses. Actuellement la peinture est faite avec des pigments fabriqués localement, tout comme cela l'a été depuis plusieurs siècles.

Détail d'une peinture Tangkha tibétaine sur de la soie brute montrant trois dieux tibétains. L'éléphant porte une sorte de roue arc-en-ciel sur son dos. Sur le dos du cheval il y a un objet où s'élèvent six têtes, représentant peut-être les âmes de différentes races.

pierre blanchie à la chaux, avec de grands bois bruns encadrant la maçonnerie. Les drapeaux de prière rayonnaient du point culminant aux points les plus bas du monastère comme les rayons d'une roue. A côté du monastère se tenait encore le stupa toujours présent avec les yeux de Dieu faisant face aux quatre directions, veillant sur la Terre et rappelant constamment l'Omniprésence du Père.

Nous nous sommes approchés du bâtiment actuel en nous émerveillant de l'artisanat et de l'ornementation des bois sculptés, des roues de prière en bois sculpté, des drapeaux de prières colorés flottant dans le vent, la vue stupéfiante sur le haut Himalaya partout où nous nous tournions et partout le sens du sacré. Un vieux lama tibétain apparut au coin du bâtiment, se tenant là sous son chapeau de feutre et dans ses robes brun-rouge, les mains levées en prière. Ses yeux scintillèrent avec un sourire profond par lequel il nous a accueillis, "Namaste" et nous a invité à entrer.

Nous sommes entrés dans la grande salle ornée de magnifiques tangkas (peintures riches, ornées et colorées sur fond de soie cru représentant les Dieux et les Déesses tibétains). Avec chacun des tangkas chatoyant magiquement, les images des Dieux semblaient se déplacer sous l'immense fenêtre voûtée, dans le soleil de fin d'après-midi qui s'établissait derrière les sommets de l'Himalaya de la haute vallée.

Sous les tangkas, les portes d'armoires coulissantes révélaient des douzaines de rouleaux d'écriture tibétains enroulés et attachés par une sorte de ruban de soie. Les parfums d'encens, de chai, des lampes à l'huile et de la fumée du feu de bois situé dans le coin étaient tous si réconfortants. Les yeux souriants de ce lama âgé ne me regardaient pas directement mais à travers moi, comme cet endroit était parfait et merveilleux. C'est à ce stade de mon voyage que j'ai pris conscience d'un sens de conversation en cours entre ce vieux lama et sa merveilleuse compagne tandis que nous nous assîmes devant leur feu ouvert en sirotant du thé alors que le Soleil traversait la vallée.

Aucun mot ne fut prononcé extérieurement, car je ne les aurais pas compris, mais il y avait de la conversation : la paix et la perfection sereines et majestueuses étaient si imprégnées de sagesse, mes sens débordant de gratitude pour cette expérience envers mon Père, la Présence de Dieu à l'intérieur. Mon corps physique était épuisé par la longue journée d'escalade. Le lama nous a donné du chai et un type de pommes de terre garnies. Nous avons partagé la nourriture que nous avions et regardé la lumière du jour s'effacer à travers la belle et grande fenêtre voûtée. Dès que la nuit s'est approchée, en accord avec la direction silencieuse du lama, nous avons déroulé nos sacs de couchage au sol de cette superbe salle magnifique. Je me souviens avoir vu le lama et sa compagne faire de même de l'autre côté du feu.

Ma conscience, repassant les événements de cette incroyable journée, essayait de couvrir de mes armes mentales tout ce que j'éprouvais depuis mon arrivée dans ce monastère, mais c'était sans espoir. J'ai eu le sentiment que j'utilisais un processus intellectuel attardé pour vérifier une expérience continue dépassant l'intellect pour être inintelligible par ce moyen de compréhension. Riant de moi-même à cet effort insensé, je suis entré dans un sommeil sans rêve.

J'ai été éveillé instantanément et alerte lorsqu'Hélios (Dieu du Soleil) a enflammé le dessus des sommets de l'Himalaya qui se dressaient au-dessus de nous au monastère. Le lama souriait et faisait du chai. C'était une célébration. Je commençais à me rendre compte que chaque jour était une célébration. Le lama a ouvert un petit sac et a versé de la farine d'orge grillée rôtie dans le chai faisant une sorte de porridge. "Tsampa", dit-il, et me l'a remis. C'était délicieux. Je me suis promené avec le lama autour du périmètre du monastère. Il m'a montré une grande roue de prière ornée, la plus grande que j'aie jamais vue depuis et même avant, peut-être de 2,3 mètres de haut et 1 mètre de large. Elle était constamment en mouvement, alimentée par un petit moulin à eau plongeant dans le ruisseau en dessous, ses petites cloches tintant. Des dizaines de lignes de *Om Mane Padme Hum*, gratifiées de

Lama tibétain. C'est le lama du premier monastère où nous avons séjourné.

centaines d'images magnifiquement peintes des Dieux tibétains, Ainsi a commencé pour moi une parfaite journée.

Il y a eu tant d'expériences précieuses durant ce voyage. Quelques jours plus tard, nous descendions d'un col de haute montagne entouré d'imposants sommets enneigés du Haut Himalaya. Au fur et à mesure que nous avons contourné une ligne de crête, nous avons eu la première vue de notre objectif : le mont Everest, immense et surréaliste au loin. C'était encore à plus d'une semaine d'ascension. Ensuite, à quelques centaines de mètres plus loin le long de ce sentier étroit, le long d'une falaise suspendue à des milliers de mètres au-dessous de nous, nous atteignîmes la ligne des arbres, sauf que les arbres étaient tous des rhododendrons en pleine floraison et qu'une tempête de neige se formait. C'était une scène de rêve.

Une autre journée mémorable mais très longue s'est terminée après avoir atteint un habitat tibétain, rien de plus que quelques habitations de l'âge de pierre situées dans une zone relativement plate le long d'une grande chaîne de montagnes. Au fur et à mesure que je me rapprochais, je commençais à sentir un arôme étrangement familier qui me rappelait quand j'étais un gamin allant au cinéma. Je fus étonné de l'identifier comme étant du maïs soufflé. Alors que je me dirigeais vers la porte, je regardais et je vis une femme tibétaine qui remuait l'orge brute dans un wok (sorte de plat) sur un feu à ciel ouvert. Après avoir com-

Juste avant que Scott et moi nous descendîmes au monastère de Taksindu pour la nuit. Le lendemain, nous descendîmes plus loin jusqu'à la rivière, puis ce fut la longue et dure montée vers Namche Bazar. Remarquez la profonde excavation dans le col de montagne causée par des milliers d'années de circulation à pied.

mencé à brunir et à brûler, elle l'a broyé en poudre. Elle l'appela la tsampa, le principal élément de base de ce peuple des montagnes, il était mélangé avec leur chai au beurre de yak pour faire une bouillie, c'était exactement ce que le lama nous avait donné quelques jours auparavant. Nous avions pu lui en acheter pour l'ajouter à notre chai du matin.

Nous passions rapidement d'un jour à l'autre et, au fur et à mesure que nos corps physiques se familiarisaient à notre escalade pénible à travers le Haut Himalaya, il semblait qu'en même temps ma conscience continuait à s'expandre. Nous étions peut-être quelques jours de Namche Bazar, le village tibétain mystique qui est le point de ralliement de toutes les expéditions vers l'Everest, lorsque nous sommes arrivés à un autre monastère très spécial dont j'avais appris l'existence à Katmandou. Cette fois-ci, c'était notre chance que le lama-chef parlait un peu l'anglais. Contrairement au précédent, ce monastère avait beaucoup de moines qui vivaient dans des bâtiments adjacents. Le lama-chef nous invita à passer la nuit dans la salle principale avec lui. C'était une expérience très différente pour moi alors que, dans les premières heures matinales, je me retrouvais engagé dans une conversation avec lui.

Il m'a expliqué qu'il était un Lama Tulku, un lama réincarné. Quand il était un petit garçon âgé de 3 ans, il a été identifié par d'autres grands lamas comme la réincarnation d'un lama célèbre décédé quelques années auparavant. Il y avait une procédure de test élaborée où cet enfant de 3 ans devait identifier les objets qui lui appartenaient dans sa vie antérieure comme lama-chef d'un autre monastère important. Lorsque ce garçon a correctement identifié les objets qui lui appartenaient dans sa vie passée, ainsi que certains des lamas anciens qui lui donnaient le test, il a été immédiatement nommé lama-chef de plusieurs douzaines de moines, tout cela à l'âge tendre de trois ou quatre ans. Cette nuit-là, il m'a parlé de la réincarnation et du karma et cent autres choses concernant les enseignements bouddhistes tibétains, qui sont au cœur de cette culture de l'Himalaya.

Quand nous sommes partis le lendemain matin, il m'a donné plusieurs papiers faits de riz, des imprimés en bois de divers bouddhas tibétains et un couteau tibétain très spécial dont la poignée en bois est incrustée de divers métaux. La longue lame de métal courbée est estampillée d'un côté par le symbole du Soleil et de l'autre par celui de la Lune. Il est toujours sur ma bibliothèque dans sa gaine en cuir de yak, avec de précieux livres spirituels du monde entier.

Nous nous sommes réveillés brusquement à l'aube le lendemain matin au son des cornes, des tambours et des chants tibétains dans la grande salle voisine, plutôt une entrée qu'une salle, où des douzaines de moines jouaient ces instruments et chantaient. Un enterrement était en cours. Nous avons regardé la cérémonie pendant un court moment puis nous sommes retournés sur la piste pour commencer la grande montée, toujours à de nombreux kilomètres de là, jusqu'à Namche Bazar, la destination que nous avions demandée aux sherpas et aux tibétains que nous avions rencontrés sur le chemin ces dernières semaines.

A l'Approche de l'Everest

Il y avait un sentiment d'exaltation intérieure alors que nous approchions de ce principal objectif de notre voyage. Nous descendîmes le col de haute-montagne, de nouveau à des milliers de mètres plus bas, jusqu'à la vallée de la rivière, et encore de nouveau nous recommencions à monter la montagne jusqu'à Namche Bazar. Maintenant, les hauts Himalayas nous comprimaient semblant effacer le ciel avec leur vaste et énorme présence. La vallée était beaucoup plus raide que celles que nous avions traversées ces trois dernières semaines. Les milliers de mètres que nous devions escalader jusqu'à Namche étaient beaucoup plus difficiles. Enfin, nous avons atteint le sommet du sentier raide et étroit sur le plateau de haute montagne, apparemment coupé dans le pan de la montagne par les mains géantes des dieux.

Ici, situés sur plusieurs terrasses concentriques, en escalier, ouvertes sur la falaise abrupte et coupées dans le flanc de la montagne, se trouvaient environ une douzaine de petites structures et le monastère; c'était le petit village de Namche Bazar. Il y avait aussi un bâtiment plus large dans lequel nous nous sommes laissés tombés dedans où nous pouvions dormir et manger pendant les jours suivants tandis que nous rassemblions nos réserves pour l'attaque finale extrêmement difficile de l'Everest.

J'étais allé aussi haut que 4000 mètres dans les Rocheuses, mais ici, à Namche, le village le plus haut de l'Himalaya, tout était tellement différent, si intense et tellement beau. Le village était littéralement situé sur une corniche taillée dans une falaise de haute montagne. Juste à une centaine de mètres des habitations robustes et puissantes disposées en plusieurs demi-cercles de terrasse, l'une au-dessus de l'autre en escaliers, la falaise chutait de milliers de mètres sur la rivière furieuse en dessous. Tout autour de vous, tellement proche que vous aviez le sentiment que vous pouviez simplement les atteindre et les toucher, les flancs couverts de neige et de glace de la grande chaîne himalayenne se situaient à 3500 mètres et plus au-dessus.

De temps en temps, vous entendiez un rugissement lointain et là, à travers la vallée, sur les hauts flancs de la montagne, en face de nous, une énorme avalanche en cascade rugissait en effaçant tout sur son chemin. Là, maintenant, nous avions le sens que la vie est très ténue dans un tel endroit. C'était un rêve éveillé, complètement surréaliste, d'être dans un tel endroit.

Nous avons passé quelques jours à Namche Bazar (à 3500 mètres) nous acclimatant à l'altitude, nous reposant et nous préparant à ce qui allait venir. Nous devions maintenant être très réguliers, car tous les jours nous amenaient plus haut et, à tout moment, il était possible d'avoir le mal de l'altitude, l'hypoxie, ce qui mettrait fin à notre voyage et, si on n'agissait pas immédiatement, cela pouvait nous faire mourir. Beaucoup de ceux qui ne sont pas habitués aux effets de la haute altitude deviennent très malades très rapidement ici. Notre exposition progressive à des altitudes de plus en plus hautes au cours des 3 dernières semaines a aidé nos corps à s'acclimater jusqu'ici, mais la partie la plus sévère et la plus dangereuse de notre odyssée était devant nous et une extrême prudence était de mise.

Au cours des quelques jours que nous avons passé à Namche pour nous acclimater, nous faisions quelques randonnées d'une demi-journée, escaladant la montagne et revenant à Namche, permettant à nos corps de s'habituer aux altitudes plus élevées. Grimper de 3500 à plus de 4000 sur cette petite randonnée était difficile, même sans mon lourd sac à dos que j'avais laissé pour la journée. A la fin de la journée, nous étions épuisés. Comme indiqué précédemment, dans l'Himalaya, lorsque le soleil se couche, il fait très rapidement sombre et tout le monde dort, et pour moi, c'était toujours un sommeil fort et profond. La dernière

Un Calice Elevé

Notre première vue sur Namche Bazar (altitude de 3.440 mètres) après avoir gravi des milliers de mètres de piste abrupte au-dessus de la rivière.

Les terrasses de Namche Bazar sur lesquelles sont construites les habitations. Habituellement chauffées par un petit feu ouvert et brûlant dans un coin du bâtiment. Remarquez la falaise abrupte sur le côté du plateau.

9 ~ *Le Népal*

Les hautes montagnes en face de Namche Bazar. On pouvait voir des avalanches et entendre des tonnerres venant du dessus des sommets couverts de nuages.

nuit à Namche, j'ai été réveillé au milieu de la nuit par un doux chant. J'ai regardé à l'autre bout de la pièce à environ 7 mètres et vu un groupe de moines tibétains et un lama présidant debout, chantant au-dessus du corps à plat ventre d'un petit garçon. L'étrange scène était légèrement éclairée par quelques lampes au beurre de yak qui projetait une légère lumière jaune dans l'autre coin de la pièce où ce rituel était joué.

Le garçon était mort dans la nuit. Il avait eu une mauvaise toux la veille et n'avait pas eu l'air bien. La vie est si difficile ici. La plupart vivent dans une habitation d'une pièce avec un feu qui est souvent ventilé par une fenêtre ouverte. Il n'y a pas d'eau courante ni d'autres conforts humains qui sont habituels dans les régions plus basses et plus chaudes du monde. En conséquence, il semble qu'il n'y ait pas d'âge moyen. Vous êtes soit jeune, soit vieux et ensuite vous êtes mort. Quelques jours avant, nous étions à l'autre monastère lors de la cérémonie funèbre. Maintenant avec ce garçon trépassant, il était évident que la mort n'était pas étrangère à cette terre. Dans ce royaume intensément beau mais austère du haut Himalaya, je prenais de plus en plus conscience de l'équilibre délicat entre la vie et la mort.

Le lendemain matin, il y avait une sorte de cérémonie près du stupa dans la cour (faute d'un meilleur mot) qui était le point central de Namche Bazar. Cette cérémonie a été suivie par de nombreux moines et par les habitants du village. Certains étaient engagés dans une danse lente et rythmée portant des costumes et des masques qui montraient plusieurs dieux tibétains et des démons. Il y avait du chant et avec les cornes tibétaines qui étaient totalement discordantes, la cérémonie entière était étrange. Un peu mal à l'aise par ce que nous avons vu de cette cérémonie, nous sommes partis ce matin-là pour la lente montée d'une journée au-dessus de la ligne des arbres jusqu'au monastère de Tengboche. Maintenant, la marche n'était plus automatique.

Plus nous montions, plus nous devions réfléchir aux pas lents et mesurés que nous ferions. Il n'y aurait plus de descentes jusqu'à ce que nous soyons de retour de notre destination, Kala Pattar, une colline sur le belvédère du dessus du monde, située 500 mètres au-dessus du camp de base de l'Everest qui est à 5200 mètres de hauteur, à partir duquel nous pourrions prendre des photos incroyables du sommet du monde.

Le Monastère de Tengboche

Le monastère de Tengboche, à 3900 mètres, était un lieu austère et interdit. La structure était battue et balayée par les vents du haut Himalaya qui avaient laissé leur érosion partout où l'on regardait. Il y avait un ancien stupa à proximité fait de pierres et de briques qui semblait n'avoir plus que quelques années pour redevenir du gravier. Des anciens et quelques nouveaux drapeaux de prière flottaient du stupa et du monastère mais étaient souvent déchiquetés et mis à nu par les éléments. Maintenant, à cette altitude, nous étions constamment entourés par les gémissements douloureux du vent qui changeaient étrangement de ton tandis

Ancien stupa près du monastère de Tengboche érodé par des vents interminables. Remarquez les murs de mani.

que nous traversions les grandes montagnes de l'Himalaya, escaladant plus haut et plus loin de la vie.

En montant à ce plateau de montagne qui tenait le monastère de Tengboche, avec un frissonnement, nous pouvions voir le sentier qui, après quelques jours d'acclimatation ici à Tengboche, nous amènerait à l'Everest lui-même. S'étirant au loin, comme un mirage à travers ce paysage incroyablement accidenté, se situait la ligne de crête entre le Nuptse et le Lhotse chargés de neige, montant en flèche à plus de 8500 mètres, avec l'immensité nue et noire de l'Everest saillant au-dessus. Comme si l'Everest voulait faire une déclaration supplémentaire pour nous avertir tous, si insensés de seulement envisager de nous en approcher, des conséquences fatales de l'erreur. Il semblait tellement sévère, tellement austère en apparence qu'il me faisait frémir. Pourtant, il y avait cette pulsion implacable de poursuivre.

Nous passâmes deux jours à Tengboche à nous acclimater et à nous préparer à l'énorme ascension du Glacier Khumbu et à la petite pile de ruines appelée Lobuche (à plus de 5000 mètres)

Un Calice Elevé

Marche vers le monastère de Tengboche à 3860 mètres d'altitude. Ce monastère a été considéré pendant des siècles dans la tradition tibétaine comme profondément sacré.

Le monastère de Tengboche a été détruit par le feu en 1989 au cours duquel de nombreuses perles et statues anciennes et précieuses ont été perdues.

Vue du mont Everest au dessus du chemin du monastère de Tengboche vers les sommets Nuptse et Lhotse, montrant notre parcours réel pour les trois prochains jours.

où nous devions camper la nuit avant de faire notre dernière ascension vers Kala Pattar. Pendant ces deux nuits dans le monastère de Tengboche et par la suite, nous ne parlions pas beaucoup entre nous. La haute altitude, le froid, l'austérité sacrée du monastère et ce que nous avions à ramasser chacun en nous-mêmes, pour cette dernière partie de notre difficile périple, nous maintenaient tous les deux préoccupés.

Nous savions que beaucoup de ceux qui avaient tenté de grimper l'Everest étaient tombés malades sur cette étape suivante de notre parcours et avaient dû être rapidement aidés à redescendre à des altitudes plus basses ou en subir les conséquences fatales. Nous savions que la plupart de ceux qui étaient venus jusqu'à ce point l'avaient fait avec des guides sherpa et des porteurs. Ce n'était que nous deux, de l'autre côté du monde, qui avions partagé un rêve d'aller au sommet du monde, qui maintenant, après plus de trois semaines intenses d'escalade, n'était qu'à quelques jours devant nous. C'était aussi l'hiver ici, et toutes les expéditions d'escalade avaient fait cette randonnée pendant les mois les plus chauds. Si nous trébuchions sur le terrain torturé du vaste glacier ou étions atteints d'hypoxie, ce pourrait être très mauvais et ce très rapidement.

Peut-être que c'était pendant cette longue nuit froide dans le monastère de Tengboche que je me suis réveillé, incapable de dormir, avec tout ce qui s'ouvrait devant moi. J'étais encore l'Observateur. Je me souviens d'être couché là-bas en train de regarder les étoiles froides qui étaient maintenant si proches et de me rendre compte qu'à ce stade, tout dans ma vie était totalement changé pour toujours. Je suis devenu complètement conscient, comme on allume d'un coup la lumière, avec la compréhension que dorénavant il n'y avait plus rien que je ne puisse faire. C'était un tel sentiment exaltant et je savais que les prochains jours de cette randonnée, et aussi les jours, les semaines, les mois et les années qui suivraient, étaient en quelque sorte déjà tracés avec un infini potentiel. Je savais avec une certitude absolue à ce moment de la nuit que ce à quoi je m'éveillais dépassait l'identité du nom et de la vie que j'avais reçus en grandissant dans cette vie. L'immensité du potentiel que j'éprouvais me rappelait ce que j'avais contacté sur ce sommet de montagne dans le Colorado.

Partant à l'aube dans un effort concentré dû au manque d'oxygène, nous fîmes progressivement notre route sur le chemin difficile qui était encore aisément apparent, après le petit monastère de Piereche (4700 mètres) fermé pour l'hiver.

Il était dit que ce monastère avait à l'intérieur le cuir chevelu d'un Yeti. Yetis ? Léopards de neige de l'Himalaya ? Loups tibétains ? Démons ? Dans cette terre où tout est possible, il n'y avait aucun doute qu'il y avait des créatures que nous ne voulions pas rencontrer pendant les longues et difficiles journées de notre périple. Je crois que c'est en remontant de Namche vers Tengboche, alors que nous montions un sentier étroit sculpté sur le côté de la falaise, que, au-dessus de moi, un énorme loup grogna et jaillit vers moi. En un instant, j'ouvris mon couteau et, d'une certaine façon, le loup changea magiquement de direction dans l'air, atterri à quelques pas de moi et s'enfuit. Aucun de nous ne put croire que nous avions vraiment vu ce qui s'était passé.

A cette période, j'ai souvent eu le sentiment que nous étions observés et qu'il y avait un danger à chaque pas. Il y avait une conscience que quelque chose de grand était sur le point de se produire. A ce moment-là, je le voyais comme l'accomplissement d'un long rêve, mais il y avait aussi quelque chose que je ne pouvais pas contacter intellectuellement, que je savais être juste après et qui changerait toute ma vie.

Tout à fait lentement, grimpant encore et encore cette longue piste rocheuse, apparemment au ralenti, plus nous montions, plus c'était difficile de parler. Les sommets Himalayens commencèrent à s'imposer, tout comme le froid. Finalement, même la végétation de broussailles au-dessus de 4600 mètres cédait la place à la roche nue, au gravier, puis à de plus en plus de glace et de neige. Même la lumière du jour était différente ici, plus rigide, presque monochromatique; le ciel devenait de plus en plus profond et foncé que ce que je n'avais jamais vu. Le bruit de nos pas sur le sentier semblait plus éloigné et je remarquais que lorsque nous devions parler, les commentaires peu fréquents semblaient plus distants, il y avait moins d'air pour porter le son de nos voix, ou le son de quoi que ce soit sauf l'étrange gémissement plaintif du vent. Nous étions au-dessus de 5000 mètres maintenant et la plupart de l'atmosphère terrestre était en dessous de nous. Tandis que nous progressions, montant plus haut, cet effet devenait plus perceptible, plus d'un autre monde.

Je me suis rappelé une autre référence sur le royaume du haut Himalaya, une référence à Chomolungma (le nom tibétain pour l'Everest, qui traduit la Déesse Maîtresse de l'Univers), que nous n'étions plus dans le pays des vivants. Je pensais en moi-même comme était appropriée cette description, car il n'y avait que de la roche, de la neige et de la glace, arrachées et damées par les vents sans fin qui hurlaient autour de nous depuis le sommet du monde.

Pour souligner ce sentiment grandissant de pressentiment, un bruit du tonnerre au loin grandissait et se rapprochait, puis sur le côté, au-dessus de nous, une énorme avalanche fit son chemin, retentissant sur les flancs d'une grande montagne sans nom. Nous avons observé avec stupeur que cette avalanche finissait au pied de la montagne, peut-être à un kilomètre de là où nous étions. Maintenant, ayant à consciemment lever un pied pour le placer devant l'autre dans un grand effort, nous poursuivîmes deux jours de plus jusqu'à ce que nous atteignîmes notre but. Deux jours de plus d'escalade de plus en plus haut à travers les terrains les plus traîtres et les plus ardus que je n'aurais jamais pu imaginer.

Un Calice Elevé

Notre sentier depuis Perche (altitude de plus de 4.500 mètres) jusqu'au glacier du Khumbu. À notre retour de Kala Pattar, 2 ou 3 jours plus tard, c'est ce que nous avons traversé, éclairé seulement par la pleine lune. C'était au bout de cette grande vallée, dans les petites heures du matin, lorsque, épuisés et gelés, nous primes refuge dans la cabane de berger de yak, quelque part au nord de Perche. C'est alors que nous avons eu cette rencontre terrifiante.

Le Glacier du Khumbu

Nous poursuivîmes de plus en plus lentement vers le haut du glacier Khumbu au-dessus de 5000 mètres, nos yeux regardant où nous placions nos pieds sur le sentier étroit au sommet du glacier. Dévier hors de ce sentier étroit de moins de quelques centimètres garantissait une cheville ou une jambe cassée car le glacier était comme une mer balayée par le vent, gelée dans le mouvement. Il y avait des crevasses d'un mètre de profondeur ou plus de chaque côté de la piste du glacier. Glisser et casser quelque chose et ce serait entièrement terminé, fin de l'histoire.

Finalement dans un hébètement de fatigue et de manque d'oxygène, nous nous approchâmes des ruines de pierre où nous avions prévu de camper pour la nuit. Le bâtiment n'avait ni fenêtres ni portes, mais il accordait une pause contre le vent implacable et terrifiant. L'altitude était d'environ 5300 mètres. Nous étions alors tous deux confrontés à une hypoxie, avec des maux de tête et des étourdissements, complètement déphasés alors que nous essayions de faire du thé chaud pour préparer notre corps à dormir. J'étais si déconnecté que j'oubliais que j'avais mis mes très importantes lunettes de soleil dans la poche profonde de mon lourd parka. Je les avais oubliées jusqu'à ce que je me suis assis dessus et les écrasais, sachant avec effroi que j'aurais un problème le lendemain à gravir la neige et la glace du glacier à Kala Pattar sous la lumière du soleil. Redoutant la nuit froide qui tombait rapidement sur nous, nous nous préparâmes du mieux possible.

Nous avions tous les deux des sacs de couchage doubles et nous les avions portés tout ce temps pour les utiliser cette nuit-là. Entièrement habillés avec de multiples couches, nous nous traînâmes dans nos sacs de couchage dès le coucher du Soleil, car alors la température a chuté au plus bas, c'était plus froid que tout ce que j'avais jamais connu. J'avais froid mais bientôt je tombais dans un sommeil léger. Quelque part au milieu de la nuit, quelques heures avant l'aube, je me suis réveillé dans un rêve. Je rêvais d'un livre que je devais lire en classe d'anglais au lycée à propos d'un type qui était en Alaska et qui était tombé dans une rivière et était presque mort gelé. Je me souviens de lire qu'il ne pouvait plus sentir ses pieds ou ses mains et voulait juste s'endormir, mais il se forçait à rester réveillé, se rendant compte qu'il gelait à mourir. Il y avait un avertissement harcelant que je pouvais simplement contacter dans ce rêve et alors, avec beaucoup d'efforts, je me suis rendu compte que j'avais fait ce rêve parce que je ne pouvais plus ressentir mes propres mains et mes propres pieds et que je voulais juste dormir profondément.

Je me suis réveillé et je me suis assis dans un froid plus qu'amer, j'ai attrapé ma botte et l'ai jeté à mon ami à plusieurs mètres de moi, ce qui m'a permis de le réveiller. Il était aussi engourdi. Nous nous sommes levés et nous avons commencé à sauter et puis nous sommes retournés dans nos sacs de couchage, répétant cela jusqu'à l'aube. A un moment donné, je me rappelle d'avoir craché et d'entendre le crachat craquer quand il a touché le sol.

Dès que le Soleil a surgi de la montagne, nous sentant hébétés mais quand même mieux que la nuit précédente, nous reprîmes le sentier, sur le glacier, qui devenait de plus en plus difficile au fur et à mesure que nous avancions. Nous devions passer au-delà du camp de base de l'Everest à 5400 mètres et ensuite nous diriger vers un sentier qui, en quelques kilomètres, montait de plus de 500 mètres jusqu'au haut de la colline nommé Kala Pattar. A cette époque, le glacier s'était transformé en énormes collines de glace et de roche qui devenaient de plus en plus hautes et raides tandis que nous approchions du camp de base. Il était toujours plus difficile de mettre un pied devant l'autre, il fallait plus de concentration et d'effort mental que la veille parce que nous étions tellement plus hauts.

Le soleil brillant se réfléchissait sur le glacier et sur les imposants pics enneigés et couverts de glace de l'Himalaya qui nous entouraient. C'était comme si les Dieux avaient placé ces pics ici comme des sentinelles de l'Everest, d'une blancheur absolue et menaçantes contre le ciel bleu sombre comme un avertissement aux mortels. Le vent froid faisait un son très aigu, éloigné et funèbre, les avalanches périodiques résonnaient dans un tonnerre lointain.

Enfin, après des heures d'efforts, nous sommes arrivés au camp de base de l'Everest. Ici, un stupa, des drapeaux de prière et plusieurs tombes de personnes, qui n'avaient pas eu la protection des Dieux, indiquaient assez bien cet endroit (On nous avait dit à quoi cela ressemblerait dans le magasin d'approvisionnement des expéditions à Katmandou). Le nom tibétain pour ce lieu, le camp de base de Chomolungma, était Gorak Shep, un mot laid qui signifie corbeau mort, un nom très approprié, car vivre n'était pas censé se produire dans cet endroit abandonné par Dieu.

Escalade au dessus du camp de base de l'Everest à 5.360 mètres. Regardant en arrière sur ce que nous avons escaladé au cours des derniers jours.

Kala Pattar

Nous décidâmes de laisser nos lourds sacs à dos et sacs de couchage où nous avions passé la nuit, facilitant cette dernière et dure journée. Nous avions prévu de passer la nuit là après être redescendu de Kala Pattar, ce qui rendrait la dernière et difficile journée d'escalade beaucoup plus facile, et que nous allions faire ce qui serait possible. Le jour semblait s'accélérer, le Soleil sortant avec éblouissement des énormes montagnes blanches et du glacier blanc, les grandes montagnes s'élevant encore à 3300 mètres et plus au-dessus de nous, même au-delà du camp de base situé à 5400 mètres. Des avalanches se produisaient fréquemment, accompagnées du bruit d'un coup de tonnerre lointain, la piste de neige montait comme un long point d'exclamation en direction des hauteurs autour de nous. J'étais transporté, sans relâche. Le but allait être atteint en quelques heures seulement.

Un Calice Elevé

Escalade de Kala Pattar regardant ce que nous avons traversé en cette dernière journée intense.

Je ne me rappelle pas de m'être arrêté pour me reposer, sauf une pause brève pour manger une poignée entière de fruits secs et de noisettes et pour boire de l'eau prélevée de la glace fondue, des jours avant et plus bas. Nous avons continué notre effort, poussés à arriver au sommet de Kala Pattar. A un moment donné, nous avons pris le mauvais tournant et réalisâmes, après quelques heures, que nous avions probablement traversé la frontière non marquée avec le Tibet. Nous avons réussi à revenir pour rejoindre la piste, continuant notre ascension ardue qui devenait de plus en plus une escalade avec les mains. Les heures défilaient dans cette lente montée et, finalement, au tournant d'un virage de la colline, le sommet nous est apparu. Nous avions atteint notre destination à proximité du toit du monde.

Situé à 6100 mètres, une colline proéminente du massif Nupse, Lhotse Chomolungma, c'est d'ici, que nous avions appris à Katmandou, que nous pourrions avoir les meilleures images des plus hautes montagnes du monde. Le camp de base de l'Everest était à 500 mètres au-dessous de nous et pourtant, les montagnes s'élevaient encore à 3300 mètres au-dessus de nous et autour de nous. Comme je me promenais lentement pour obtenir un meilleur point de vue, ce que nous avions redouté arriva. Je tombai dans une crevasse au sommet de Kala Pattar. Je me retins par les bras et je réussis à me tirer de la crevasse juste quand mon ami arriva à ma position. Juste quand je me suis sorti de là, j'ai levé les yeux et les lumières flagrantes et lumineuses des montagnes totalement blanches ont crevé ma vision. Je suis devenu complètement aveugle.

Je me suis assis là où j'étais et j'ai dit à mon ami que je ne pouvais pas voir. Il savait que j'étais devenu aveugle parce que j'avais cassé mes lunettes de soleil la veille. Alors qu'au fur et à mesure les minutes s'allongeaient, nous nous sommes simplement assis là. Il n'y avait rien à dire parce qu'il était entendu que je ne pourrais pas descendre à Kala Pattar sans voir où j'allais. Je pouvais entendre dans le lointain le gémissement du vent et le tonnerre occasionnel d'une avalanche. J'ai senti une grande paix en moi. Ici, j'étais à 6100 mètres sur le flanc de l'Everest après les 23 jours d'efforts les plus difficiles que j'avais vécus dans ma vie. J'étais inondé de souvenirs ininterrompus des dernières années passées : Les événements en Israël, mes expériences en traversant l'Asie, mon retour presque triomphal en Inde (même si c'était la première fois que j'y étais dans cette vie-ci), la magie du Taj Mahal, la beauté des gens, la perfection mystique de Katmandou et les expériences étonnantes de ces trois semaines passées à gravir le toit du monde.

Il n'y avait pas la moindre particule de peur ou d'effroi; Il y avait juste cette grande paix, tandis que je remerciais la Présence, mon Père, de m'avoir permis d'avoir toutes ces expériences incroyables. J'étais tellement reconnaissant de conclure cette vie ici, plutôt que de me retrouver dans ce que je vivais à l'université. Au milieu de cette gratitude, de cette paix profonde, je pris conscience qu'il y avait d'autres Présences autour de moi. Je suis devenu conscient que ces "autres" étaient probablement les Maî-

Un Calice Elevé

Ascension des derniers 300 mètres du sommet de Kala Pattar. Pumori est en arrière-plan. Remarquez la fatigue et l'intensité glaciale de mes traits après 24 jours de notre trek depuis Katmandou. Le soir précédent, nous étions presque gelés à mourir 300 mètres en-dessous d'où cette photo a été prise. Nous avons laissé nos sacs à dos et nos sacs de couchage à 16 km pour que nous puissions faire ce dernier assaut, le plus difficile, sans ce poids supplémentaire.

tres, qui avaient été à l'arrière plan de ma vie depuis très longtemps, et que j'avais toujours cherché.

Il y avait, encore une fois, une sorte de communion qui était continue, que je pouvais juste contacter à la périphérie de ma compréhension. Mais la Paix et la Perfection du moment étaient absolues, c'était total. C'était ça, les derniers moments de cette vie. J'étais prêt à lâcher cette vie et entrer consciemment dans l'expérience qui m'attendait alors que la nuit s'établissait et que les températures chutaient sur terre.

C'est dans ce sens d'une telle paix, d'une telle perfection et d'une telle gratitude, avec le sens que "d'autres" étaient avec moi, que ma vision revint lentement. Mon ami fut tellement soulagé car le Soleil commençait à descendre derrière les sommets de l'Ouest, la nuit et le froid mortel arrivent rapidement à 6100 mètres. Nous descendîmes avec précaution les 500 mètres les plus difficiles techniquement vers Kala Pattar et nous nous appro-

L'Everest depuis Kala Pattar. Les deux dernières photos de l'Everest ont été prises du sommet de Kala Pattar à une altitude de 5.640 mètres, immédiatement avant que je tombe dans la crevasse au sommet de Kala Pattar. L'Everest est au-dessus de nous à 8.848 mètres.

châmes du petit stupa et des tombes du camp de base de l'Everest juste au moment où il faisait noir.

Extraordinairement, la pleine lune s'est levée au-dessus des sommets à l'Est et a couvert les hauts massifs de l'Himalaya qui nous entouraient dans un rayonnement d'un autre monde, d'un blanc bleu argenté. C'était d'une beauté bouleversante. Nous n'avions pas de lampes de poche et sans la Lune, nous n'aurions pas pu nous diriger à travers les nombreux kilomètres à travers les étroits ponts de glace sous nos pieds sur le glacier Khumbu. Nous descendîmes encore et encore, kilomètre après kilomètre, bien au-delà de l'épuisement, mais sachant que nous devions atteindre la position du camp de notre nuit précédente pour avoir nos sacs de couchage et nos vêtements chauds si nous voulions survivre à la nuit.

Finalement, nous arrivâmes à cet abri, et presque sans un mot, nous ramassâmes notre équipement et décidâmes de continuer à descendre le long du glacier vers une cabane de berger en pierre pour yak, nous savions qu'elle n'était plus qu'à 4 à 6 kilomètres plus loin en descendant le glacier. Cette cabane était fermée et nous protégerait du froid et du vent terribles et omniprésents.

Comment décrire cette longue nuit sous la pleine lune descendant le glacier Khumbu après les événements que j'avais vécu au sommet du Kala Pattar ? Il m'était presque impossible de saisir ce qui s'était passé, ce que j'avais vécu et ressenti à propos de la victoire d'arriver à notre but et ensuite de tomber dans la crevasse, me libérant seulement pour me retrouver aveugle pendant ces heures, puis expérimenter la Paix et la même Présence dont j'étais devenu de plus en plus conscient au cours de ces dernières années, me guidant d'une expérience à l'autre.

Nous étions euphoriques tandis que nous descendions plus bas et que nos corps pouvaient respirer plus facilement. Notre descente non-stop du glacier nous avait réchauffés malgré le froid mortel. Le clair de lune faisait scintiller autour de nous les flancs des hauts Himalayas qui semblaient se léviter au-dessus du sol. J'étais très conscient que nous étions surveillés, même protégés, pendant cette aventure, et en regardant les falaises de la haute montagne au-dessus de moi, j'avais le sentiment désagréable que nous étions observés.

Le Yeti

Après plusieurs heures de descente et encore de descente du glacier, sous la pleine lune, nous avons vu au loin, à quelques kilomètres de là, la cabane de berger en pierre pour yak. Miracle de miracle, il y avait de la fumée qui s'élevait de la petite fenêtre ouverte qui servait de cheminée dans l'Himalaya. Bientôt, notre épreuve longue épreuve serait terminée, je frappai à la porte et j'appelai ceux qui étaient à l'intérieur pour nous donner un abri pour le court reste de la nuit. Un tibétain âgé a ouvert la porte et nous a aimablement invités à entrer.

La cabane, d'une pièce était d'environ 3 mètres carrés et d'environ 1.7 mètres de haut. Il y avait un feu dans un coin et une fenêtre minuscule, carrée, de 30 centimètres de large qui permettait à la fumée de sortir du bâtiment, et une lourde porte en bois. Nous nous sommes inclinés devant l'homme âgé et sa compagne, nous avons posé nos gros sacs à dos et nous nous sommes assis lourdement contre le mur, complètement épuisés, si reconnaissants d'être sortis du froid terrible, tellement reconnaissant pour tout.

Alors, venant de nulle part, vint le hurlement le plus glaçant que j'ai jamais entendu dans ma vie. Mon sang s'est transformé en glace et mon cœur s'est arrêté. Nous nous sommes jetés contre le mur à l'opposé et nous avons attrapé nos couteaux, terrifiés quant à ce qui arriverait certainement après. Immédiatement après avoir entendu ce hurlement terrible et rugissant, le vieil homme se dirigea vers la porte et descendit le lourd madrier pour verrouiller la porte, puis courut fermer la petite fenêtre. La vieille femme sauta dans ses bras et cria : "Yeti, yeti, yeti !" Nous étions blancs de peur. A l'instant suivant, la porte fut frappée violemment et vibra sous les cris rugissant et le martelage du Yeti qui essayait d'entrer. Nous avons pointé nos couteaux devant nous, nous nous sommes reculés contre le mur, attendant d'être confronté à la mort la plus horrible que l'on puisse imaginer. Nous

Un Calice Elevé

nous regardâmes tous les quatre avec effroi, n'osant plus respirer, attendant que le Yeti explose la porte et entre.

Les longues secondes de silence se sont transformées en minute, et celle-ci a été suivie d'une autre. Nous commençâmes à respirer de nouveau. Est-ce que cela s'était vraiment passé ? Le Yeti devait nous suivre au clair de lune pendant ces dernières heures où nous descendions le glacier. D'une certaine manière, nous étions arrivés en sécurité à la cabane avant que le Yeti ne soit suffisamment proche pour attaquer. Le vieil homme et la femme tremblaient comme des feuilles dans la tempête. Combien une personne peut-elle supporter de plus ? D'une manière ou d'une autre, notre épuisement nous prit et nous nous sommes endormis avec les couteaux dans nos mains.

Me réveillant quelques heures plus tard à la lumière du soleil se déversant dans la minuscule fenêtre, je suis sorti de cet abri avec seulement le haut Himalaya et le ciel bleu autour de nous. Nous descendîmes le glacier jusqu'à Tengboche puis Namche, où nous passâmes la nuit avant de nous diriger pendant quelques jours plus au sud jusqu'au haut pâturage de yak qui s'appelait Lukla. C'est ici que l'avion STOL (abréviation de décollage et atterrissage courts) devait venir nous chercher. Nous devions attendre quelques jours jusqu'à ce que le ciel soit suffisamment dégagé pour que l'avion puisse atterrir, puis, dans une expérience incroyable, après avoir passé les 26 derniers jours à gravir l'Himalaya, nous avons volé pour retourner à Katmandou en seulement un peu plus d'une heure.

Assis à côté du pilote, je lui ai demandé comment il était devenu pilote d'aviation. Il a dit: "J'ai toujours voulu voler, alors j'ai trouvé une école de vol." C'est à ce moment là que j'ai su que voler ferait partie de mon futur.

10 ~ De Retour "Chez Moi" en Inde

Arrivé à Katmandou avec seulement quelques roupies dans ma poche, je suis allé immédiatement à l'ambassade des États-Unis et à ma grande joie, j'ai trouvé un télégramme, qui m'attendait, de mes parents. J'ai vérifié dans un hôtel, j'ai pris une douche chaude et un bon repas. Plus tard, j'ai dit au revoir à mon ami avec lequel j'avais partagé le mois précédent. Il retournait par avion à Seattle et le lendemain, je me rendais en Inde.

Je ne savais pas pourquoi à l'époque, mais je devais aller à Darjeeling et ensuite à Sikkim. En me promenant vers Katmandou la veille de partir pour l'Inde, je trouvai que de retour en basse altitude, sans le poids de mon lourd sac à dos, je pouvais fléchir les muscles de mes jambes et sans aucun effort sauter dans les airs. C'était très étonnant d'être dans une telle forme. Organiser le transport et revenir en Inde étaient presque un loisir agréable après les efforts du mois passé à travers l'Himalaya.

Je me dirigeai vers une ville frontalière dans le nord-est de l'Inde où je pourrais prendre le minuscule train qui, dans l'Himalaya oriental, montait en un jour à la ville enchantée de Darjeeling. Le climat ici était très différent de n'importe quel endroit où j'étais allé. Il s'agissait de montagnes tropicales, humides mais aussi rafraîchissantes, et les caractéristiques des gens étaient différentes. J'étais maintenant proche de la Birmanie et les caractéristiques des peuples de l'Asie du Sud-est étaient plus importantes que celles des Indiennes, des Tibétaines ou des Chinoises que j'avais vues jusqu'à présent.

Un Calice Elevé

Le minuscule train fit une longue et lente montée dans les montagnes, traversant de nombreux petits ponts qui franchissaient d'énormes précipices au-dessus des rivières plus bas. Finalement, au milieu de l'après-midi, après avoir traversé des plantations de thé sans fin, ornant de larges terrasses creusées dans les flancs des montagnes, nous pénétrâmes dans Darjeeling. Ce n'est que quelques années plus tard que j'ai appris pourquoi je devais aller à Darjeeling, pourquoi cela m'attirait tellement (Des années plus tard, j'appris que le Maître El Morya, l'un des cofondateurs de la Société Théosophique ainsi que des activités ultérieures destinées à apporter les enseignements de la Fraternité à l'Occident, avait sa retraite à Darjeeling).

La vibration de cette ville de haute montagne était parfaite, avec la vue tout autour de l'Himalaya oriental, avec le massif géant de Kanchenjunga (à 8586 mètres) dominant tout. Je me souviens que je me suis levé un matin avant l'aube pour monter à un temple pagode sur une colline à côté de Darjeeling afin de regarder le lever du soleil. Il est passé du sombre à la lumière en quelques secondes alors qu'Hélios touchait le sommet de Kanchenjunga. Après avoir passé quelques jours à Darjeeling, j'ai fait une excursion de deux jours au Sikkim, en passant par les jungles de montagne tropicales au moyen d'une Land Rover. Nous avons dû voyager pendant de nombreuses heures sur une route de gravier à une seule voie qui était, dans certains endroits, plus une jungle dense qu'une route.

Finalement, la jungle s'est éclaircie alors que nous nous approchions de l'ancienne ville fortifiée de Kalimpong. Cela semblait se composer d'un grand monastère et était le centre de commerce de la région de l'est de l'Himalaya. Aussi belle que fut pour moi cette partie de l'Himalaya, je savais que je devais retourner au sud à Bénarès et Sarnath, où le Bouddha avait enseigné son premier sermon près des rives du Gange.

Bénarès et Sarnath

Quand on arrive à Bénarès, on est parvenu dans la ville la plus sainte de toute l'Inde. Cette ancienne ville le long du Gange a joué un rôle majeur pour mon éveil. Je me souviens du train arrivant de Darjeeling au milieu de l'après-midi. Même si j'étais familier avec la foule grouillante de l'Inde, je n'étais pas prêt à la masse d'humanités que j'ai vécue à Bénarès. En m'éloignant de la gare, j'ai été emporté dans un flot composé de plusieurs milliers de personnes et de leurs pousse-pousse.

Tout à propos de cet endroit était violent. L'énergie était électrique, les odeurs si différentes et contradictoires, le bruit toujours présent de Bénarès incluait tout depuis des harmonies à la cacophonie discordante, du tintement des cloches portées sur les têtes des éléphants qui parcouraient les petites rues, portant la fête de mariage du moment, aux chants des innombrables Sâdhus qui étaient omniprésents en ce lieu. C'était une agression des sens. Plus je me rapprochais du Gange, plus l'atmosphère devenait chargée (J'ai vite appris que c'était là où se dirigeait ce flot en mouvement de l'humanité). Il y avait plus de monde ici dans ces petites rues bondées que n'importe où j'avais été en Inde. Sur les deux côtés des rues, intercalés de toutes sortes de magasins, il y avait des temples sans fin dédiés à tous les Dieux et Déesses imaginables.

Au fur et à mesure que descendait la rue vers le Gange, je commençais à constater qu'un nombre de gens, plus important que d'ordinaire, étaient malades, même très malades. Bientôt, ces personnes malades se tenaient debout dans de longues files des deux côtés de la rue, tous semblaient être en attente de quelque chose ou de quelqu'un. Partout, il y avait les omniprésents sâdhus Indiens, les prêtres et les hommes saints, dans tous les types d'accoutrement. Partout, il y avait des mendiants. Partout, il y avait des sons sans fin, des odeurs sans fin, une activité sans fin. Il faisait maintenant de plus en plus sombre, mais contrairement à l'Himalaya, il n'y avait pas de répit dans l'énergie grouillante de cet endroit.

Au cours de la dernière année de mes voyages, j'avais développé de plus en plus une conscience sphérique (faute d'un meilleur mot) à ce qui se passait autour de moi. Étant un étranger dans un pays étrange, surtout dans les villes bondées, il était très prudent d'être conscient, de peur que quelque chose de malheureux se produise, qu'il s'agisse d'une autre personne, d'une nourriture ou d'une eau contaminée, d'un bâtiment dangereux, d'une mécanique ou d'une autre sorte de machine mécanique échouée. Il y eut d'innombrables fois où cette conscience sphérique m'a alerté que quelque chose était de travers et il y eut d'innombrables fois où cette conscience a attiré mon attention sur quelque chose de très beau. En descendant cette rue cette nuit à Bénarès, j'étais totalement conscient de mon entourage. C'était un chaudron bouillant de vie et il devenait de plus en plus intense à l'instant.

Mon attention a été soudainement attirée par quelque chose de très désagréable qui se trouvait devant moi dans la rue bondée et je l'ai heureusement contournée, il y avait beaucoup de choses désagréables dans cet endroit.

J'ai progressé rapidement dans cette rue immensément bondée et très étroite bordée des deux côtés de personnes malades. Certains étaient assis en ligne, certains parlaient à d'autres, certains autres restaient silencieux, regardant devant presque en transe. Plus loin dans la rue, les personnes malades étaient allongées, puis, alors que je m'enfonçais de plus en plus dans cette rue intensément surpeuplée et étroite, il devenait évident que les personnes qui se trouvaient en ligne à cet endroit-là de la rue étaient maintenant mortes.

D'autres personnes peignaient les visages, les mains et les pieds des nouveaux cadavres avec des symboles religieux étranges. La qualité onirique de cet endroit (pas du tout un rêve agréable), la vue, les sons, les odeurs, l'activité et l'électricité, semblaient devenir plus intenses à chaque instant. De temps en temps, une procession d'éléphants énormes, tous ornés de cloches et de symboles et de diverses écharpes de myriades de couleurs d'arc-en-ciel, déambulaient descendant ces rues étroites et si encombrées.

Au tout dernier moment, les centaines de personnes dans les rues se précipitaient pour sortir du chemin des éléphants. Je pris conscience que c'était une sorte de cérémonie de mariage car il y avait une mariée et un marié sur le dos de ces éléphants. C'était une juxtaposition plus qu'étrange de voir une célébration de la vie dans cette rue étroite, immédiatement à côté de cadavres posés dehors et de centaines de personnes qui étaient aux derniers moments de leur vie. En fait, ces personnes s'alignaient, quand elles étaient encore vivantes, pour se garantir une place dans les feux de crémation au bout de la rue, sur les rives du Gange.

Jamais je n'oublierai cette première nuit à Bénarès, où je me tenais là sur les berges du Gange, regardant les feux de crémation sans fin et les lignes infinies d'humanité alimentant ces feux de crémation pendant toute la nuit. Je n'oublierai jamais m'être tenu là-bas à regarder un corps qui, il y avait seulement quelques heures était vivant, était placé sur un tas de bois, et ensuite, devant mes yeux, en quelques minutes, fut transformé en cendres.

Toute la nuit, jusqu'à l'aube sur la rive orientale du Gange, je suis resté dans ce lieu méditant sur l'impermanence de la vie, regardant le rituel ancien et sans fin qui concluait une vie particulière; regardant les gardiens des feux de crémation placer les corps les uns après les autres sur de nouveaux brancards funéraires; regardant les parents allumer le feu; regardant le gardien prendre un long bâton et, après que les feux aient brûlés pendant un certain temps, écrasant le bâton sur la tête du cadavre alors qu'il brûlait, écrasant le crâne, avec des morceaux de cerveaux et d'os volant dans toutes les directions, et même un morceau de quelque chose rebondissant sur mon visage; ensuite, alors que les feux consumaient le corps, regardant les gardiens ratisser les cendres dans le Gange. Le processus se répétait à nouveau au même endroit avec un nouveau brancard funéraire édifié pour le prochain cadavre.

D'où je me trouvais durant cette longue nuit sans fin, je pouvais voir, des deux côtés du Gange, des dizaines et des dizaines de ces feux de crémation faisant leur travail, chacun avec la même ligne d'humanité sans fin qui les nourrissait. C'est alors que j'ai réalisé tellement complètement que j'étais beaucoup plus que ce corps ou ce nom que j'avais reçu 22 ou 23 ans plus tôt. C'est alors que j'ai réalisé avec une certitude absolue que j'avais été incarné bien des fois auparavant. C'est ici que j'ai commencé à contacter cette immensité de ma Présence en tant qu'Observateur, regardant à nouveau les expériences de vie qui se produisaient autour de moi, les expériences de la vie que, par mon libre arbitre, j'avais créés, soit dans l'action, soit dans l'inaction. Certainement je commençais à m'éveiller.

La région de Bénarès est tellement puissante et si fréquentée. Cependant, dans une juxtaposition remarquable, juste à une courte distance de là, il y a la ville de Sarnath, où le Bouddha a donné son premier sermon. Il y avait une grande charge de paix ici qui était très palpable. Il y avait des anciennes ruines de monastères éparpillées dans cette ville, entourées de beaux jardins. J'ai fini par rester dans cette ville pendant quelques semaines, méditant sur les expériences de Bénarès et mon voyage d'une année jusqu'à ce moment, lisant des livres que j'avais reçus du siège de la Société Théosophique de Bénarès à propos du Chemin et de la méditation.

Maintenant, en revoyant ces expériences, je suis conscient que mes voyages m'ont amené à des lieux spécifiques dont, à cette époque, je n'étais pas conscient de leur importance majeure dans le processus qui se déroulait en moi. Je n'avais pas vraiment conscience, à ce moment-là de ma vie, que la présence d'un Maître, en vertu de sa communion avec sa propre Divinité, ancrait le Feu de sa Présence dans l'élément terre à l'endroit où il était en méditation. J'avais connu cela dans plusieurs endroits que j'avais déjà visités, dans le sud-ouest de l'Angleterre, à Jérusalem, à Agra, dans les monastères tibétains où j'avais séjourné dans l'Himalaya, à Darjeeling, et maintenant à Sarnath. Chaque lieu était unique et les vibrations étaient complètement différentes, mais dans chacun de ces endroits, il y avait une charge subtile de Paix qui était des plus tangibles. Ma première connexion directe avec le Bouddha, dans cette vie, fut pendant mon séjour à Sarnath.

Encore une fois, j'avais le sentiment d'un rendez-vous à ne pas manquer, un programme que je devais suivre. Il était temps pour moi de partir.

De Nouveau au Taj Mahal

C'était encore un autre trajet de nuit en train vers Agra et le Taj Mahal. J'étais allé au Taj Mahal quelques mois plus tôt, mais l'attirance pour cet endroit était si puissante en moi. Le train s'approcha d'Agra juste à l'aube. Les brumes qui s'élevaient des plaines infinies autour d'Agra dispersaient les rayons du soleil. Bientôt la rivière Yamuna apparut au loin, alors, comme dans une vision d'un autre monde, la splendeur blanc-dorée du Taj Mahal traversa les brumes. Le dôme et les minarets imposants et ornés attrapèrent les rayons dorés du Soleil qui s'élevaient juste à l'horizon Est. Il scintillait comme un bijou d'un autre monde sur les rives de la rivière Yamuna et cela m'a coupé le souffle. Autour du Taj Mahal il y avait un fort en grès rouge, peut-être haut de 10 mètres, avec des minarets espacés entre les trois côtés de ce fort, le quatrième côté étant adjacent à la rivière Yamuna.

Je me suis rendu au Taj Mahal depuis la gare, je passais les centaines de petits feux de camp, que les personnes qui vivaient dans la rue allumaient chaque matin, et passais à travers l'entrée

Un Calice Elevé

Approche du Taj Mahal par train, de l'autre côté de la rivière Yamuna juste après l'aube.

tranquille du fort, dans les jardins paysagers entourant le Taj Mahal. A cette heure matinale, le Taj Mahal était presque désert. J'ai gravi les marches, émerveillé par les sculptures complexes faites de marbre de lune qui constituaient chaque facette du Taj Mahal apparaissant dans une dentelle aérée et filigranée. A l'intérieur du grand espace, sous l'énorme dôme orné au centre même de la rotonde, il y avait la crypte de Mumtaz, la femme bien-aimée de Shâh Jahân. Le cercueil orné, fait en marbre de lune, était entouré par un rideau en filigrane de dentelle des plus complexes, composé du même marbre de lune de quelques centimètres d'épaisseur et qui permettait une vision à travers la cloison du cercueil.

L'atmosphère même de cet endroit était si imprégnée de paix. Je me suis juste tenu là, émerveillé par tout ce qui m'entourait. Toujours, en raison de l'heure matinale, j'étais la seule personne à l'intérieur du Taj Mahal et dans la zone immédiate (Il y avait quelques jardiniers à quelques centaines de mètres près de l'entrée du fort). Me tenant tôt, ce matin là, dans les rayons d'or du soleil se déversant par les magnifiques fenêtres voûtées, je sortis la flûte de roseau que j'avais achetée il y avait quelques semaines, pour quelques roupies, à un pauvre vendeur de rue à Bénarès. Plusieurs fois, j'avais essayé de la sortir et j'avais échoué.

Alors, dans une prière de louange à ma Présence pour tout ce qui était à venir, je l'ai mise à mes lèvres et j'ai produit les premières notes claires qui n'étaient jamais sorties de moi dans cette vie-ci. Le son de cette simple flûte de roseau a réverbéré comme une belle cascade dans l'acoustique incroyable du Taj Mahal. C'était tout à fait transportant. J'ai commencé à faire des gammes simples et à nouveau, en raison de l'acoustique, les gammes se sont déroulées de la manière la plus céleste.

Pendant peut-être 20 minutes, j'ai été transporté tandis que la musique qui s'écoulait à travers moi m'emportait avec étonnement, dans une prière de louanges. Les gammes musicales venaient accompagnées et entrelacées par les réverbérations célestes qui étaient produites par le dôme en marbre de lune élancé du Taj Mahal autour et au-dessus de moi. Des années plus tard, j'ai compris que l'acoustique présente dans le Taj Mahal est unique dans le monde entier (Paul Horn, un célèbre flûtiste, a enregistré un album au Taj Mahal en 1968, appelé "Inside").

En sortant du Taj Mahal après ma première méditation musicale, j'étais encore une personne différente. En moi sont venus spontanément de mon cœur les louanges à ma Présence, au Divin qui était en tout et composait tout ce qui me concernait. J'avais l'impression d'être un petit garçon, sans personne dans le monde pour se soucier de moi, emporté par une grande rivière à travers les plus magnifiques endroits et les plus belles expériences que l'on puisse imaginer. Encore une fois, le sentiment d'être guidé, presque propulsé d'un endroit à l'autre était tellement tangible et semblait devenir plus fort à chaque jour. C'était comme si j'avais un rendez-vous que je devais maintenir, et plus je me concentrais en moi, dans une sorte de méditation éveillée, plus je sentais cette grande force qui dirigeait mes pas. A ce stade de cette quête, j'ai commencé à sourire de plus en plus à la beauté et à la perfection simples que je commençais à voir partout.

J'ai suivi une route du Taj Mahal vers une petite colline couverte de forêts près de la rivière Yamuna. Au fur et à mesure que je remontais cette colline, il y avait de nombreuses huttes simples dispersées parmi les arbres. Les huttes étaient les maisons des sâdhus, les hommes saints indiens omniprésents et errants qui étaient apparemment partout en Inde. Ces sâdhus étaient des ascètes, habituellement habillés d'une simple robe, qui vivaient ici sur cette colline boisée surplombant le Taj Mahal et la rivière Yamuna. Il semblerait que chaque hutte avait son propre feu de camp en face duquel les sâdhus se réchauffaient du froid matinal et faisaient leur chai.

Apparemment, c'était bien connu que la zone autour du Taj Mahal avait un pouvoir spirituel omniprésent qui lui était associé.

Bombay et Goa

Après avoir passé quelques jours au Taj Mahal, je suis monté à bord du train du matin pour la longue excursion de plusieurs jours vers Bombay. Alors que le train commençait à s'approcher de cette immense ville ancienne, je savais que je quitterais ce lieu avant même que le train ne s'arrête. Si c'était possible, c'était encore plus fréquenté que Delhi, mais il y avait une qualité très différente de cette ville sur laquelle je ne peux toujours pas mettre le doigt. Peut-être était-ce en partie due à l'emplacement de Bombay sur la mer d'Arabie et le fait qu'il s'agissait d'un grand port marin depuis des milliers d'années. Peut-être que dans un autre moment, j'aurais choisi de passer un peu plus de temps ici et d'explorer la région, mais à ce moment là, avec les expériences mys-

Un cargo similaire à celui que j'ai réservé pour le passage de Goa à Bombay.

tiques et la paix de l'Himalaya, de Darjeeling, de Bénarès et du Taj Mahal de mon passé récent, la dichotomie du rythme frénétique de Bombay n'était simplement pas pour moi.

J'avais appris en cours de route que la ville côtière de Goa, à quelque 500 kilomètres au sud de Bombay, était une zone où il était possible de vivre avec très peu d'argent et qu'il était possible d'obtenir un passage bon marché sur un cargo de Bombay à Goa. J'ai quitté la gare dans un pousse-pousse à travers les rues intenses et bondées de Bombay. Le sous-continent de l'Inde abrite des douzaines de peuples ethniques différents, chacun avec sa propre culture, sa propre langue et ses propres vêtements. Bombay était un ragoût de tout cela et pourtant, il y avait une harmonie dans ces masses d'humanité. Les rues surpeuplées étaient remplies de toutes sortes de personnes et de pousse-pousses. Les rues étaient bordées de boutiques en plein air, les unes contre les autres, où étaient vendu tout ce qui pouvait être imaginé dans les vastes étendues de l'Inde et au-delà. Il y avait de petits restaurants, des feux de cuisine et de simples kiosques alimentaires installés sur quelques caisses en bois ou un wagon décomposé, créant un brouillard exotique d'arômes qui changeaient tous les quatre mètres que le pousse-pousse traversait.

Un Calice Elevé

J'ai dit à l'homme aux pieds nus qui tirait le pousse-pousse que je voulais un hôtel près du port. Nous nous sommes arrêtés devant quelques petits hôtels que je ne ressentais pas bien, alors j'ai continué et j'ai trouvé un hôtel propre et très bon marché. J'ai toujours donné à l'homme du pousse-pousse le double de ce qu'il demandait comme tarif, ce qui était encore inférieur à un dollar. Après avoir vérifié et m'être assuré que mon pack était en sécurité, je me suis dirigé vers le port et j'ai vu aussitôt que le prochain cargo pour Goa partait le lendemain matin.

J'ai réservé mon passage avec la compagnie du cargo et j'ai été informé que j'aurais une cabine pour le voyage d'une nuit de 500 kilomètres le long de la côte sud-ouest de l'Inde à Goa.

Pendant le reste de la journée j'ai exploré les rues près de la zone portuaire de Bombay, tout en savourant les incroyables et singulièrement délicieux plats végétariens qui étaient partout dans ce pays. Ensuite, plus tard, alors que le Soleil brûlant s'enfonçait lentement dans la mer d'Arabie, je me rendis à l'hôtel pour quelques heures de sommeil. Je devais quitter l'hôtel à l'aube le lendemain matin pour arriver à la rampe d'embarquement du cargo.

Je me souviens de m'être assis dans la chambre de l'hôtel ce soir-là en méditant sur les événements de la journée et des derniers mois, donc très préparé à ce que le nouveau jour m'amènerait avec ce long voyage maritime le long de la côte sud-ouest de l'Inde. Le sentiment de mon "rendez-vous" avec quoi que ce soit vers lequel j'étais guidé était de plus en plus prononcé et très excitant. Encore une fois, j'ai eu le sentiment d'un grand émerveillement quant à ce qui s'ouvrait devant moi tandis que je m'endormis cette nuit-là à Bombay.

A l'aube le lendemain matin, je me dirigeai vers les docks en pousse-pousse. Ma première vue du navire sur lequel je devais passer plus de 24 heures ne fut pas très favorable et ce sentiment ne fut que renforcé lorsque je suis monté sur la passerelle, j'ai présenté mon billet à l'officier du navire et je suis monté à bord. J'étais familiarisé avec les navires après mon séjour dans la Marine, et voyageant en ferry au Royaume-Uni et en Méditerranée, mais je n'étais pas préparé aux conditions matérielles de ce cargo. C'était un vieux vapeur dans un terrible état, pourri et rouillé. Le pont était encombré de cargaisons et quand je suis entré pour vérifier la cabine où j'avais une couchette, j'ai jeté un coup d'œil et je me suis promis de ne pas remettre les pieds dans ce navire. C'était dégoutant et j'ai vu des rats qui couraient dans les couloirs sombres, sous le regard inconscient des membres de l'équipage qui marchaient aussi là-bas.

Je suis ressorti immédiatement dans l'air propre et marin et je me suis dirigé vers l'avant même du cargo. Cette zone était surélevée, au-dessus du reste du pont et les cargaisons de palettes accordaient un peu d'intimité et d'isolement, ce qui était bienvenu après les foules de Bombay. J'ai installé mon sac de couchage et mon sac à dos. C'est ici que j'ai séjourné pendant ce voyage de 500 kilomètres en direction sud le long de la côte de l'Inde. Heureusement, j'avais avec moi une provision de fruits secs et de noix et quelques bouteilles d'eau, donc je n'avais pas besoin de marcher de nouveau dans la superstructure du cargo.

C'était rassurant de pouvoir voir la côte de l'Inde passer à plusieurs kilomètres du côté bâbord du cargo tout au long du voyage, car je n'aurais pas été très surpris si le navire, évidemment dans ses derniers parcours, avait décidé de couler pendant ce voyage, nécessitant de nager longtemps vers la terre. Le côté très merveilleux de ce voyage, toutefois, était mon espace en plein air à l'avant du cargo, rien que de l'air frais et chaud de l'océan et des vues illimitées sur le littoral. Bien des heures plus tard, les couleurs stupéfiantes du coucher du soleil préparèrent la mise en scène pour une magnifique nuit alors que le Soleil fondait dans la mer d'Arabie.

Au fur et à mesure que le ciel s'obscurcissait et que de plus en plus d'étoiles innombrables devenaient visibles au-dessus de moi, il n'y avait rien à faire sauf à songer aux événements de l'année écoulée depuis que j'avais quitté l'Amérique et commencé cette quête. Les souvenirs de la frustration et de la déconnexion qui avaient été mon expérience avant de partir sur cette quête provenaient d'une vie différente qui n'avait plus rien à voir avec qui j'étais maintenant. Les souvenirs de l'année écoulée ont commencé à défiler dans ma vision. Y a-t-il seulement quelques semaines que j'étais sur le flanc de l'Everest, aveugle, à me préparer à mourir gelé de froid ? Puis, passer rapidement en une très courte période aux terrasses chaudes et magiques et aux gens de Darjeeling et au sens d'être "chez moi" que je vivais dans cette région.

Y avait-il seulement quelques semaines que je me trouvais sur les rives du Gange à Bénarès, toute cette nuit-là, à regarder les cadavres d'êtres humains transformés en cendres dans les innombrables feux de crémation qui bordaient la rivière ? Et qu'en était-il de l'aube d'il y a plusieurs jours, à regarder le Taj Mahal devenir d'or alors que les premiers rayons d'Hélios émergeaient du ciel à l'orient, et puis, une heure plus tard, à faire des louanges musicales avec ma flûte de roseau à l'intérieur du Taj Mahal ?

En songeant à tout cela, puis dérivant en arrière dans le temps et dans l'espace vers le rêve éveillé qui m'avait propulsé à commencer cette quête à l'université. Visualisant un peu plus loin, je revivais les événements à Jérusalem, dans l'église du Saint-Sépulcre, le long des rives du Jourdain à l'aube en train de parler à mon Père et à Jésus par leur nom en leur demandant de "me montrer" ce que je devais faire, pas dans une sorte de sens d'une prière humble, mais plus comme celui qui va dans la bataille, criant en urgence à un camarade : "D'accord, mais maintenant ?"

Retour à l'instant présent, me voici, allongé sur le dos à l'avant de ce cargo miséreux longeant la côte sud-ouest de l'Inde vers le sud, à regarder le ciel rempli d'étoiles. J'étais conscient que le fil mince et doré qui me tirait, me guidant depuis l'Amérique, d'expérience en expérience, était devenu une puissante chaîne d'or. Où m'emmenait-elle ? A quoi étais-je préparé ? N'ayant aucune lumière, sauf la canopée infinie des étoiles au-dessus de ma tête, c'était le cadre idéal pour une longue et merveilleuse méditation. Je me suis finalement endormi dans le doux basculement du cargo et au son de l'écrasement des vagues à l'avant alors que le navire continuait son chemin vers Goa.

Goa

J'ai été réveillé à l'aube par la légère modification des vibrations du navire alors que le moteur ralentissait. Maintenant, le cargo était beaucoup plus près de la côte en direction du port. Ici, ma destination à Goa était à plusieurs kilomètres au sud de la ville le long de la côte. J'avais appris qu'il y avait un petit village là-bas, composé de huttes de bambou, et un peu plus loin sur la côte, on pouvait construire une cabane simple en feuilles de palmier et vivre sur la plage, mangeant des fruits locaux pour presque rien.

Après avoir débarqué du navire et puis avoir parcouru la côte pendant de nombreuses heures, je suis finalement arrivé dans ce village. Puis, peut-être à un autre kilomètre plus loin sur cette très belle plage, je suis arrivé à une zone un peu abritée qui était remarquablement belle. Les palmiers étaient séparés de la mer par environ 40 mètres de plage de sable blanc le plus pur et le plus fin. Je me suis assis près des palmiers et j'ai fait l'inventaire de mon nouvel environnement. Au bout d'un moment, un garçon, qui parlait un peu anglais, est venu vers moi et m'a offert de m'aider à construire un abri. Nous avons coupé les feuilles de palmier en deux et il m'a montré comment les tisser dans de grandes pièces rectangulaires qui, lorsqu'elles étaient attachées par des bandelettes individuelles de feuilles de palmier, composaient les murs et le toit de l'abri. C'était une parfaite protection du soleil et du vent. C'est ici que je resterais pour les prochaines semaines à reprendre mon souffle et assimiler tout ce qui s'était passé jusqu'à présent.

Un Calice Elevé

A quelques centaines de mètres de là se trouvaient plusieurs grands canots, des bateaux de pêche ouverts et remorqués sur la plage. Chaque bateau pouvait contenir plusieurs hommes et des grands filets. A l'aube, ces bateaux, mus par un petit moteur hors-bord et une voile, se rendaient en mer puis, au milieu de l'après-midi, ils revenaient en draguant leurs énormes filets de pêche. Tout le village, femmes, enfants et hommes sortaient et s'emparaient des lignes qui étaient connectées à ces filets de pêche qui étaient encore à des centaines de mètres en mer, puis tiraient sur le rivage ces énormes filets plein de poissons. Les poissons étaient chargés dans des paniers fabriqués à partir de ces mêmes feuilles de palmier tissées, puis transportés vers le village, pour être répartis dans d'autres villages.

La seule chose qui séparait cette scène de la façon dont elle devait être faite cent ou mille ans plus tôt était l'utilisation de petits moteurs hors-bords. Sinon, les bateaux faits à la main, les équipements de pêche et les vêtements étaient probablement très similaires.

Pour la première fois depuis plus d'un an, j'ai pu me détendre totalement et ne pas avoir à penser ni à planifier ce qui se passerait ensuite. Dans ce lieu magique, tout mon être s'est mis en harmonie avec les cycles naturels de la journée. Je me réveillais à l'aube au doux chant des oiseaux et au bruit des douces vagues et je m'endormais peu de temps après l'apparition des innombrables étoiles, encore une fois au doux son des vagues. Je me souviens de la première nuit, allongé sur le sable sur ma longue serviette en guise de drap et qui était devenue un peu usée ayant été utilisée pendant toute cette année passée. Je me souviens d'être allongé, là dans cet abri, à écouter les vagues se dérouler doucement sur la plage. Je me souviens de la paix profonde. Et puis je me souviens d'avoir été piqué, piqué et encore piqué partout. Apparemment et habituellement, la nuit, les minuscules puces de sable appréciaient de dîner et dans ce cas c'était moi le dîner.

Je me souviens aussi clairement que si c'était hier, être allongé là avec juste un short rapiécé (dans les tropiques les températures nocturnes peuvent être dans les 27° Celsius). Ces puces de sable étaient très occupées à me piquer et cela n'allait pas aller. Je me suis glissé plus profondément dans la méditation sur cet inconfort. C'était comme un test de résistance. Est-ce que je cède la place à cette contrariété, ou bien, quelque soit le "je" qui à l'intérieur de moi s'éveille lentement, j'affirme tout ce que je peux faire valoir pour faire disparaître cette contrariété ?

Les piqûres sont devenues plus nombreuses. Il semblait qu'elles étaient toutes sur moi et, en quelque sorte, j'ai pu entrer plus profondément dans la méditation et les piqûres commencèrent à s'affaiblir un peu et ne plus être si perceptibles. Alors, tandis que ma méditation s'approfondissait et que mon cycle de sommeil commençait à s'installer, les piqûres semblèrent s'arrêter et je m'endormis. Le lendemain matin, à l'aube, je me suis réveillé en louant les puces de sable pour avoir décidé de me laisser tranquille, et j'ai parcouru les quelques mètres jusqu'à la douce mer chaude et parfumée pour ma nage matinale. Je nageais quelques dizaines de mètres puis flottais sur mon dos, regardant le ciel s'éclairer, méditant sur cette euphorie de vivre qui était tout autour de moi.

J'ai passé quelques semaines dans cet endroit à méditer, et à lire environ la douzaine de livres que j'avais achetés à la librairie Théosophique de Bénarès, à propos du Chemin, de la méditation et "l'autobiographie d'un Yogi" par Yogananda. J'ai médité avec ma simple flûte de roseaux et j'ai appris à laisser passer ses harmonies à travers moi en louanges. Après un certain temps, mes méditations ont changées et se sont approfondies. J'avais appris à incorporer un certain exercice au début de ma période de méditation qui devenait de plus en plus efficace pour calmer l'esprit singe (le bavardage continuel de l'esprit extérieur quand on veut le faire taire).

Cet exercice consistait à visualiser mes proches, mes amis, quels qu'ils soient, en les voyant se tenir debout sous une glorieuse cascade d'une intense Lumière blanche. Cette Lumière blanche était, et est, la "Présence", l'aspect Divin de ces personnes, qui a toujours été et qui sera toujours Parfaite. Je les visualisais s'ouvrir et absorber dans leur corps, sous cette glorieuse cascade, la Lumière blanche et pure, en la voyant les guérir, les illuminer et les protéger. Je voyais ces personnes, dans cette Lumière, souriant de plus en plus tandis que la Lumière de leur Présence faisait son travail parfait. Après avoir répété cet exercice pour mes proches et mes amis, il y eu une modification de la vibration que je ressentais dans mon processus mental. L'esprit singe était calmé. Je pouvais être simplement dans cette tranquillité et "approcher", faute d'un meilleur mot. Comment décrire cet état autrement que comme une conscience en paix sans se fixer sur la connaissance de tout.

Je ne savais pas à l'époque la raison pour laquelle cet exercice fonctionnait, mais je le sais maintenant. Pour dire simplement, c'est la loi du karma. Tout ce qu'on envoie dans le monde, que ce soit en pensée, parole ou action, pour le bien ou pour le mal, rassemble plus de cette essence et retourne à l'expéditeur. Plus il y a d'émotion associée à cette action, plus sa force est puissante et donc, plus son retour est puissant.

Ces périodes de méditation ont augmenté en fréquence et en durée. J'ai commencé à expérimenter cet état intérieur en marchant le long de la plage à l'aube ou au coucher du soleil. Durant l'année écoulée, je m'étais toujours arrêté avant de manger quoi que ce soit pour consacrer avec la Lumière de ma Présence ce que je mangeais. Maintenant, cet exercice simple, avec la plupart des autres choses, prenait pour moi une nouvelle profondeur. Toutes mes activités quotidiennes, toute mon attention, étaient sur le Chemin. J'ai lu ce que les Mahatmas (les Grandes Ames) et les Maîtres ont enseigné à travers la Société Théosophique, j'ai lu le voyage et l'éveil de Yogananda au milieu de la glorieuse et riche tapisserie de l'Inde mystique. J'ai réfléchi à des douzaines d'aspects des premières années de ma vie, de mon adolescence, de mon service militaire.

J'ai médité sur mon aspiration à ce sentiment de Connexion Divine que j'avais quand j'étais petit garçon et que j'éprouvais maintenant de plus en plus. J'ai médité sur mon aspiration à toujours comprendre pourquoi je me sentais si peu à ma place dans la culture dans laquelle j'étais né. J'ai revu de nombreuses différentes périodes de mes vingt-deux années écoulées. Je pouvais me rappeler de mon étonnement de la vérité que j'avais ressentie lorsque j'ai lu "A la recherche de Bridey Murphy" de Morey Berntein quand j'avais 13 ans après que ma mère me l'ait offert (c'est vraiment un Ange), il s'agissait de la réincarnation, le même sentiment d'étonnement de me souvenir de la Vérité quand j'ai lu, peut-être un an plus tard, "Il est un fleuve..." d'Edgar Cayce.

C'était la première connaissance extérieure que j'avais au sujet des Grands Maîtres et du Chemin. Je me suis souvenu que j'enseignais aux autres comment ressentir des auras quand j'étais au milieu de mon adolescence. Je retournai dans un flash au sommet de la montagne dans les Rocheuses et à la vision qui m'avait été donnée, à ce moment et à cet endroit, à propos de ma destinée que je ne pouvais que vaguement percevoir.

Tout cela, ici et maintenant, dans ce glorieux lieu de paix, dans le sud-ouest de l'Inde, assis en position de lotus sur le rivage, avec l'eau douce chaude et parfumée qui clapotait contre mon corps physique. A regarder Hélios s'installer lentement dans la mer d'Arabie, à regarder de nouveau le glorieux spectacle du coucher du soleil, à regarder les quelques nuages à l'horizon changeant de couleur à chaque instant tandis que le ciel s'assombrissait et que les étoiles commençaient à émerger. Je sentais que j'étais au tout début du processus d'éveil à qui j'étais vraiment. Avec ce nouveau et plus grand sens de la conscience, la chaîne dorée était toujours présente maintenant, et je savais que bientôt je me dirigerais plus loin vers le sud mais pour cela, à ce moment-là, ma conscience extérieure n'en n'avait aucune idée.

En Direction du Sud-Est vers Madras

Après quelques semaines d'assimilation dans ce bel endroit, il était temps de passer à autre chose. Ma destination, autant que je sache extérieurement, était de voyager vers le sud-est jusqu'à Madras pour visiter le quartier général de la Société Théosophique où les Maîtres étaient apparus et avaient donné leur enseignement 60 à 70 ans auparavant, puis de descendre vers Ceylan et de là, éventuellement, plus à l'est en Thaïlande.

Le long parcours de plusieurs jours en train à travers ce pays était enchanteur. Comme je voyageais plus au sud dans les tropiques, l'Inde devenait plus luxuriante, l'atmosphère même d'une certaine façon plus épaisse, au point que je pouvais sentir l'air sur mon corps. Les parfums de la campagne que le train traversait étaient souvent âcres et délicieux avec la végétation et la fumée toujours présente des feux de cuisine au bois, qui étaient partout où il y avait des gens. Chaque aube et chaque coucher du soleil étaient des moments spéciaux, tandis que le Soleil apparaissait tellement énorme à l'horizon à travers cette atmosphère épaisse, luxurieuse et parfumée qu'était le sud de l'Inde.

Je me souviens d'avoir dû attendre un train tôt le matin quelque part près de la ville de Bangalore. L'aube s'approchait et j'avais quelques heures avant que le train n'arrive pour le long voyage de nuit vers Madras, alors j'ai grimpé cette intéressante colline à côté de cette gare très rurale et éloignée qui se composait de quelques bâtiments à ciel ouvert. Le sommet de cette colline était à seulement 100 à 130 mètres au-dessus de la gare et c'était un endroit idéal pour avoir une méditation matinale et regarder le lever du soleil sur les collines au centre de l'Inde du sud.

Le ciel devenait plus léger, les oiseaux et les singes, dans les arbres autour de moi, devenaient de plus en plus harmonieux, l'horizon à l'Est maintenant embrasé par le feu d'or d'Hélios s'élevait pour commencer le nouveau jour, la brume se levait sur les flancs des montagnes. Je me suis tenu au sommet de cette petite colline et en célébration j'ai pu laisser ma flûte de roseau jouer. Après un certain temps, pris dans cette expérience, avec les doux tons de la flûte se mêlant à toute la nature qui m'entourait, j'ai remarqué que plusieurs personnes, au-dessous de moi, faisaient leur chemin vers le haut de la colline. Quand, peu de temps après, je me suis retourné dans leur direction, toujours prenant part à ma célébration musicale matinale, j'ai remarqué que ce groupe de plusieurs jeunes hommes se dirigeait dans ma direction. Bientôt, ils s'arrêtèrent à une douzaine de mètres environ devant moi et, les mains levées en Namasté, en murmurant quelques mantras, tous se sont prosternés sur le sol devant moi, en récitant des mantras.

Je me suis rendu compte alors qu'ils pensaient que j'étais une sorte de gourou ou de maître et j'ai arrêté la musique et je suis allé vers eux, en souriant pour leur dire de se lever. J'ai même essayé de les tirer par les pieds, seulement pour les faire s'incliner de leurs mains en prière devant leur cœur et retombant sur leur face devant moi. Ceci n'était pas juste, donc je leur ai dit au revoir avec le Namasté habituel, je suis retourné en bas de la colline jusqu'à la gare et j'ai continué mon chemin vers Madras.

Le siège de la Société théosophique dans la région d'Adyar de Madras était intéressant mais je ne sentis pas, là-bas, la charge de la paix que je pensais y trouver. J'ai passé plusieurs heures dans le grand complexe fortifié, lisant dans la bibliothèque et visitant la petite chapelle qui avait plusieurs statues entières de différents maîtres, y compris Jésus (je crois). Je savais qu'il était temps de continuer vers Ceylan et je pris le train le lendemain matin, en direction du sud jusqu'à la pointe de l'Inde. J'avais entendu parler d'une communauté spirituelle qui se construisait dans une petite ville à 100 kilomètres au sud de Madras, appelée Pondichéry. J'ai décidé de passer un jour ou deux dans cette ville pour vérifier cela avant de continuer vers le sud.

11 ~ Pondichéry et Aurobindo

Sri Aurobindo : Ceci est l'image qui était affichée dans le foyer de la cour de l'Ashram et que j'ai initialement confondue avec une image de Jésus, la Lumière du Christ rayonnant de ses traits.

Le pays devenait de plus en plus tropical et magnifique tandis que le train se rapprochait de Pondichéry. Quand je suis descendu du train, j'ai été instantanément conscient d'une qualité de l'atmosphère qui était des plus saisissantes. Les teintes pastel de tous les bâtiments, bas et à ciel ouvert, qui composaient la ville, étaient vraiment belles. Les parfums exotiques mélangés à la fumée de bois toujours présente, les perroquets et les oiseaux tropicaux colorés qui chantaient dans les arbres, les fleurs partout et les gens magnifiques et souriants. Je savais que c'était une zone magique alors que je commençais à me promener dans les rues pittoresques et à peine bondées de l'après-midi. Comme je me rapprochais de la mer, car Pondichéry est situé sur la côte de l'océan Indien, j'ai senti cette qualité magique de paix augmenter. Bientôt, je me suis retrouvé en train de marcher dans cette rue étroite et pavée avec de beaux bâtiments pastel en plein air de chaque côté. Des fleurs tropicales parfumées étaient suspendues aux arbres et aux vignes qui croissaient le long des bâtiments. Des femmes dans des saris aux couleurs vives et des hommes dans des dhotis blancs entraient dans la cour devant moi.

Je n'avais aucune idée de ce que je faisais (dans ma conscience extérieure) mais je me suis mis dans la file avec ces gens et je suis entré dans la cour intérieure. A l'entrée de cette belle cour, dans le vestibule ouvert, après avoir pénétré depuis la rue, se trouvait une photographie étonnante de Jésus. Du moins, je l'ai reconnu comme étant Jésus et puis j'ai réalisé que c'était une photo et non pas une image peinte. Je me suis rendu compte que c'était une version indienne de quelqu'un qui avait acquis une grande maîtrise tout comme Jésus.

La paix ici était extraordinaire. Je traversai le vestibule et entrai dans une belle cour intérieure, où se trouvaient des fleurs parfumées, des arbres tropicaux, des oiseaux chanteurs et beaucoup de gens assis en méditation devant un grand dais de marbre rectangulaire, élevé au centre même de la cour et recouvert de centaines de fleurs disposées suivant un dessin. Je me dirigeai vers le périmètre extérieur des douzaines de personnes, qui méditaient ici près de la paroi extérieure, afin de ne pas s'immiscer. J'ai retiré mon sac à dos, je l'ai posé sur le sol et je me suis assis dans une position de lotus, tout comme tout le monde et je me suis instantanément glissé dans une méditation très profonde. C'était au début de l'après-midi quand je me suis assis en méditation. Ensuite, alors que je revenais lentement à mon corps, c'était la fin de l'après-midi et je savais que quelque chose d'extraordinaire venait de se produire. Je me suis levé avec stupéfaction, j'ai attrapé mon sac à dos et je suis sorti très lentement de la cour, si conscient de cette paix intensément électrique qui était autour de moi. Descendant la rue sur quelques centaines de mètres, je me suis retrouvé dans un magnifique petit hôtel en plein air. Je savais que je resterais ici pour un temps.

La période à l'Ashram d'Aurobindo dans cette histoire est difficile à écrire pour de multiples raisons, car c'était l'heure et le lieu de mon "rendez-vous". Je repense, maintenant, qu'il y eut un adombrement (processus par lequel la conscience d'un Maître pénètre temporairement le disciple et travaille par son intermédiaire) durant cette période. C'est pour cela que j'avais été préparé dans toutes les expériences qui m'étaient arrivées l'année écoulée, puis, comme je le réalisais de plus en plus, dans toutes ces expériences qui composaient cette vie et probablement beaucoup d'autres.

Avec une chambre d'hôtel charmante et immaculée comme base, j'ai appris quel était mon environnement. L'Ashram d'Aurobindo était le point central de la ville de plusieurs façons. Il semblait que tout rayonnait de là d'une manière ou d'une autre. Le complexe de l'ashram était à seulement un bloc ou deux de la mer. Dans l'autre direction, le quartier commercial de la ville comprenait quelques rues bordées des deux côtés par des bâtiments d'un ou deux étages avec des magasins en plein air qui fermaient tôt le soir et se rouvraient le matin. Intercalés entre les magasins il y avait les temples omniprésents, chacun dédié à un dieu ou une déesse différente parmi les dizaines et dizaines de divinités de l'Inde.

Les routes étaient toutes faites de gravier, à l'exception de la zone entourant directement le complexe de l'ashram, qui était revêtue de pavés ronds. Les masses humaines de l'Inde étaient là aussi. Il y avait tout le temps un mouvement constant dans les rues qui ralentissait un peu vers midi pour la "sieste". Nous étions maintenant près de l'équateur et la chaleur de midi était intense, tout le monde essayait de fuir le soleil. Même dans cette chaleur, les feux de cuisine mijotaient toute la journée et toute la nuit. Chaque article imaginable, et même plus, était vendu par les vendeurs de rue qui installaient leurs marchandises sur le côté de la route sur quelques caisses. Les entreprises plus établies, comme les magasins de vêtements et les petits restaurants, se trouvaient dans des magasins en plein air qui bordaient les deux côtés des rues. Pour mon plus grand plaisir, il y avait un vendeur ambulant rôtissant de délicieux fromages locaux, à seulement un pâté de maisons de ma chambre d'hôtel.

Ma chambre d'hôtel était typique du Sud de l'Inde, le ventilateur de plafond tremblant dans ma chambre tournant juste assez vite pour bouger l'air. Je me tins sur une chaise et je tiraillais de mes mains le ventilateur pour m'assurer qu'il ne me tomberait pas dessus pendant que je dormais (plusieurs fois au cours des derniers mois en Asie du Sud, j'ai changé de chambre parce que le ventilateur de plafond était trop dangereux). L'hôtel, comme d'habitude aux tropiques, était conçu pour une circulation d'air maximale. Il y avait une fenêtre ouverte sur la rue et une grande porte qui était laissée ouverte la plus grande partie de la journée vers la cour intérieure de l'hôtel, remplie de fleurs et de plantes tropicales, où d'autres clients de l'hôtel préparaient leurs chappattis sur un feu à ciel ouvert et faisaient du yogourt pour leurs repas du matin, du midi et du soir.

Tout le monde souriait ici. Même l'aubergiste était également exceptionnellement amical. Je me demandais pourquoi jusqu'à ce qu'un jour, lors du paiement de ma facture, j'ai remarqué que sur son bureau se trouvaient des photos d'Aurobindo et de La Mère, l'âme sœur de Sri Aurobindo, qui approchait les 90 ans.

Ma matinée commençait dès le début de l'aube. Je me dirigeai vers la cour intérieure pour prendre une douche d'eau fraîche et puis, alors que les perroquets commençaient leurs louanges, je prenais mon premier café au restaurant local, parfois même savourant un "Masala dosa" pour petit-déjeuner, avec mon café. D'autres fois, je ne prenais qu'une pâtisserie ou un type de flocons d'avoine ou de pudding frais. Ensuite, je retournais à l'ashram à 7 heures du matin lorsque les portes s'ouvraient pour la méditation du matin.

Approcher l'ashram tôt le matin était un délice pour les sens : les brumes matinales toujours présentes, le bruit des oiseaux tropicaux et des singes commençant leur journée, le parfum

La cour intérieure de l'Ashram d'Aurobindo où je passais de nombreuses heures de méditation. Tout au long de la journée, des dizaines de membres de l'ashram étaient là en méditation.

Gros plan de Samadhi. La tombe d'Aurobindo détaillant des dessins complexes faits de fleurs parfumées qui étaient rafraichies tout au long de la journée.

des fleurs mélangé à l'arrière-plan à une nuance de fumée de bois. Entrant tôt dans l'ashram, il n'y avait que quelques personnes assises en méditation devant le Samâdhi (la tombe) d'Aurobindo, le dais en marbre, brillant et poli au centre de la cour de l'ashram (Il avait fait sa transition pour des plans supérieurs en 1950).

Le dais relevé était rectangulaire, environ d'un mètre par 2 sur 4 mètres, dont le sommet était entièrement recouvert de motifs floraux en constante évolution (yantras et mantras picturaux) fabriqués avec les plus belles fleurs parfumées qui abondaient sur les terrains de l'ashram. Au-dessus du Samâdhi se trouvait un magnifique voilage en soie peint à la main qui était changé tout au long de la journée. Chacun avait un yantra différent peint dessus. Il y avait un soupçon d'encens au milieu du parfum des fleurs. Il était très facile de se détendre dans la position du lotus et d'entrer dans une profonde méditation.

J'ai continué à développer la technique que j'avais d'abord commencé à pratiquer en Israël et que j'ai affinée dans l'Himalaya et plus tard à Sarnath et à Goa. D'une certaine manière, dans cet endroit, l'exercice de tenir dans la Lumière mes proches et mes amis devenait plus riche, il y avait plus de détails et cela s'accompagnait d'une vaste et silencieuse paix. Dans les premiers jours à l'ashram, je fus d'abord surpris du temps que je passais à méditer, habituellement quelques heures à l'aube, suivies d'une heure environ à midi, puis de quelques heures de plus au crépuscule.

Sri Aurobindo avait étudié à Oxford et était un écrivain prolifique et très suivi à Calcutta lors du mouvement de l'Indépendance de l'Inde. Il était connu comme "la plume de la révolution indienne", et l'équivalent de Gandhi. Au maximum de la tension entre l'Inde et l'Angleterre, Aurobindo a été jeté en prison pour ses écrits qui, selon les Britanniques, alimentaient la rébellion. A cette époque, Aurobindo était rédacteur en chef du journal pour la ville de Calcutta, la plus grande ville du nord-est de l'Inde. Pendant le séjour d'Aurobindo en prison, il eut un visiteur très spécial : Krishna, le Dieu comme Christ de la foi Hindoue, lui apparut et commença à lui donner des enseignements.

Quand Aurobindo fut libéré de prison, sa vie entière était changée. Il voyagea au sud de l'Inde, à Pondichéry et commença à méditer. Bientôt un groupe se réunit autour de lui et s'agrandit de plus en plus, c'est ainsi que commença l'Ashram d'Aurobindo. C'était un écrivain prolifique et ses œuvres spirituelles, consistant en une vingtaine de volumes, occupaient une place d'honneur à l'entrée de chaque ambassade indienne dans le monde. L'anniversaire d'Aurobindo est le jour de l'anniversaire de l'indépendance de l'Inde, le 15 août.

Tous ces volumes ont été écrits autour du thème du Yoga intégral d'Aurobindo, ce qui signifie que toute vie devrait et peut être vécue en union avec le Divin. J'ai été captivé par ses écrits, et par la paix et le feu qui ouvraient mon esprit et que j'ai vécus en suivant la cadence de ses paroles. Je me suis rendu compte que la plupart des prémisses décrits dans ses écrits avaient été longtemps le cadre de ma vie.

Après plusieurs jours de ce cycle, j'ai été approché, après ma méditation matinale, par un homme assez âgé. En nous éloignant du Samâdhi d'Aurobindo où d'autres personnes étaient encore en méditation, il a déclaré dans un anglais très clair avec la riche prononciation caractéristique de l'Inde que j'étais "supposé" devenir un membre de l'ashram. Nous nous sommes assis sur l'un des bancs dans la magnifique cour intérieure et il m'a expliqué qu'au cours des derniers jours, j'étais venu à attirer l'attention des anciens de l'ashram, et qu'il leur était évident que je devais faire partie de la communauté intérieure de l'ashram, et non celle de l'extérieur. Il s'est identifié comme étant Santosh Chakravarti et il m'a dit que si j'acceptais, je l'assisterais pendant quelques heures chaque jour pour organiser la distribution des livres d'Aurobindo aux ambassades indiennes à travers le monde. On me donnerait un appartement, une bicyclette et un repas à la salle à manger de l'ashram.

Plus tard, j'ai découvert que mon cher mentor, Santosh était auparavant un juge de la Cour Suprême de l'Inde. Beaucoup de personnes qui vivaient maintenant dans l'ashram et sa communauté élargie provenaient de postes élevés en Inde.

J'ai passé de nombreuses heures pendant de nombreuses semaines avec Santosh à converser sur la vie et le Chemin. De mon cœur jaillit un tel amour pour ce magnifique homme et pour nos liens de cœur qui remontaient à de nombreuses vies. Le même matin, Santosh m'a demandé de marcher avec lui à la bibliothèque de l'Ashram d'Aurobindo. C'était à un pâté de maisons du bâtiment principal de l'Ashram en direction de la mer. Nous nous sommes approchés d'un grand complexe fortifié et, traversant le portail orné et toujours ouvert, nous sommes entrés dans une magnifique cour tropicale. Au milieu de la cour se trouvait un grand bâtiment à colonnades, à deux étages, avec l'intérieur de la bibliothèque s'ouvrant à chaque étage sur des vérandas donnant sur l'extérieur.

Des vérandas du premier étage, vous pouviez voir par-dessus les murs de la cour, à travers les arbres tropicaux et les vignes, et au-delà jusqu'à l'océan Indien. Quand je ne méditais pas ni ne travaillais à l'ashram, je m'asseyais ici, dans cet endroit magnifique et paisible, et lisais le chef-d'œuvre d'Aurobindo, "La Synthèse des Yoga". Il était si facile de glisser dans une rêverie méditative en regardant et en écoutant les perroquets colorés et les singes dans les arbres entourant la bibliothèque, la brise de mer et les ventilateurs de plafond rendant la chaleur tropicale moins perceptible. Plusieurs fois par semaine en début de soirée, un petit groupe de musiciens interprétaient de la musique indienne sacrée et classique dans la cour. Est-ce que les sitars et les tablas étaient faits pour cet endroit, ou cet endroit était-il fait pour eux ? Je n'avais jamais vécu auparavant la célébration de la Vie dans sa multiplicité infiniment glorieuse et sa perfection comme je l'ai fait ici à l'Ashram d'Aurobindo.

Malgré les quatre à cinq heures de méditation formelle avec le Samâdhi, c'était ici dans les premiers jours à l'ashram que je me suis rendu compte que j'étais vraiment dans un état de méditation continuel. Même en allant à vélo, à l'aube, de mon appartement à l'ashram, ou en travaillant dans le bureau de l'ashram avec Santoshda, ou en faisant toute autre chose, j'étais dans la position de l'Observateur. Ce sentiment de la Présence, que j'ai d'abord compris en Israël, était maintenant une pression vraiment tangible, constante et physique dans ma conscience. Quand je fermais les yeux pendant un moment, la douce pression de la Présence me transportait. Ce sentiment de la Présence m'a permis d'approfondir "La Synthèse des Yoga", une collection sur la façon dont le but de l'expérience humaine est tout d'abord de se rappeler et, une fois de plus, devenir, par la pratique consciente, de plus en plus Divin.

Une Perspective Intérieure

Au cours de ce récit, j'ai essayé de décrire ces circonstances où la barrière entre les mondes physique et spirituel s'amincissait chez moi, lorsqu'il y avait ces expériences incitées par le lieu où j'étais physiquement, et que mon processus intérieur, à ce moment-là, transcendait le physique, submergeant la conscience incarnée physiquement (Maintenant, alors que j'écris cela 39 ans plus tard, à 3 heures du matin sur mon ordinateur portable, avec les grenouilles, les ruisseaux se précipitant et la demi-lune décroissante qui me tiennent compagnie, je galère sur la formulation pour transmettre ce qui allait se produire).

Cela a toujours été mon intention, dans ce récit, de fournir un cadre historique et scientifique pour les autres qui, à un moment de leur vie, pourraient s'intéresser à la façon dont un garçon, et puis un jeune homme, a commencé, dans cette vie, le processus de l'éveil, à la façon dont l'accumulation de ces expériences et les connaissances glanées ici et là ont amené une série d'événements qui ont permis des occurrences répétées et impressionnantes de l'intervention Divine.

Cette intervention Divine, pas simplement une expérience mystique subjective, mais aussi un bouclier de protection et d'accélération les plus tangibles, devient une Réalité lorsqu'elle est invoquée et offerte à soi-même, à ses enfants, à sa famille et à d'innombrables autres personnes qui ont embrassé le Chemin. Aussi grandioses que ces mots résonnent, ils échouent malheureusement à transmettre l'immensité stupéfiante de la Présence de Dieu, I AM, JE SUIS, individualisée comme Vous et Moi. J'ai tenté de décrire le processus par lequel nous tous, à travers les cycles d'incarnation et de réincarnation, nous nous remémorons finalement notre source Divine, développons la maîtrise sur ces mondes extérieurs et réclamons notre droit de naissance Divin, tout comme Jésus et tant d'autres l'ont fait dans la longue histoire de la Terre.

J'ai essayé de raconter les expériences et les processus internes que j'ai vécus, se développant dans cette vie et qui m'ont conduit à ce moment du récit. J'ai cherché dans ces pages à peindre une image avec des mots de la frustration profonde, du vide et du sentiment de ne pas être à ma place que j'ai ressentis dans mes premières années, et qui m'ont conduit au désir de comprendre le sens de tout cela. Cela, combiné avec ces premières expériences mystiques, m'a propulsé dans cette quête. Au cours de la première année de ce long voyage à travers toute l'Europe, le Moyen-Orient et l'Asie, de nombreuses pièces du puzzle devinrent de plus en plus évidentes au fur et à mesure que les jours, les semaines et les longs mois se déroulaient. Grâce au désir incessant de mon cœur, j'ai commencé, peut-être, à percevoir une partie du grand dessin.

Maintenant, j'étais ici, de l'autre côté du monde, plus d'un an après avoir laissé derrière moi cette ancienne vie d'universitaire aux États-Unis. J'avais expérimenté tant de choses extérieurement et intérieurement. Maintenant, j'étais là, au bord de quelque chose de grand, assimilant tout ce qui se passait, mais maintenant l'assimilant en tant qu'Observateur. Je savais très bien que la partie de moi qui regardait cette expérience était ancienne,

Un Calice Elevé

plus que le nom avec lequel j'avais grandi, plus que mon ancienne personnalité extérieure et tout ce que j'y avais mis. En fait, cette identité de l'Observateur, qui était synonyme de l'état de méditation constante dans lequel j'étais, remplaça ma précédente personnalité et je compris que ce que j'avais été auparavant m'était tout à fait méconnaissable. Ma vie antérieure était comme une vieille collection de choses enfantines qui avaient longtemps dépassées leur utilité ou leur réjouissance.

Dans cette toile de fond, les jours riches et exquis à l'ashram se sont déroulés. Chaque matin à l'aube, ma journée commençait sur le balcon du premier étage de ma chambre, à faire des flexions et à visualiser le soleil dans mon système circulatoire. Je faisais face au Soleil et continuais à visualiser le feu du soleil s'écoulant dans mon système circulatoire jusqu'à ce que ma respiration redevienne normale. Après mon parcours matinal à vélo dans les rues brumeuses et tranquilles de Pondichéry, les feux de cuisson rallumés dans la rue qui se réveillait, le petit restaurant pour le café, je m'engageais entièrement dans ma longue méditation du matin à l'ashram.

Retraçant cela maintenant, cela me rappelle une partie d'une magnifique affirmation écrite par Mark L. Prophet : "Tous les jours se déroulent dans l'ordre à partir du courant de Ton Pouvoir, s'écoulant comme une rivière, s'élevant comme une tour".

J'ai partagé plus tôt, qu'en Inde il était possible de voir et d'expérimenter des choses qui ne pouvaient pas se produire en Occident. C'est parce que, pendant dix mille ans et plus, toute la population de cette vaste région du monde a eu une façon très différente de regarder la vie. Chaque jour était un jour sacré en l'honneur d'un aspect du Divin se manifestant dans un Dieu, une Déesse, un Maître ou autre. Chaque jour avait une signification profonde et spirituelle, car tout le monde savait que les choses que l'on faisait au fil du temps créaient le karma, et qu'il était préférable de créer du bon karma que du mauvais karma et le karma est ce qui déterminait les circonstances de sa vie et de sa réincarnation.

Cela a permis une multiplicité d'expressions culturellement et spirituellement riches qui surgissaient dans toute l'Asie du sud et qui était très, très, différente de la culture matérialiste de l'Occident.

Qu'est-ce Que C'est ?

Sans entrer dans la mécanique des divers plans de la vie qui se situent juste au-delà de la vibration physique, il suffit de dire que les barrières à ces mondes, qui existent en Occident en raison de la culture excessivement matérialiste, sont très amincies en Orient par les milliers d'années de leur culture intrinsèquement spirituelle. Cette acceptation et ce mode de vie permettent toutes sortes d'expériences, qui seraient considérées comme surnaturelles ou impossibles en Occident, mais qui n'étaient pas considérées comme si impossibles en Orient.

Après cette brève explication, un jour, à midi, je descendais une des rues principales de Pondichéry, à quinze minutes de l'ashram. La route en gravier était bondée comme d'habitude par des centaines de personnes qui se dispersaient dans les magasins, les temples et les kiosques alimentaires qui bordaient les deux côtés de la route. Soudain, à une centaine de mètres, plus haut sur la route, j'ai entendu des gens crier puis hurler. J'ai vu des gens commencer à courir. Bientôt de plus en plus de gens descendaient la rue en courant dans ma direction afin de s'éloigner rapidement de ce qui pouvait être si alarmant, la rue a commencé à se dégager. J'étais très attentif; Je n'avais jamais vu ce comportement et je me suis juste tenu là, en regardant pour voir ce qui se passait. Le sentiment d'alerte augmenta tandis que les magasins et les temples qui bordaient les deux côtés de la rue fermaient rapidement leurs volets et leurs portes. Les gens qui couraient autour de moi pour sortir de la rue étaient effrayés. Je ne pouvais rien voir d'alarmant, plus haut dans la rue, là où l'agitation avait commencée.

Puis, peut-être à 75 mètres de là, j'ai vu une personne, manifestement très vieille, trébuchant dans la rue et venant dans ma direction. Au début, je pensais qu'elle essayait aussi de fuir de quoi que ce puisse être, mais tandis que je la voyais s'approcher (elle se trouvait à environ 50 mètres) les quelques personnes restées dans la rue ont déguerpi en criant alors qu'elle se rapprochait d'eux. Il semblait qu'elle essayait de les attraper avant qu'ils ne s'enfuient en courant. Je ne pouvais pas comprendre ce qui était si terrifiant dans une femme âgée. Je restais là, la regardant s'approcher et je remarquai que maintenant j'étais la seule personne dans la rue. Tous les magasins et les temples étaient fermés, ce qui avait été une rue marchande très fréquentée, quelques instants auparavant, était maintenant une rue désertée et fermée.

Au fur et à mesure qu'elle se rapprochait de moi, elle avait ce curieux mouvement de marche qui la faisait aller en demi-cercle, se promenant en titubant. J'ai supposé qu'elle était très malade ou mentalement absente. Tout à coup, elle était à environ 25 mètres, et évidemment elle venait vers moi en faisant des gestes et des cris. Elle était vieille, peut-être très âgée, et avait sur elle un sari déchiqueté qui laissait un sein exposé. Il semblait d'abord qu'elle avait de longs cheveux drapés sur son épaule, descendant sur son sein. Elle se rapprocha un peu plus et commença à se déplacer plus vite vers moi, gesticulant de ses mains. Ses yeux étaient sauvages et elle criait. C'est alors que je me suis rendu compte que ce que je pensais être ses cheveux était aussi une masse se tordant de serpents ou d'énormes vers qui grouillaient, et pire, il semblait qu'ils pénétraient dans son épaule et en son sein.

C'était hors de mon expérience et c'était une vibration très sombre, très négative. Je n'avais plus rien à faire avec ça. Je suis resté là, en état de choc, jusqu'à ce qu'elle se trouve à 10 mètres de moi, l'horreur incroyable de la scène presque fascinante, alors, tandis qu'elle titubait vers moi, je me suis retourné et moi aussi je me suis enfui.

11 ~ *Pondichéry et Aurobindo*

La mort, la maladie horrible et la défiguration n'étaient pas des visions rares en Inde, une fois que vous étiez loin des principales villes. J'avais vu beaucoup de cela au cours des derniers mois passés, mais ce que j'ai vécu ce jour là était tout autre chose. La seule explication que j'ai pu obtenir de mes amis à l'ashram à propos de ce que j'avais expérimenté était que, s'il y avait beaucoup de belles traditions mystiques et positives en Inde, il y avait aussi des ténébreuses, et que cette malheureuse personne avait une certaine connexion avec cela. C'était sûrement une scène du plan astral inférieur que les gens, en Occident, comprennent comme étant l'enfer. En réfléchissant à cet événement maintenant, je regrette seulement de n'avoir pas eu plus de maîtrise à ce moment-là et de n'avoir pu aider cette femme. Bénissez-la et tous ceux qui souffrent ainsi.

Il n'y a eu qu'un seul autre incident pendant cette période où j'ai rencontré quelque chose qui était si effrayant. J'étais assis un après-midi au premier étage de la bibliothèque d'Aurobindo, complètement en paix, lisant La Synthèse des Yoga, enveloppé par la pression de la Lumière de ma Présence. Comme je méditais sur les concepts qu'Aurobindo avait transcrits dans ces pages, quelqu'un s'est assis à la table où je lisais. J'ai levé les yeux pour voir cette belle et souriante femme qui me regardait directement. Je me suis rendu compte instantanément qu'elle était le sujet d'un rêve très sexuel que j'avais eu la nuit précédente. Son sourire indiquait qu'elle était consciente de cela aussi. Avec étonnement, j'ai brisé le contact visuel pendant une seconde et je suis retourné à mon livre et, lorsque j'ai regardé de nouveau, elle était partie.

J'ai rapidement examiné l'endroit où j'étais dans la bibliothèque. Il n'y avait aucun moyen qu'elle se soit déplacée à plus de 30 centimètres dans la seconde où mes yeux s'étaient détournés. J'étais plus qu'étonné, car j'aurais aimé lui parler. Santosh m'a dit plus tard, le jour où il a appris cela, qu'elle était probablement une rakshasi, un bel être démoniaque du monde intérieur, et m'a prévenu de prendre soin de ne pas être distrait du Chemin. Elle ne s'est jamais représentée ni dans mes rêves ni physiquement.

Mes mois à l'ashram furent, pour la plupart, introspectifs, le style de vie propice à la méditation et à l'étude. Un jour, Santosh m'a amené à rencontrer un "maître" qui habitait l'ashram et était un disciple d'Aurobindo et de la Mère. Je me souviens d'être entré dans la petite pièce de cet homme et de remarquer qu'un mur entier était couvert de plusieurs douzaines d'images d'Aurobindo et de la Mère.

Cet homme avait un grand nombre de disciples qui le suivaient dans le nord de l'Inde, qui le vénéraient et faisaient tout pour lui, comme c'est la façon habituelle de traiter les gourous en Inde. Quand cet homme a entendu parler d'Aurobindo, lui et beaucoup de ses disciples ont parcouru des centaines de kilomètres pour rencontrer Aurobindo. Il a demandé à Aurobindo ce qu'il devait faire et Aurobindo lui a dit qu'il avait besoin d'un laveur de vaisselle dans l'ashram. Cet homme, qui était un maître vénéré pour beaucoup et qui avaient tout fait pour lui pendant de nombreuses années, est devenu laveur de vaisselle de l'ashram et il est resté là pour le reste de sa vie à pratiquer le Yoga Intégral d'Aurobindo, le principe vivant selon lequel chaque aspect simple de l'expérience humaine doit redevenir Divin. Grâce à beaucoup de méditation, tout ce que l'on fait, tout ce que l'on pense, tout ce que l'on sent, tout ce que l'on éprouve se produit à travers et par sa Présence Divine.

L'Ashram d'Aurobindo et l'Accélération

Autour de cette magique toile de fond de mes jours dans l'ashram, mes méditations, ma compréhension du travail d'Aurobindo et de ma vie, se sont approfondies. Encore une fois : "Tous les jours se déroulent dans l'ordre à partir du courant de Ton Pouvoir, s'écoulant comme une rivière, s'élevant comme une tour ..." Une soirée particulièrement chaude, j'ai décidé que je ferais ma méditation du soir sur la plage à quelques pâtés de maisons de l'ashram. La mer était très tranquille et c'était un peu plus frais ici avec la brise légère de la mer. C'est avec expectation que je me suis assis sur le sable chaud dans la position confortable du lotus et que j'ai commencé le processus familier de préparation intérieure pour ma méditation. Le son des douces vagues sur le rivage, le parfum de la brise de mer, combiné à la végétation tropicale, étaient grisants et apaisants, c'était tout simplement parfait.

J'approchais de mon 23ème anniversaire et j'avais conscience de l'accélération que ce cycle apporte toujours. Au cours d'une partie de ma préparation intérieure à la méditation, je songeais à ma reconnaissance profonde envers mon Père, ma Présence, pour les bénédictions et les opportunités qui m'avaient été accordées tout au long de cette vie et qui m'avaient maintenant amené à cet endroit, à la fois à l'emplacement physique et à la compréhension intérieure de ce qui s'ouvrait à moi.

Encore en ce jour, près de quatre décennies plus tard, je ne sais pas comment donner une image adéquate à ce qui s'est passé dans cette séance de prière et de méditation. Au cours de mes années de méditation, j'appelle souvent le souvenir de cet événement qui a, pour toujours, marqué ma conscience ce soir-là sur la plage de Pondichéry. Encore une fois, ce que je dispense ici, je suis sur le point de le partager dans l'espoir que cela puisse établir un rapprochement commun avec d'autres personnes qui liront ces mots et se réconforteront que quelqu'un d'autre ait eu des expériences similaires et qu'ils ne doivent pas en avoir peur.

A travers ce long voyage, je me suis rendu compte qu'il y a une science des plus sainte et sacrée de la Vie, à chaque aspect de la vie, dont le moteur est l'action de libre arbitre dans cette vie ou dans les précédentes. Le concept global du karma est au moins partiellement compris par beaucoup, mais il y a tellement de subtilités impliquées. C'est effectivement une histoire tellement vaste, une tapisserie d'événements, qui organise et compose la grande symphonie de son expérience actuelle. Ce n'est que par l'intercession et le désir de sa propre Présence, et simultanément des Grands Maîtres Ascensionnés, que l'on peut commencer à voir seulement la plus petite partie de celui-ci. C'est donc dans le processus de la méditation, avec une intention de plus en plus pure, que l'on peut chercher à rétablir, à se rappeler, son lien avec sa Source Divine. Les actions, les phases, les profondeurs de ce souvenir, de cette méditation, comme tout le reste, est dicté par les lois de son propre karma.

Je me suis détendu dans le sable chaud, sous la douce brise, au bruit tranquille de la mer sur la plage à quelques mètres de là, dans la douce paix de la Présence, toujours par une pression physique et palpable dans ma conscience. J'ai fermé les yeux au milieu de cette perfection pour commencer l'exercice intérieur qui, jusqu'à présent, avait produit la paix la plus profonde. Alors, il y eut comme une sorte d'explosion de Lumière et je fus littéralement emporté à cheval sur un éclair immense, m'accrochant et tenant chèrement à la vie, accélérant et accélérant comme sur une fusée, me libérant de la gravité de la Terre sur son orbite.

Je n'avais absolument aucune idée de ce qui se passait, autrement que c'était au-delà de tout ce que je pouvais faire pour simplement me maintenir. J'étais dans cette vaste immensité des plus intenses Lumière, Pouvoir et tout. Je me déplaçais si rapidement et il me semblait que tout mon être était une sphère vide et minuscule dans cette vaste Totalité de Lumière et de Pouvoir. Par un tout petit trou d'épingle s'ouvrant dans la petite sphère vide que j'étais, une telle Plénitude et un tel Pouvoir irrésistibles se déversèrent en moi que j'ai senti que j'allais littéralement exploser. En fait, j'explosais et j'avais peur.

En ce jour, près de quatre décennies plus tard, je crains avec tristesse que je ne compris pas et que je n'avais pas la foi à ce moment-là pour continuer avec ce qui se passait. M'accrochant chèrement à la vie, la Lumière et le Pouvoir s'écoulant en moi à travers cette petite ouverture de trou d'épingle s'ouvrant si vastement, explosant toujours plus, j'ai dit encore et encore : "Père, je ne suis pas prêt pour cela". Alors, due à la Grande Loi, j'ai été libéré de cet immense courant et me suis retrouvé dans mon temple physique, assis à nouveau sur la plage ce soir-là à Pondichéry, et j'ai pleuré avec le plus profond regret que je n'ai jamais connu. Je pleurais parce que j'avais arrêté ce processus sacré, par ma peur. Je n'avais pas la compréhension pour permettre à ce processus de se poursuive.

Bien des fois, je me suis demandé ce qui se serait passé si j'avais seulement eu la foi de me laisser aller dans ce grand courant, cet immense éclair. Bien des fois j'ai pensé à cela, je me suis demandé si seulement j'avais eu une compréhension extérieure de ce qui se passait, qu'est-ce qui aurait pu arriver en plus. Si seulement la foi, qui m'avait amené autour du monde à cet endroit, avait été assez forte pour savoir que tout ce qui devait arriver ici, était dans le plan de ma Présence. Comment se fait-il que j'ai fait face à une mort lente, gelé sur le flanc de l'Everest, plusieurs mois auparavant, avec équanimité et que pourtant, ici dans ce paradis, j'ai paniqué, au cœur de la méditation, à cette convocation de ma Présence ? Bien des fois, je me suis demandé combien cette vie aurait pu être bien différente si j'avais été plus fort, si j'avais seulement su, dans ma conscience extérieure, ce qui pouvait se produire.

Des années plus tard, j'ai appris que le feu de la Kundalini lors de son ascension initiale est explosif. Est-ce que c'aurait été cela ? C'était bien au-delà du sens de la conscience cosmique dont j'ai été béni dans les Montagnes Rocheuses du Colorado il y a quelques années dans cette autre existence. Assis sur la plage de retour dans mon corps, les étoiles commencèrent à apparaître. Mon corps tremblant comme une feuille, j'essayais de trier tout cela, ressentant encore le profond regret, mais en même temps un vaste sens d'expansion, d'émerveillement saint et de paix. Pourtant, malgré ma fragilité de ne pouvoir continuer avec cette expérience à ce moment-là, je savais que jamais, plus jamais, je ne demanderais de me laisser abandonner.

C'était peut-être ce soir-là ou un autre soir tout proche lorsque je suis revenu à ma conscience physique, il y avait un homme à genoux dans le sable, les mains levées en prière devant moi. J'ai dit non, non, non, secouant la tête en lui souriant, en essayant de le convaincre que j'étais juste comme lui, certainement pas un maître ni un gourou. Il m'a montré une petite croix de Malte que je portais au cou, que j'avais acheté à Darjeeling ou Bénarès, comme preuve de ses actes. Je me suis levé en m'inclinant devant lui en Namasté, j'ai souri et je me suis éloigné.

Au cours de la dernière année, surtout depuis l'expérience à Jérusalem et en Israël, j'ai souvent eu ces conversations en un seul sens avec Jésus. Je songeais aux différentes facettes de sa maîtrise. Tant de fois je lui ai dit, montre-moi comment faire ça. Cette connexion s'est renforcée, tout comme la Chaîne d'Or de ma Présence. Un jour, en traversant un petit Bazar en plein air, cette petite croix de Malte m'a attiré l'attention. Elle était faite d'un métal argenté et de couleur rose que je n'avais jamais vu auparavant. Je l'ai acheté pour quelques roupies et j'ai décidé de la porter comme un rappel de qui j'étais. Après cet événement, je l'ai enlevée, réalisant que, même si cette connexion avec Jésus était plus forte que jamais, je ne devais plus la porter. Cette croix de Malte réside toujours dans un lieu d'honneur sur l'un des autels de ma maison.

J'ai essayé de transmettre ici le sens du momentum (qualité divine accumulée par nos actions quotidiennes), de la magie et de la perfection qui était si abondante dans l'environnement de l'ashram d'Aurobindo. Il y a eu tellement de petits incidents qui se sont produits pendant cette période et que j'ai omis dans ce récit, mais le thème continu qui remplissait toutes les heures de toutes mes journées était que rien de tout ceci n'était dû au hasard d'un destin aveugle. Tout cela a été ordonné tous les jours par ma Présence, même les tâches les plus banales étaient un exercice consistant à amener le Divin dans le physique. La science de ceci était si simple, mais si difficile. J'étais presque essoufflé à essayer de suivre avec émerveillement et de comprendre plus lentement le rythme des enseignements du Maître.

Un matin au réveil, je me suis souvenu d'être dans une salle de classe avec d'autres et qu'Aurobindo nous enseignait. Il se tenait à la tête d'une classe typique expliquant quelque chose et écrivant sur le tableau. Ce n'était pas une expérience rêvée. Je savais que je participais à une expérience très réelle sur un plan intérieur de la vie pendant que mon corps physique dormait.

Des années plus tard, j'ai mieux compris cette expérience. Ma conscience extérieure devenait plus habituée aux subtiles énergies de la vie et, grâce à cela, je pouvais garder le souvenir de l'expérience dans la retraite du Maître, recevant des instructions avec plusieurs autres étudiants.

Journées Spéciales

Il y avait dans l'air, ce matin à Pondichéry, un sentiment de célébration, car aujourd'hui c'était le jour du Darshan de la Mère (un mot Sanskrit signifiant "une vision de bonne augure, apercevoir une divinité ou d'un être d'une grande réalisation"). Au cours de la matinée, des centaines et des centaines de personnes se sont rassemblées sur la route pavée devant le bâtiment principal de l'Ashram. Tandis que midi approchait, c'était épaule contre épaule. Santosh me dit que la Mère (la Flamme Jumelle d'Aurobindo), qui à cette époque était très vieille et fragile, sortirait sur son balcon du 1er étage et donnerait une bénédiction à tous. Il s'agissait d'une foule très calme mais en attente et, à mesure que le temps approchait et que la porte du balcon s'ouvrait, il y avait un silence profond qui gagnait les plusieurs centaines de personnes rassemblées là, regardant vers le haut.

Je n'avais jamais ressenti quelque chose comme cela auparavant. Il semblait que toute la ville de Pondichéry, jeunes et vieux, se soit réunie ici pour la bénédiction de la Mère. Le seul son maintenant était le chant toujours présent des oiseaux dans les arbres qui bordaient la route. Les rideaux de la porte du balcon bougèrent et la Mère sortit soutenue par ses deux assistants. En levant la main en bénédiction, un voile si vaste et une pression de paix si intense descendit sur tous ceux qui étaient rassemblés là. Le temps lui-même semblait s'effondrer sous la charge de cette paix. Dans cet interlude de silence, sans limites et incommensurable, il semblait que l'aspect très cognitif de moi-même cessait simplement d'exister.

Il n'y avait rien nulle part à percevoir, que cette grande, grande paix qui toujours fut. Le sens de l'Observateur intérieur était parti. Même les oiseaux avaient cessé de chanter. A un moment donné, elle se retourna et rentra à travers les rideaux, la charge intense de cette expérience se dissipa, et lentement la foule commença à se disperser.

A ce jour, près de 40 ans plus tard, je ne sais même pas comment décrire cela, sauf pour dire que la Mère, à cette époque dans son incarnation, était un Maître non ascensionné d'une grande réalisation à part entière, brandissant un tel Amour, une telle Sagesse et un tel Pouvoir Divins qu'elle a pu apporter cette vaste bénédiction à tous ceux qui se sont rassemblés là et au-delà.

Le récit ci-dessus de la bénédiction du Darshan de la Mère, lui-même, peint une image d'un événement culturel bien différent de ce qu'est l'expérience de la plupart des Occidentaux. Pour le transcrire simplement ici, imaginez comment les gens qui vivaient en Occident se seraient conduits s'ils avaient su que non seulement un, mais plusieurs êtres, qui étaient proches l'accomplissement de Jésus, s'étaient incarnés et vivaient parmi eux. Lorsque vous considérez cela avec l'acceptation d'une large culture des lois de la réincarnation et du karma, de la responsabilité des pensées, des paroles et des actes, vous commencez à voir la pierre angulaire de la structure d'une croyance très riche en possibilités de compréhension et d'accomplissement de soi en Inde qui n'est pas présente dans les dogmes de l'Occident.

Il existe ici une science globale du cadre de la vie d'un individu, à quel point les décisions et les actions, faites avec libre arbitre, forment et façonnent l'expérience de chaque individu dans cette existence spécifique et les vies suivantes. Il existe une grande aspiration de la culture à suivre les exemples vivants des Mahatmas (sanskrit pour "Grandes Ames ou Maîtres"), afin que chaque individu puisse progresser dans chaque existence pour devenir plus Divin. Tout ceci est un trésor de dix mille ans d'exemples que les mystiques chrétiens de l'Occident ont seulement approchés.

Le Rendez-vous d'Anniversaire—L'Achèvement d'un Cycle

Il est intéressant pour moi, aujourd'hui, en 2012, que j'écrive enfin ce que j'ai partagé tant de fois au cours des dernières décennies de ce qui s'est produit le 25 mai 1973. Tout au long de l'écriture de ce récit, j'ai cherché à rester consciencieusement centré dans la charge et la pression de la Lumière de ma Présence, de sorte que ce qui est écrit puisse être un enregistrement précis de ces événements survenus au cours des années. Ce qui suit est certainement écrit de cette manière.

Le solstice d'été arrivait dans moins d'un mois en ce magnifique mais humide matin de mon 23ème anniversaire à Pondichéry. Ce jour du mois de mai a commencé tout comme toutes mes journées ici au cours des trois derniers mois, un parcours matinal à vélo dans les rues fraîches pour aller à l'ashram pour ma longue méditation. Cependant, ce jour-là, j'avais prévu de faire un long trajet à vélo sur la route côtière faite de gravier peut-être sur une quinzaine de kilomètres environ jusqu'à l'emplacement de ce qui s'appellerait Auroville. C'est ici qu'Aurobindo et la Mère ont choisi l'emplacement de leur communauté qui serait fondée sur les principes du Yoga Intégral d'Aurobindo (Tout simplement, Aurobindo a enseigné que toute vie est Divine et lorsque vous vous efforcez de vivre en tant qu'être Divin dans toutes les affaires de la vie, vous le devenez de plus en plus).

A cette époque, en 1973, cet endroit était déjà mentionné dans différents cercles ésotériques. J'avais lu que ce devait être

Un Calice Elevé

une communauté sœur de Findhorn, la célèbre communauté spirituelle en Écosse. En fait, j'avais décidé de visiter Pondichéry juste pour voir ce qu'était Auroville. Je ne savais rien à propos d'Aurobindo ni de son ashram. Auroville, bien qu'elle n'était pas encore bâtie, devait être construite sur un emplacement très puissant que apparemment d'autres, en dehors de la sphère d'influence d'Aurobindo, reconnaissaient aussi. Il était supposé y avoir des lignes incroyables et puissantes qui reliaient cet endroit à Findhorn en Ecosse, au Lac Titicaca au Pérou, au focus de la Lumière de la Mère pour la Terre et à d'autres centres de pouvoir sacré sur Terre.

J'ai eu des instructions sur la façon d'arriver à Auroville depuis Santosh après ma méditation du matin. Portant seulement ma bouteille d'eau, je suis parti au milieu de la matinée, dans l'espoir d'y arriver avant que la chaleur intense et tropicale du milieu de la journée transforme tout en sauna. La route de gravier était belle et facile à rouler à vélo tandis qu'elle suivait la côte. C'était extrêmement rural, hors des sentiers battus, et une fois hors des limites de la ville, il y avait, apparemment, de moins en moins de gens.

Enfin après une heure de trajet, je suis arrivé sur la route latérale qui montait une petite colline surplombant l'océan Indien. Le sommet de cette colline s'ouvrait sur une plaine et, là où la route s'arrêtait, se trouvait un énorme arbre de noix de cajou sous lequel je suis allé immédiatement pour sortir du soleil tropical étouffant. Ici, j'étais à l'endroit exact où, dans le futur, la communauté d'Auroville allait être construite. Pour l'instant, c'était juste une colline tropicale, très éloignée, surplombant l'océan Indien. Il n'y avait aucun signe d'humanité sur plusieurs kilomètres tout autour. J'avais vu des dessins du Matrimandir sphérique, le centre d'Auroville qui devait être construit en cet endroit même.

Cependant, la seule structure qui existait ici était une cabane de bambou très simple. Cette structure avait environ trois mètres de diamètre et était évidemment construite comme un en-

Photo satellite d'Auroville (2013)—Cette vue d'Auroville est très différente de la colline éloignée qu'elle était en mai 1973. Alors, la seule chose qu'il y avait était cette petite cabane de bambou où je me suis assis pour me protéger du soleil. Maintenant, la structure sphérique dorée au milieu des lignes géométriques est le *Matrimandir*, qui se situe sur l'emplacement exact où la cabane de bambou se trouvait autrefois dans laquelle j'ai eu ma rencontre le jour de mon anniversaire.

droit pour se reposer du soleil tropical intense. Il y avait un banc de bois au milieu de la cabane aussi c'est avec beaucoup de reconnaissance que je suis entré et que je me suis assis sur ce simple banc. Prenant une longue gorgée de ma bouteille d'eau, j'ai croisé mes jambes dans la position du lotus regardant à travers l'ouverture la plaine étouffante en face de la hutte et l'océan Indien au loin. J'étais tellement reconnaissant. C'était l'endroit idéal pour être à ce moment-là de ma vie.

J'étais ici, à midi, pour mon $23^{\text{ème}}$ anniversaire, de l'autre côté du monde où j'étais venu m'incarner. Maintenant, à ce stade de mon voyage, cela faisait bientôt un an et demi que j'avais quitté les États-Unis pour cette quête. J'étais si conscient de la Grace, la chaîne d'or qui m'avait guidée. Parfois, elle semblait avoir réussi à m'emporter d'une expérience à l'autre, à la fois physique et intérieure, à travers ce long cycle. J'étais si profondément reconnaissant pour tout ce qui s'était passé dans ma vie, qui m'avait amené à ce point de clarté. J'étais si reconnaissant pour toutes les expériences étonnantes qui m'avaient amené à ce niveau de conscience. C'est dans cet état de réjouissance, d'amour et de reconnaissance les plus profonds pour ma Présence, pour Tout ce qu'était cette vie que je me suis installé dans ma méditation de midi.

L'énergie de cet endroit était des plus évidentes. J'ai partagé plus tôt que la paix autour de l'ashram était comme une pression physique. Ici, il y avait une qualité électrique pour la paix et cela m'a plongé très profondément dans la méditation. A un moment donné de cette méditation, mon attention a été ramenée à mon entourage. J'ai pris conscience d'un léger mouvement dans mon aura élargie. C'était comme si quelqu'un approchait de la cabane à quelques dizaines de mètres de là. J'ai lentement ouvert les yeux m'attendant à voir quelqu'un, mais il n'y avait personne. J'ai fermé les yeux et je suis rapidement allé très profondément dans cet immense océan de paix électrique. Peu de temps après, il y eut encore un mouvement dans mon aura et le sentiment que j'étais le "centre" de l'intérêt de quelqu'un.

Il y avait un sens de vigilance comme si j'étais obligé de remarquer ou de faire quelque chose, et cela m'a rapidement tiré de ma profonde méditation. J'ouvris les yeux et de nouveau personne ne se tenait devant moi dans l'ouverture de la hutte, juste l'arbre de noix de cajou et l'océan magnifique au-delà. Toujours avec ce sentiment de vigilance dans mon aura, j'ai fermé les yeux et je suis retourné dans la méditation profonde. Puis il y eut un mouvement urgent dans mon aura et mes yeux se sont grands ouverts, cette fois il y avait un sentiment de danger présent. Toujours dans la position du lotus comme j'avais été pendant au moins une heure, tous mes sens étaient concentrés à 100% sur cette menace imminente invisible, mais il n'y avait rien devant moi. Toujours dans cet état de méditation en super-alerte avec mes yeux bien ouverts, j'ai ressenti de nouveau le mouvement de mon aura et le sentiment d'alarme. Maintenant, il y avait une direction à ce sentiment. C'était au-dessus de moi.

En inclinant légèrement ma tête au-dessus et à droite, je l'ai vu. Enroulé sur le poteau de bois qui traversait la cabane soutenant le toit de chaume il y avait un très grand cobra royal. Il avait plus de deux mètres de long et son milieu était aussi épais que ma cuisse. Une grande partie de son corps était enroulé autour du poteau, à un mètre de sa magnifique tête, le capuchon distinctif du cobra royal était complètement ouvert, sa langue s'échappant, se balançant devant moi, suspendu au poteau faisant un grand U, de sorte que sa tête était verticale à moins d'un mètre de mon visage. Toujours dans la plus grande paix de ma méditation, j'étais étonné de sa beauté.

Mes yeux se sont fixés sur ses yeux étincelants, hypnotiques et son capuchon entièrement ouvert avec les motifs complexes dessus comme les yantras sacrés que les femmes dessinaient dans le sable devant leurs huttes chaque matin à l'aube. Sauf que dans ce cas, ce yantra et le balancement de cette magnifique tête sont des avertissements aux victimes du cobra royal de ce qui va bientôt advenir. Le capuchon s'ouvre lorsque le cobra royal est le plus attentif, juste avant que le roi des serpents ne frappe sa proie avec ses crocs mortels, longs et empoisonnés.

Il semblait que le temps s'arrêtait alors que je regardais avec émerveillement cette belle créature qui se balançait devant moi. Il y avait un grand sens de la royauté en lui et j'étais étonné de sa beauté. Il n'y avait pas le moindre doute que, dans un dixième de seconde, il me frapperait et que je mourrais ici sur cet endroit sacré en plein midi de mon 23ème anniversaire. J'ai souri intérieurement à cette pensée, car je savais que le moindre mouvement, même le scintillement de mes yeux ne regardant plus directement dans ses yeux, apporterait instantanément sa frappe et ce serait fini. Tout en saisissant les dessins de diamant de son long corps tout en ne détournant jamais les yeux des siens, j'étais conscient du passage dans "Siddhârta" d'Herman Hesse, où Gautama Bouddha était assis en méditation près d'une rivière quand un cobra royal s'approcha. Grâce à la grande réalisation du Bouddha, le cobra a continué son chemin sans tuer le Bouddha. Souriant, j'ai pensé : "Je ne suis pas un bouddha ..." et le résultat de cette rencontre sera très différent. J'ai souri encore une fois en pensant à l'article du journal qui apparaîtrait dans les journaux de ma ville natale : "Homme du coin tué par le cobra royal en plein midi lors de sa méditation pour son 23ème anniversaire alors qu'il vivait en Inde ...". Je serais heureux de cette nécrologie, ai-je pensé dans un sourire paisible et intérieur.

Toujours sans mouvements, ne clignant pas des yeux, dans la méditation la plus profonde, éveillée et pacifique que j'ai jamais vécue dans cette vie, je me suis émerveillé de cette perfection, mon dernier moment de cette vie, attendant à tout moment sa frappe. J'étais maintenant l'Observateur, totalement indifférent au résultat de cette expérience, conscient de la majesté, la beauté de ces derniers moments, sachant que tout se déroulait selon le Grand Plan de mon Père pour cette existence. Ce moment sans fin était virginal, il ne pouvait pas être plus parfait. J'étais dans la sainte admiration de ce qui se déroulait.

Après apparemment une très longue période de méditation, avec ces pensées défilant devant moi, tout en étant fixé sur sa tête qui se balançait et ses yeux brûlants, j'ai eu cette pensée "bien, si tu ne me prends pas maintenant, je n'attendrai pas ici toute la journée jusqu'à ce que tu changes d'avis ...". Très, très lentement, j'ai décroisé mes mains qui étaient sur les genoux dans la position du lotus et très, très lentement, les glissais sur le banc de bois. Dans la paix la plus profonde, mes yeux ne quittant jamais les siens, j'ai commencé à transférer mon poids sur mes mains et très, très lentement, décroisé mes jambes et les descendais au sol. Dans la paix la plus profonde, très, très lentement, j'ai commencé à glisser hors du banc. Mes yeux se fixèrent sur sa tête qui se balançait et ses yeux étincelants, sa langue s'échappant. Tandis que je glissais en m'éloignant de lui, il a déballé encore plus son corps et a commencé à se rapprocher de moi. J'ai continué à glisser hors du banc avec le cobra royal s'approchant plus près jusqu'à ce que je sois dos sur le sol, mes yeux encore fixés sur ses yeux, son capuchon complètement ouvert. Il se rapprochait encore plus.

Maintenant, il se déplaçait de la poutre qui était au-dessus de moi jusqu'au banc sur lequel j'étais assis. Sur mon dos le regardant vers le haut, je me suis traîné hors de la cabane, et puis j'étais alors dehors, maintenant plus loin du cobra royal qu'auparavant. Je me suis levé et l'ai regardé enroulé sur le banc sur lequel j'avais médité, sa tête se balançait à quelques pieds au-dessus de son corps en me regardant. Etonné que je fusse encore vivant, j'ai dit : "Merci, mon Père". J'ai remercié le cobra royal et je suis parti. Tout était différent maintenant, d'une manière ou d'une autre, et je savais que je partirais bientôt pour commencer le prochain chapitre de cette existence.

Aujourd'hui, 39 ans et quelques semaines après l'événement, j'ai cherché cet emplacement sur Google Earth et j'ai été étonné de l'image satellite qui a zoomé sur l'écran. Les motifs les plus étonnants, comme un immense cercle paysagé très orné avec ce Matrimandir sphérique situé au centre du modèle élaboré, exactement là où ma rencontre avec le cobra royal était survenue.

Ce cycle était maintenant terminé. La chaîne d'or qui me tirait d'un événement à l'autre avait maintenant changé de direction et je savais qu'il était temps de retourner aux États-Unis. Je savais que j'avais une vie de travail devant moi à assimiler, à appliquer et à développer tout ce que j'étais maintenant, tout ce qui s'était passé. Je savais qu'il y avait d'autres rendez-vous que je devais tenir et qu'ils se passeraient de retour aux États-Unis. Ensuite, presque un mois plus tard, je me suis préparé à quitter cette vie intérieure que je vivais depuis si longtemps. J'ai dit au revoir maintenant à mon cher mentor, Santosh, j'ai ressenti un amour si profond et j'ai vu les larmes dans ses yeux, nous savions que nous ne nous reverrions plus dans cette vie.

Un Calice Elevé

Je me souviens d'être assis dans le train dans une méditation alerte, qui était mon état de conscience constant alors, regardant la pression de la grande Paix de l'ashram changer alors que le train voyageait au loin de Pondichéry. C'était assez intéressant quand, à une certaine distance, environ à 15 kilomètres de Pondichéry, j'ai soudainement senti un autre changement et au lieu de cette pression intense, très tangible, de paix et de lumière qui semblait presser de l'extérieur dans mon être, cela a soudainement changé, et cette pression, que j'avais connue comme étant la Lumière et la Paix de ma Présence, s'exerçait très bien maintenant de l'intérieur et non plus de l'extérieur comme cela l'avait été.

Il y eut une réalisation instantanée à ce propos, que désormais, partout, oui partout où je serais, je serais toujours dans ma Présence. Dans ce profond degré de reconnaissance, de méditation et de conscience, j'ai commencé le long voyage à travers toute l'Inde jusqu'à Delhi, puis, au lieu de voyager par terre à travers l'Asie, la longue route que j'avais prise pour arriver ici, j'ai pris un jet qui m'a emmené au monde que j'avais quitté 17 mois auparavant.

12 ~ Réintégrer l'Amérique

Maintenant la partie difficile. Je savais que j'étais censé être de retour en Amérique et qu'il était temps de commencer à utiliser dans la vie aux États-Unis ce que j'avais appris au cours de l'année et demie passée. Je savais que j'avais des rendez-vous futurs à tenir. Je savais que cela allait être difficile mais je ne me suis pas rendu compte à quel point ça le serait. Le choc culturel que j'ai vécu lors de mon retour à la maison dans laquelle j'avais grandi était surréaliste. J'ai pris un bus de Boston à Springfield et j'ai marché plusieurs kilomètres de la gare routière jusqu'à la maison et j'ai frappé à la porte d'entrée. Mes frères et ma mère ne m'ont d'abord pas reconnu car mes caractéristiques physiques avaient changé.

La famille et les amis m'ont demandé lorsque nous nous sommes revus ce qui s'était passé. Ils connaissaient un peu mes voyages, mais quelque chose s'était passé en moi qu'ils ne pouvaient pas comprendre. La personne qu'ils connaissaient avant de partir n'était plus et ne reviendrai jamais. J'ai essayé de l'expliquer en utilisant cette analogie : l'Orient est comme un génie intellectuel avec un corps physique handicapé, tandis que l'Occident est comme un super athlète qui souffre de troubles mentaux. Il fallait un mélange des deux perspectives dans la vie. Pour moi, alors, il semblait que c'était une tâche tout sauf impossible, et c'est ce que je devais faire.

Je suis bientôt revenu à Amherst, la ville universitaire dans laquelle j'avais vécu, et j'ai pu emménager dans une maison dans une région très rurale avec des collègues et amis. La méditation a été ma consolation, par grâce, j'ai pu faire venir la paix de ma

Présence et l'utiliser comme pierre angulaire de force et de direction. Cela m'a permis de me diriger dans ce nouveau monde dans lequel je vivais maintenant, donnant du sens à ce qui se présentait et ce que j'étais censé faire avec. Je suis revenu à l'université quelques mois plus tard pour obtenir le financement du GI Bill (loi de financement pour anciens soldats démobilisés) et, en même temps, j'ai commencé à explorer ce qui était nécessaire pour l'obtention de mon permis de pilote d'avion. C'était quelque chose que je voulais faire depuis ce vol de retour à Lukla, à plusieurs jours au sud de l'Everest.

Ces premières années de retour au pays ont été des années difficiles. Comment intégrer ce que j'avais vécu en Orient avec la vie collégiale au milieu des années 70 ? C'était l'époque du Watergate et de la procédure de destitution de Nixon, suivies par la crise de l'énergie et les pénuries de carburant. Comme j'ai cherché à trouver une direction dans ma vie, le rituel de méditation matinal était devenu ma pierre angulaire de la journée et mon contrôle sur la réalité. Cherchant à m'aligner avec la volonté de ma Présence, je suis allé vers les activités nécessaires pour vivre dans cette culture. Dans le contexte de mon vécu, le collège me semblait superflu, mais d'autre part, l'aviation était passionnante et semblait bien mieux adaptée à mon temps et à mes ressources financières limitées.

La vie a continué à se dérouler. Quelque temps plus tard, mon instructeur de vol m'a parlé d'un homme qu'il avait rencontré et qui était un auteur et un scientifique célèbre. Il m'a dit que je lui rappelais cet homme et il m'a donné un livre appelé "Voices of Spirit" par Charles Hapgood. C'était le récit du travail qu'il avait effectué avec un médium en transe : Elwood Babbitt.

Charles Hapgood était assez connu dans les milieux scientifiques et avait publié plusieurs ouvrages, dont l'un, "The Path of the Pole", avait une préface d'Albert Einstein. Hapgood et Einstein avaient collaboré sur certains aspects du travail d'Hapgood sur le mouvement des pôles terrestres. Ce travail novateur, que Charles

Hapgood a produit, a été prouvé des décennies plus tard par de nouvelles découvertes scientifiques.

Il y avait des concepts dans Voices of Spirit avec lesquels j'étais très familier et, apprenant que Charles Hapgood vivait dans la région, j'ai décidé que je le chercherais. J'ai trouvé où il habitait, je conduisis jusqu'à sa maison rurale et frappai à sa porte. La porte s'ouvrit d'un coup et un grand vieillard se tint devant moi. Il avait des cheveux blancs et des yeux bleus brillants et il était un peu plus grand de quelques centimètres que ma carcasse de 2 mètres de haut. Cependant, aucun de nous ne regardait vraiment l'autre. Notre attention était rivée sur l'espace de quelques centimètres entre nous. Nous étions tous les deux étonnés. Entre nous deux il y avait un tourbillon de Lumière et, ce qui est plus remarquable, nous pouvions tous les deux le voir et le ressentir.

Je n'ai même pas eu le temps de me présenter, car il lâcha : "Qui es-tu, mec ...?" Et il m'a saisi me faisant entrer dans sa maison. Nous nous sommes assis dans son salon, nous nous regardant l'un l'autre, comprenant que nous avions toujours été des amis très proches. Un demi-siècle nous séparait, il était plus lourd, probablement dû aux années, et il avait quelques centimètres de plus, mais nous étions très proches. Charles m'a interrogé assez minutieusement cet après-midi là et alors une longue et étroite amitié a repris.

Il m'a dit qu'il allait faire une expérience avec moi et son ami, Elwood Babbitt, qui était au centre de son travail actuel. Charles m'a dit qu'il allait organiser une "lecture" pour moi avec Elwood dans laquelle Elwood irait en transe et qu'un "contrôle" prendrait alors le corps d'Elwood endormi et me donnerait une "lecture de vie". Charles m'a dit qu'Elwood était considéré par beaucoup, y compris les personnes à l'Institut Edgar Cayce (l'ARE à Virginia Beach), comme étant le médium de transe le plus précis depuis Edgar Cayce, 40 ans plus tôt.

Le livre d'Edgar Cayce avait joué un rôle dans mon éveil initial, lorsque j'avais treize ou quatorze ans. Avec cette compréhension de ce qu'Elwood faisait, j'étais très intéressé par l'expérience de Charles qui, dit tout simplement, était que je ne devais rien dire à Elwood de mes expériences de vie. Charles voulait entendre ce que la lecture de la transe révélerait.

Une semaine ou plus après, le rendez-vous était fixé pour la lecture, je suis venu chez Charles et j'ai été présenté à Elwood Babbitt. Elwood était probablement à la fin de la cinquantaine, donc deux fois plus vieux que je ne l'étais. Nous avons discuté brièvement alors que Charles a mis en place le magnétophone professionnel pour enregistrer la session. Elwood a souri et s'est assis dans une chaise à bascule et m'a dit : "Excuse-moi pendant que je sors de mon corps ..." Je lui ai souri en prévision de ce qui allait venir. Elwood a fermé les yeux et a commencé à respirer profondément.

En quelques instants, j'ai ressenti le changement d'énergie dans la pièce et j'ai vu un autre visage, composé principalement de lumière faible, superposé sur le visage d'Elwood. Les yeux de cette personne étaient ouverts et me regardaient. J'étais revenu aux États-Unis dix-huit mois auparavant et j'étais prêt à tout. J'étais complètement concentré sur l'expérience qui était devant moi, regardant l'énergie autour de moi et regardant "Dr. Fisher" la personne-esprit qui me donnait cette lecture à travers le corps physique d'Elwood.

Il a procédé en me racontant des choses que personne d'autre ne connaissait de moi, comme la raison, pour laquelle je m'étais "éloigné de ce monde" et que j'étais parti sur la "quête", était de raviver les souvenirs que j'avais des vies antérieures dans ces endroits où j'avais une connexion directe pour ma mission dans cette vie actuelle. Il m'a dit que j'étais à Jérusalem quand Jésus était là, et que j'avais vécu dans les monastères de l'Himalaya et que j'étais associé aux Maîtres là-bas. Que cela a toujours été mon travail au cours des nombreuses vies et que j'étais maintenant en entrainement pour amener tout cela dans cette vie-ci pour les grands changements qui viendraient avec le nouveau siècle, alors dans vingt-cinq ans.

Charles et Elwood sont devenus mes proches amis et Charles a fini par vivre avec moi au cours des sept années suivantes jusqu'à sa transition. Dans ces premières années, tandis que je luttais pour intégrer l'Orient à l'Occident, il était un mentor et mon frère aîné sur le Chemin.

Rappel du But de ce Travail

De peur que le lecteur ne devienne fatigué de cette histoire, je fais une pause dans le flux chronologique des expériences de cette vie pour affirmer une fois de plus que l'objectif de cet exercice a été de fournir les faits historiques et les choix qui ont été faits au cours des années et de décrire les sciences sacrées impliquées qui ont permis l'intercession répétée de l'Archange Michel et des Maîtres Ascensionnés, non seulement dans ma vie, mais aussi dans celle de ma famille et de mes amis chers. J'ai cherché à détailler ces expériences intercalées par les sciences sacrées, comme je les comprends maintenant, qui ont permis que tout cela se produise.

Ma prière ardente est que ce qui est partagé ici puisse aider les autres dans le déroulement de l'intention sacrée de leur vie, dans la remémoration de leur Source Divine et dans l'apparition ultérieure de la beauté et de la protection dans leur vie et dans celle de leur famille.

La Paix du Vermont

Les années se sont poursuivies. Je suis devenu un pilote professionnel et j'ai commencé une relation avec une femme qui est finalement devenue la mère de ma fille. Nous avons beaucoup déménagés, allant toujours dans un endroit plus rural. Dans ce temps là, je réfléchissais soit à l'achat d'un terrain pour y construire une propriété, soit à déménager vers le Pacifique Sud et organiser des vols de charter entre les îles. Chaque fois que je volais au sud du Vermont dans un charter ou lors d'une instruction de vol avec un élève, j'étais conscient d'une qualité de paix dans les montagnes et les rivières qui se déroulaient sous moi.

J'ai pris quelques jours pour voyager dans le sud du Vermont et j'ai été très conscient qu'il y avait quelque chose de spécial ici et j'ai commencé à chercher une terre. Après avoir visité pendant quelques mois plusieurs parcelles avec des agents immobiliers et parcouru des centaines d'hectares, j'ai été orienté vers un monsieur âgé qui avait une entreprise de bois et possédait beaucoup de terres au centre du sud du Vermont.

Le deuxième morceau de terre qu'il m'a montré était incroyablement beau, avec des ruisseaux et des cascades tombant dans des trous profonds où nager. C'était juste le Paradis. C'était une parcelle de 40 hectares et beaucoup plus de terres que ce que je cherchais, mais je savais alors que je devais être le gardien de cette terre et que, d'une certaine façon, je pourrais l'acheter. Au profond de mon enthousiasme, je savais qu'en raison de la baisse progressive du plus grand des deux ruisseaux qui traversaient la terre, je serais capable de construire un système hydroélectrique pour générer du pouvoir pour la propriété que je construirais.

Construire et Harmoniser

Alors que je poursuis ce prochain chapitre du récit, où des projets de construction majeurs (au moins pour moi) ont été entrepris, il est important de dire que chaque jour, peu importe ce qui m'était proposé, que ce soit de voler ou de construire quelque chose ou simplement de me détendre, d'abord et avant tout, je faisais ma méditation matinale et consacrais tout à ma Présence. Cette action faisait partie de mon rituel quotidien : que le jour puisse se dérouler parfaitement et que je puisse me rappeler que "partout où I AM, JE SUIS, mon Père, JE SUIS en Toi".

En fait, comme ma famille et mes amis les plus proches le savent, chaque fois que j'ai construit quelque chose, je m'arrêtais toujours avant et je m'harmonisais avec ma Présence, afin d'être capable de "voir" comment le projet de construction devait se dérouler. Souvent, dans les premières années, je n'avais pas le moindre indice quant à la façon dont j'allais faire quelque chose, sauf en lisant un article bref dans un magazine ou dans un livre. Il n'y avait pas d'Internet instantané à l'époque, où l'on pouvait obtenir des instructions détaillées, y compris des vidéos, sur n'importe quoi.

Aussi, tandis que je construisais la maison, le système hydroélectrique, puis la grange, et toute autre chose depuis, j'écrivais fréquemment les mantras, des prières et l'Om sacré, et la date et peut-être quelques mots sur les planches tandis que je les clouais. Alors que j'écrivais les mantras, je faisais une pause au milieu d'une activité de construction, laissant même mes amis ou ma famille en suspens et attendant une directive de ma part ou que je continue à faire quelque chose, et j'entrais dans cet état d'harmonie intérieur avec ma Présence.

En m'arrêtant ainsi, je devenais conscient du flot de Lumière et de Paix. J'écrivais alors le mantra sur n'importe quelle planche qui était proche pour y ancrer la Présence au niveau physique. Je faisais cette harmonisation dans tout ce que j'entreprenais, y compris en travaillant sur le déboisement des arbres, l'aménagement paysager et la conception des étangs et des jardins qui maintenant entourent la maison. Je partageais cette activité avec ma famille, mes enfants, pour qu'ils connaissent les avantages multiples d'une telle pratique.

Pour moi, ce processus d'harmonisation a commencé consciemment au début de la vingtaine. C'est peut-être quand je suis sorti de l'armée et que je savais que je devais faire quelque chose que je ne savais pas faire, comme vivre ma vie dans un endroit qui n'avait pas de sens pour moi. Cet esprit de pause pour faire l'harmonisation a grandi et grandi jusqu'à ce qu'il devienne une pierre angulaire de ma vie, dans mon approche de toute activité nouvelle ou même rudimentaire de mon travail quotidien. Cette action a commencé à prendre une dimension entièrement nouvelle lorsque je suis parti pour la quête, puis elle s'est considérablement accélérée en Israël, dans mes premières méditations sur le sens de tout, et les enseignements de Jésus dans l'Évangile du Verseau.

Ma compréhension de ce processus a atteint de nouveaux niveaux, tandis que je commençais à comprendre le concept du Karma Yoga, l'Union avec le Divin à travers le travail et tous les aspects de sa vie. Je me souviens que l'on m'a dit, dans l'Himalaya, que chaque bâtiment, chaque temple de pagode, chaque monastère est construit avec un défaut évident, comme un rappel à tous que seul le Bouddha est Parfait. Chaque fois que j'étais entré dans une nouvelle terre, un nouveau pays, une nouvelle cité ou une nouvelle ville que je visitais ou que je traversais, cet esprit de faire l'harmonisation d'abord me remettait dans le courant de ma Présence et donnait le ton de ce que J'étais sur le point d'expérimenter dans ce nouvel emplacement, cette nouvelle activité ou cette nouvelle expérience.

Maintenant, à partir du "point de vue" de ma soixante-deuxième année dans cette incarnation, et en tant qu'étudiant du Chemin pendant de nombreuses décennies, il y a beaucoup de science dans cet acte de faire l'harmonisation que je tâcherai de partager ici à mesure que nous nous allons entrer dans la phase suivante de ce récit. Parfois, Jésus est cité comme ayant dit : "Là où se trouve ton cœur, là est ton trésor". C'est vraiment une action de la grande Loi du Karma, bien plus que la convention : "si tu fais quelque chose de mauvais, cela te reviendra et te mordra", etc.

Les Grandes Lois qui Gouvernent Tout

Pour comprendre ces Grandes Lois qui régissent à peu près tout, il faut poser ici des bases. Ce qui suit n'est pas une nouvelle information, mais une synthèse de ce que les Grands Maîtres ont enseigné pendant des millénaires. Alors que les grandes religions du monde étaient basées sur la vie et les enseignements de ces Grands Maîtres (Jésus, Bouddha, Krishna, Moïse, Zarathoustra, etc.), dans de nombreux cas, ces enseignements ont été obscurcis par de nombreux siècles de dogme.

En raison de l'approche du nouvel âge de l'illumination au cours des 140 dernières années, les Grands Maîtres qui composent la Fraternité de Lumière ont travaillé avec des individus et ont parrainé des organisations pour compiler et publier ces Grands Enseignements pour l'accélération de l'humanité. Avant cela, ces enseignements n'étaient disponibles que pour les initiés des écoles de mystères qui atteignaient un certain niveau de réalisation et pouvaient aller dans les Retraites des Maîtres avec leurs corps spirituels.

Certaines des sources les plus connues de ces enseignements, chacune avec des Messagers qui ont apporté l'enseignement des Maîtres Ascensionnés pour leur temps, sont venues du travail de la Société Théosophique (années 1880—1900), L'Activité du I Am (1930), Le Pont de la Liberté (1940), Le Phare du Sommet (1960—1980), et maintenant, l'étape suivante dans le travail de la Fraternité, Le Temple de La Présence dont la dispensation a été donnée en 1995.

Les Enseignements des Maîtres

Il y a très, très longtemps, la Chute de la Grâce s'est produite. Ce n'était pas Adam et Eve expulsés du jardin d'Eden (bien que la Genèse décrive cette Chute de manière symbolique). Il s'agissait du choix par libre arbitre de l'humanité sur une longue période à travers de nombreuses incarnations, de permettre à leur attention de se concentrer davantage sur le monde matériel et physique, et de moins en moins sur leur Source Divine qui est individualisée en tant que Présence unique de chacun. Les récits de grands déluges qui apparaissent et réapparaissent dans la plupart des cultures anciennes (l'Arche de Noé, l'Atlantide, la Lémurie et Gilgamesh) sont des souvenirs culturels vagues des enregistrements des conséquences de la Chute qui a eu lieu pendant des dizaines de milliers d'années.

Des récits divers de la Chute et de civilisations anciennes ont été transmis par les Grands Maîtres au cours des 120 dernières années. La plupart des personnes connaissent l'Atlantide, dont la destruction finale (selon ces sources ésotériques) s'est produite il y a environ 15.000 ans. Les restes (survivants et hauts prêtres) de la culture atlantidéenne ont construit les grandes structures mégalithiques répandues dans le monde—les pyramides et les immenses structures de pierre en Amérique du Sud qui sont si complexes et énormes que la technologie actuelle ne peut pas les reproduire. Cependant, il y a des indications qu'il y avait une autre grande culture qui était chronologiquement beaucoup plus proche de la période réelle de la Chute. C'était la Lémurie ou le continent de Mu. Il y a beaucoup plus d'écrits sur les premières civilisations de l'humanité, par rapport à la chute, qui est contenue dans de nombreux écrits théosophiques, et dans les Livres du I AM par Saint Germain. (Pour plus de références, il y a une liste de lectures recommandées à la fin de ce livre.)

Dans cette prochaine phase du récit où des événements encore plus dramatiques se produisent, il est utile de transmettre un aperçu des fondements et des principes fondamentaux de ces Grandes Lois, ces sciences sacrées, car c'est comme cela que ceci m'est arrivé.

L'incarnation physique de chaque vie suivante n'est que le processus d'apprentissage, par lequel chacun (l'Individualisation de notre Source Divine unique, I AM, JE SUIS) est projeté, dans chaque incarnation, dans ce monde physique le plus extérieur. Ainsi, dans chaque vie, l'individu acquiert plus d'expérience, plus de maîtrise, par la compréhension et la vie selon les Grandes Lois de la vie.

Finalement, grâce à une action juste, la limitation des modèles karmiques s'effectue au fur et à mesure que l'individu se déploie, peut-être se développe est un meilleur mot, dans de nouvelles Opportunités et de plus hauts niveaux de Totalité par lesquels sa vie devient plus complète, plus riche, plus harmonieuse et plus aimante. Par ce processus d'éveil, on développe la maîtrise qui est son don unique, sa note clé, qui est le sien, le seul don à la Vie. C'est le Dharma sacré (son Plan Divin ou sa raison d'être) que chacun apporte dans la grande symphonie de la Création.

La Présence Individuelle I Am projette une émanation ou un rayon, descendant le long du Cordon de Cristal et l'ancre dans la Tri-Flamme du Cœur (la Divine Étincelle d'Amour, de Sagesse et de Pouvoir, contenant la nature trinitaire de notre Divinité). Elle descend à travers les divers plans de la vie, magnétisant la substance de ces plans autour d'elle, de sorte que le Divin, comme le I AM individualisé, peut s'exprimer dans ces mondes à travers ses quatre corps inférieurs : le corps de Mémoire, où habite l'âme entre 2 incarnations, du mental, de l'émotionnel et enfin, dans le monde physique. Cette Tri-Flamme est l'étincelle de la vie, allumée dans le plan physique, à la conception.

Avant la Chute de l'Homme, en pleine conscience extérieure de la Présence Individualisée, I AM, JE SUIS, les Fils et les Filles de Dieu incarnés n'étaient pas confinés aux limitations que nous avons maintenant. Tout ce que l'on souhaitait était immédiatement précipité de la Mer Universelle de Vie (la Substance Divine d'où provient toute Création à la demande de la Présence I Am, Je Suis).

La Corde de Cristal qui transmet et maintient la Tri-Flamme, par laquelle l'Individualisation de la Présence I Am crée ces véhicules extérieurs (encore les corps de mémoire, du mental, de l'émotionnel et du physique de l'homme) était beaucoup plus large avant la Chute qu'elle ne l'est, actuellement, pour l'homme moderne, un fil mince de tulle pour la plupart. Cela permettait une plus grande transmission de la Totalité de la Présence dans les mondes extérieurs. (Malheureusement, cet Amour, Sagesse et Pouvoir de la Substance de Dieu ont été abusés par le libre arbitre de la personne incarnée et les Lois du Karma et de la Miséricorde ont dicté que la corde de cristal serait réduite.)

Un exemple : Ce qu'avait accompli Jésus dans son incarnation victorieuse, il y a 2000 ans, a été amené en partie grâce à la Corde de Cristal et la Tri-Flamme amplifiées de Jésus, de sorte que le plein pouvoir de son Père, sa Présence I Am, Je Suis, pouvait venir faire ce travail parfait. Les propres mots de Jésus décrivent ce processus en parabole qu'il devait utiliser à cette époque "A celui qui a fait, il lui sera donné plus; à celui qui ne l'a pas fait, il lui sera enlevé". Tandis qu'on avance sur le Chemin, la Corde de Cristal qui soutient et maintient la Tri-Flamme dans le monde physique se développe, habilitant l'individu à être plus l'être Divin en action ici-bas, encore une fois : tout comme Jésus l'a démontré.

La taille de la Corde de Cristal et de la Tri-Flamme est déterminée par ses actions précédentes et est directement liée à ses expériences durant sa vie. L'enregistrement karmique des choix faits avec libre arbitre de l'utilisation de la Substance Sacrée de Dieu, par les pensées, les sentiments, les paroles et les actes, contraint les circonstances de la renaissance dans chaque incarnation et détermine directement les opportunités (ou, malheureusement, son absence) qui se déploient tout au long de sa vie.

Le but sacré de ce processus est le moyen par lequel chaque propre Presence I Am acquiert plus d'expérience, gagne plus de maîtrise et devient plus le Divin incarné dans chaque vie successive. Grâce à ce processus du déploiement de sa Note-Clé Divine, chacun forge et redonne ensuite à la vie ce Travail spécial, ce Cadeau spécial, ce Service spécial, que seule cette individualisation spécifique de la Présence I Am peut manifester dans toute la Création. C'est ainsi que la Présence Individualisée I Am forge et contribue par son unique Note-Clé à la grande symphonie de la Création en constante expansion.

C'est ainsi que le Grand I AM, JE SUIS Celui que JE SUIS, crée toujours, permettant toujours à plus du Divin de s'exprimer, pour l'Amour et par Amour, dans les étendues infinies et intemporelles de la Perfection et de la Majesté de toute la Création. L'aboutissement de ce long processus d'incarnations physiques est ce que Jésus est venu démontrer il y a 2000 ans dans son grand ministère public et par son exemple : La réunion avec sa Source Divine, la Présence I Am, qu'il a démontrée dans son Ascension publique.

Ainsi, avec le cadre ci-dessus établi, l'acte de s'arrêter avant toute activité pour se rappeler et rétablir le flux de lumière et de paix de sa Présence, est un acte producteur de karma, tout comme tout ce que l'on fait dans la vie. Cependant, dans ce cas, c'est du "bon karma", contribuant à inverser le long et lent processus de la Chute, au lieu de continuer dans le Samsara (comme mentionné précédemment, un mot Sanskrit très approprié signifiant le monde extérieur de l'illusion dans lequel la plupart de l'humanité vit, apparemment inconscients pour la plupart, de la grande Loi du Karma). Dans cet état de Samsara, l'humanité ressemble beaucoup à des marionnettes qui sont contrôlées par les ficelles des événements et décisions passés, les effets que chaque individu met en mouvement dans sa vie actuelle et ses vies antérieures.

Cette tapisserie de la manifestation du karma fonctionne à l'échelle des personnes, des groupes, et même plus largement aux niveaux culturels, de sorte que les mêmes groupes et la même dynamique des gens reviennent encore et encore, vie après vie, pour équilibrer le karma négatif qu'ils ont créé. Ils viennent aussi, espérons-le, pour créer des actions karmiques positives qui bénissent la vie conduisant à l'éveil progressif et au souvenir de sa propre Source Divine. C'est ainsi que l'Age d'Or arrive par ce processus d'éveil conscient de l'humanité.

Chaque action, que ce soit une pensée, un sentiment, un mot ou un acte, dans laquelle on se permet de participer, renforce les momentum positifs, neutres ou négatifs. Parce que toutes les actions émanent de leur créateur selon le pouvoir émotionnel avec lequel elles ont été autorisées à se produire, elles recueillent plus de cette énergie dans l'Univers et elles reviennent à l'émetteur multipliées.

Malheureusement, pour la plus grande part de l'humanité, surtout maintenant dans notre culture, au rythme rapide, inconsciente, ce processus sacré pourrait tout aussi bien être un conte de fées, ou un faux mirage de physique quantique avancée. Ce n'est pas compris, mais les fruits de ces actions sont très certainement compris lorsqu'ils influent sur la qualité de la santé, de son tempérament, de son bonheur ou de son confort dans sa vie et à l'échelle planétaire.

Retour au Plan Physique

Maintenant, avec le canevas décrit précédemment, je retourne au plan physique et dans l'ordre chronologique du récit.

Le 17 août 1977, j'ai acheté le terrain au Vermont et, le lendemain, l'ancien propriétaire a commencé à construire la route et le magnifique pont en pierre et en acier qui faisaient partie des conditions de vente et des négociations. Au début de septembre, j'ai commencé à dégager les arbres sur une zone enchantée installée sur une colline avec vue sur le sud. Cet endroit avait un tel sentiment de paix et un tel parfum magique qui imprégnait la zone à chaque fois que je la parcourais. Je me reposais ici en méditation et le temps s'arrêtait, apaisé par la douceur des ruisseaux et la brise dans les arbres.

Après avoir étudié la conception des maisons passives et solaires, j'ai dessiné les plans de ce que ressemblerait cette maison. J'embauchais, pour quelques mois, un ami qui était un bâtisseur pour m'apprendre à construire et, ensemble, nous avons commencé à construire cette maison fin septembre. Avec l'aide d'amis, de membres de la famille, et d'énormes fêtes de travail le week-end, moments très merveilleux et productifs, le processus de construction s'est déroulé rapidement. Pendant ces week-ends, mes parents installaient un gril et cuisaient pour la communauté qui comptait parfois une douzaine de personnes ou plus. C'était littéralement un groupe de travail de famille et d'amis proches. Avec ce type de soutien, nous avons pu entrer dans cette maison au début du mois de janvier 1978.

La toute première pièce que j'ai terminée était la tour de méditation. Cette pièce du 2ème étage a un balcon donnant sur les montagnes au sud et c'est là que toutes mes journées commencèrent et finirent (Jusqu'à ce que, de nombreuses années plus tard, j'aie construit d'autres espaces sacrés dans cette maison et sur cette terre). Il n'y avait pas de service public pour l'énergie, donc j'avais un groupe électrogène qui chargeait une batterie pour l'électricité, un poêle à bois pour la chaleur, et un gros vieux camion avec une charrue pour maintenir tracée l'allée d'un kilomètre cet hiver (Cela en soi était une corvée car nous avions, ici, beaucoup plus de neige dans ces premières années que nous n'en avons maintenant).

Au cours de l'été 78, après de nombreuses recherches, j'ai commencé à construire un système hydroélectrique à haute tension pour alimenter la propriété (comme décrit précédemment dans ce livre). Sans entrer dans beaucoup de détails techniques ici, j'ai fait les mesures de la chute et de l'écoulement du ruisseau pour déterminer la taille du système hydroélectrique. J'ai organisé la construction pour loger une turbine en acier, la roue Pelton (une roue en aluminium avec des godets autour du bord que les jets d'eau frappaient et faisaient tourner l'axe et le générateur). En même temps, j'ai commencé à travailler sur la construction d'un petit barrage de 75 centimètres de haut à travers le ruisseau qui alimenterait l'eau dans la conduite forcée, la conduite de 15 centimètres qui parcourait 300 mètres en aval et chutait sur son cours d'une hauteur de 30 mètres, créant une quantité énorme de puissance.

Ma maison était loin d'être terminée, mais j'étais aussi très fatigué de faire fonctionner le générateur pour charger la batterie, alors la construction du système hydroélectrique était devenue une priorité absolue. L'ensemble du processus de construction a été éprouvant. J'ai conçu le barrage pour être le moins gênant pour le flux et l'apparence du ruisseau (avec un mètre de hauteur, il ressemblait à une autre cascade, et il fallait l'examiner de près pour voir qu'il était en béton). Le long pipeline était une épreuve. Je voulais qu'il soit enterré dans la forêt afin de ne pas enlever la beauté étonnante de ce ruisseau clair et montagneux. Cela a entraîné le déblais d'un chemin de six mètres de large par 300 mètres de long à travers la forêt le long du ruisseau avec ma scie à chaîne, coupant et empilant tous les arbres afin qu'un petit tracteur à chenilles puisse passer pour creuser la tranchée et enterrer le pipeline.

Dans ce processus, bien sûr, nous avons heurté le bord de la roche, aussi nous avons dû exploser fréquemment la roche. Cela a consisté à traîner de gros compresseurs pour alimenter les perceuses pneumatiques qui ont percé la barrière pour créer des trous pour la dynamite. Enfin, après le travail acharné d'un été, le barrage et le pipeline ont été construits, et la maison de la turbine était en place au bas du pipeline.

Ce fut un moment très magique lorsque j'ai ouvert pour la première fois les vannes pour alimenter l'eau dans la turbine et l'ai regardé accélérer pour atteindre sa vitesse et commencer à générer de l'énergie. Nous avions des appareils radios bidirectionnels afin que mon ami ingénieur qui était à la maison à un kilomètre puisse surveiller l'électricité à la sortie et faire des ajustements sur le système de charge de la batterie. C'était un système très brut mais très efficace qui fut ma seule source de puissance pendant plus de 15 ans.

Il y a un vieux dicton que vous ne possédez jamais une maison, c'est la maison qui vous possède. C'est encore plus vrai quand vous avez un morceau de terrain. Il y a toujours 101 choses dont il faut s'occuper. Je me souviens bien de l'expression de mes parents, de mes frères, de mes sœurs et de mes amis quand ils sont venus visiter (en fait travailler) ces premières années et vu le travail à accomplir, celui de sculpter la forêt dans la montagne pour y construire une maison. Chaque jour commençait et parfois se terminait dans la tour de méditation, c'est ici que j'ai eu mes consignes pour la journée, que l'élan et la guidance me sont venus. Jour après jour, semaine après semaine, mois après mois et année après année, un monde entre ciel et terre fut créé. Les ruisseaux, les chutes d'eau et les trous de baignade incroyablement beaux qui s'écoulent toujours, parfois se déchaînant avec leur eau claire, étincelante et super-oxygénée, donnent le ton pour le déploiement de cette propriété et de ce qui devait s'y produire.

Après la construction du réseau hydroélectrique, le projet suivant était la construction d'une large grange. Les poteaux et les poutres pour l'encadrement venaient, recyclés d'une ancienne grange et les planches utilisées pour le revêtement provenaient d'arbres abattus sur ce terrain que j'ai crénelé. Maintenant, nous avions un endroit pour stocker l'équipement et préserver les véhicules de la neige en hiver. Peu à peu, j'ai éclairci la forêt autour de la maison et j'ai commencé à voir le potentiel de ce qui pouvait être amené. En 1982, avant l'arrivée de ma fille, j'ai défriché plusieurs hectares et j'ai construit un grand étang pour que ma fille ait un autre endroit pour jouer et apprendre à nager. Je n'avais pas réalisé à cette époque combien la création de cet étang deviendrait un point crucial dans les années qui suivirent.

13 ~ Une Direction Différente

Ce récit se tourne maintenant dans une direction différente. J'ai cherché à peindre une image du désir d'un garçon de comprendre le monde dans lequel il vivait : une direction se déployant si puissamment qu'elle écrasait toute complaisance et la sorte de confort des amis et de la maison, ce qui l'a entraîné aux quatre coins du monde dans une recherche du fil de la signification de tout cela. J'ai essayé d'effleurer ici la lutte, l'accélération, le déploiement continuel et la merveille incompréhensible du souvenir intérieur de la Présence Divine I Am, Je Suis, qui a été expérimenté tout au long de la quête et après.

J'ai effleuré brièvement combien il était terriblement difficile de revenir en Occident et de résoudre comment vivre la vie que je connaissais maintenant, comme un étranger dans un étrange pays. "Un poisson hors de l'eau" c'est à propos, mais alors, comme je l'apprenais par mon immersion dans les Enseignements des Grands Maîtres, le but entier de l'exercice de l'incarnation était, et est, de devenir les Enseignements. Transmuter les sédiments de la conscience de la Chute de la Grâce. Pour équilibrer les couches de karma de centaines de vie qui obscurcissent le rayonnement, la mémoire même, et donc le mandat du Divin I AM, Je Suis, intérieur.

J'ai décrit comment la solution à cette énigme était, pour moi, de trouver un terrain sur lequel je pourrais construire une vie consacrée, un véritable abri de la tempête du Samsara. J'ai toujours été une personne physique très forte. Je savais que j'aurais besoin de rappels forts et constants de la gloire de Dieu à mon propos si je voulais pouvoir l'arrêter et ne pas être entraîné dans les profondeurs de la matérialité. La création de cette propriété a permis cette ligne de vie. Après tout, en dehors de la beauté de la nature tout autour de moi, partout où je regarde, il y a quelque chose qui a été construit avec des mantras sacrés inscrits dessus. Donc, même si j'oublie, je me rappelle la charge de Paix de cet enregistrement.

Nous passons rapidement à travers les années d'aviation professionnelle, de l'ingénierie initiale et de la construction de la propriété, toutes venant dans l'atmosphère décrite précédemment dans le cadre de mes méditations quotidiennes et de l'immersion continue dans les Enseignements des Grands Maîtres. Maintenant, vous avez vu comment les pièces disparates et les rêves d'une telle vie se sont réunis sur le plan physique, produisant un environnement propice au déploiement progressif détaillé ici.

La Fraternité en Amérique

C'était environ à la fin des années 70 ou au début des années 80 que, dans une librairie à Brattleboro, dans le Vermont, un livre sembla sauter de l'étagère pour atterrir dans mes mains. Le graphisme de la couverture était captivant : une sorte de cérémonie sacrée dans une pyramide égyptienne, et le titre, Dossier sur l'Ascension, par Sérapis Bey, était très intrigant. J'étais immédiatement conscient qu'il y avait dans ce livre une vibration particulière qui était similaire aux livres d'Aurobindo. Je me rappelle avoir été presque exalté en commençant à le lire, de découvrir quelque chose avec cette vibration originaire d'Amérique. Le livre était à propos des grands Maîtres Ascensionnés, Sérapis Bey étant l'un d'entre eux, et leurs activités en travaillant avec l'humanité, en particulier avec ceux qui sont dans le processus conscient de faire le Chemin.

Il y avait, dans cette matière, une qualité différente par les Grands Maîtres. C'était frais, c'était actuel, ce n'était pas écrit dans le goût du matériel théosophique datant d'un siècle plus tôt. J'étais conscient de la pression de la Lumière s'écoulant de ma Présence pendant que je lisais. Je réalisais que les mots transmettaient une autre action que je pouvais percevoir en moi, c'était presque comme un deuxième dialogue en cours pendant que je lisais. Il y avait un sentiment de joie, de paix et de connexion. J'ai appelé par la suite la librairie et j'ai demandé s'ils avaient d'autres titres du même auteur ou du même éditeur (Le Phare du Sommet).

Il y avait quelques affirmations très puissantes dans ces livres que, lorsqu'on les lisait, et encore mieux lorsqu'on les exprimait à haute voix, produisaient une plus grande accélération. Je les ai incorporés dans mes méditations quotidiennes et j'ai été étonné des résultats. Quelque chose se passait ici qui était à la hauteur de ce qui s'était passé dans l'ashram en Inde plusieurs années plus tôt. Il y avait de l'électricité. Il y avait un nouvel élan. Plus encore, ce que je lisais me semblait extrêmement familier, comme si je connaissais déjà toute cette substance, comme je connaissais déjà ces Maîtres. J'ai acheté un autre livre que le magasin avait, celui-ci, Les Etudes de l'Aura Humaine, et je savais que de grands changements surviendraient. Il y avait une affirmation dans ce livre écrit par le Maître Ascensionné Kuthumi (qui, je l'ai appris par la suite, était dans une vie antérieure Saint François d'Assise, ainsi que le Shâh Jahân, le constructeur du Taj Mahal) qui m'a profondément touché. J'inclus celle-ci et d'autres dans ce récit parce que, tandis que le lecteur met son attention avec libre arbitre sur ces mots, pour les raisons décrites précédemment, il y aura une accélération qui, une fois commencée, ne se termine jamais. Voici "I Am, Je Suis la Lumière" de Kuthumi :

> I AM, JE SUIS lumière, lumière incandescente,
> Lumière rayonnante, lumière intensifiée.
> Dieu consume ma noirceur,
> La transmutant en lumière
>
> En ce jour, I AM, JE SUIS le focus du Soleil Central.
> Me traversant, il y a une rivière de cristal,

Une fontaine vivante de lumière
Qui ne peut jamais être qualifiée
Par la pensée et le sentiment humains.
I AM, JE SUIS un avant-poste du divin.
Une telle obscurité qui m'a utilisé est engloutie
Par la puissante rivière de lumière que, I AM, JE SUIS.

I AM, I AM, I AM, JE SUIS lumière;
Je vis, je vis, je vis dans la lumière.
Je suis la plus grande dimension de la lumière;
Je suis la plus pure intention de la lumière.
I AM, JE SUIS lumière, lumière, lumière
Inondant le monde partout où je vais,
Bénissant, renforçant et transmettant
Le but du royaume des cieux.

Copyright © Le Phare du Sommet

En lisant ces mots, la charge de la Lumière en eux était si tangible, qu'elle m'a propulsé dans la méditation. A partir de ce moment, la récitation de ces affirmations est devenue le point central de ma méditation dans lequel j'ai pu laisser faire plus complètement, la navette d'amour, de mon cœur à mon Père pour toutes les bénédictions de cette vie, semblait des plus complètes. Au milieu de cet amour émergeant, il y avait souvent une charge, une poussée d'électricité (par manque d'un meilleur mot) émanant de ma couronne ou de la zone de mon cœur qui s'étalait pour envelopper mon corps physique et que je suis venu à associer à la descente de la Lumière de ma Présence. Cela se produisait immédiatement après que je sentais mon cœur déborder d'un amour et d'une gratitude infinis envers mon Père.

Ces deux titres du Phare du Sommet contenaient plusieurs de ces affirmations (décrets). Toutes produisaient une action subtile et intérieure qui était la plus propice à mes méditations lorsqu'elles étaient récitées intérieurement. Quelque chose se passait définitivement ici qui était tout à fait extraordinaire. J'ai lu et relu ces livres, buvant les paroles des Maîtres et les "formes pensées" qu'elles peignaient dans mon esprit.

La Science de la Parole Décrétée

Tout au long de l'histoire des premières civilisations, le son a été une partie intégrante de l'expression spirituelle. Même les racines des religions judéo-chrétiennes ont utilisé le récital de la prière prononcée et les chants rythmés comme aspect fondamental de leurs exercices. Partout en Orient et en Occident, toutes les anciennes cultures ont utilisé des chants dans leur application religieuse.

Lorsqu'une personne commence le processus de l'éveil du long sommeil du temps, lorsqu'une personne, par les expériences de la vie, commence à sentir qu'il y a beaucoup plus à vivre que le prix médiocre servi par la culture dans laquelle elle vit, l'accélération commence. De temps à autre, de telles personnes commencent une recherche, une quête, pour découvrir la signification de tout cela. Tôt ou tard, suivant la pureté de leur aspiration et l'intensité de leur désir, ils entreront en contact avec un bras extérieur de la Grande Fraternité de Lumière. Au fur et à mesure que l'on progresse sur le Chemin de l'Eveil, il devient de plus en plus évident qu'il n'existe jamais une telle chose comme un accident ou une coïncidence. Tout se déroule selon les grandes et immuables Lois de la Vie, qui comprennent apparemment des "rencontres fortuites" avec d'autres personnes, d'autres expériences, etc., qui provoquent des événements qui changent la vie.

Lorsqu'une telle personne entre en contact avec les Grands Maîtres Ascensionnés, l'un des principaux exercices que les Maîtres encouragent afin d'aider l'éveil est la compréhension et la mise en œuvre de la Science de la Parole Décrétée. En effet, une encyclopédie entière ne décrirait pas entièrement le processus impliqué, car c'est l'activité principale, le moteur, de toute la Création. Mais ici, je vais essayer de donner un aperçu simplifié du processus.

13 ~ Une Direction Différente

Tout d'abord, l'aspirant doit comprendre que chaque pensée, chaque parole et chaque action qui découlent de la conscience d'un individu est un acte créatif de libre arbitre qui produit des ramifications karmiques dans la vie de l'individu. C'est un concept très difficile à comprendre pour la plupart en Occident. On ne leur a jamais enseigné qu'ils créent leur réalité par leurs pensées, leurs sentiments, leurs paroles et leurs actions qu'ils se permettent de manifester. On ne leur a jamais appris que même les pensées et les sentiments secrets sont des forces créatrices, et en tant que telles sont des actes karmiques, s'exprimant et attirant des énergies semblables, qu'elles soient sublimes et de la Lumière, ou négatives, chaotiques et dissipatrices.

La raison de cela c'est parce que nous sommes Dieu, issus de Dieu, en train de nous éveiller, de nous rappeler de notre propre Identité Divine. De toute évidence, ce processus est le processus de la Vie et, en tant que tel, il nécessite beaucoup, beaucoup, de vies pour le maîtriser. Les grands saints et les fondateurs de toutes les grandes religions du monde sont ceux qui, à travers de nombreuses vies, ont forgé leur propre identité Christique et se sont réunifiés avec leur Grande Présence de Dieu, I Am, Je Suis et, en tant que tels, sont devenus la plénitude que Jésus, Bouddha, Mère Marie, Kwan Yin et beaucoup d'autres ont démontré tout au long de l'histoire consignée et bien au-delà. C'est le droit de naissance, la destinée Divine, de chaque Fils et de chaque Fille de Dieu évoluant sur cette planète.

C'est à cause de cette Identité Divine latente au sein de chacun de nous que la Science de la Parole Décrétée est tout ce qu'elle est. Tandis qu'une personne entre dans cet exercice avec la compréhension naissante qu'elle est l'objet de sa propre Présence I Am, individualisée en Action dans ces mondes inférieurs, alors ces mots qui composent le décret dynamique, qui sont d'abord lus tranquillement (peignant des images dans l'esprit et les sentiments), puis prononcés à voix haute, vont se manifester dans le monde en tant qu'actes créatifs. En tant que tels, ce sont des actes karmiques qui produisent et attirent, à ces personnes, ces expériences comme fruits attirant les circonstances d'une même vibration, ajoutant ainsi davantage de momentum d'éveil.

En plus de ceci, parce que ces décrets sont inspirés par de grands Maîtres Ascensionnés, chaque fois que l'un d'entre eux est lu, pensé ou parlé, il se produit une connexion avec ce Maître qui peut multiplier le pouvoir de ce décret, ce qui rend l'activité de donner ces décrets encore plus puissante (en sanskrit, cette science est connue sous le nom de tratek). Grâce à cet exercice cumulatif, une purification de la conscience a lieu, produisant des niveaux croissants de perfection dans tous les aspects de sa vie.

C'est le travail sacré des Maîtres Ascensionnés (et il y en a d'innombrables) d'aider l'humanité pour le Grand Eveil. Donner ces décrets dynamiques tout au long de la journée contribue phénoménalement au développement, à l'éveil de la conscience de la Présence Christique de chacun, apportant l'harmonie, la perfection et la protection à l'individu engagé dans cet exercice et, selon la Volonté de Dieu, aux proches inclus dans les invocations de la personne.

Elargissons davantage ce concept : La différence qui sépare les prières à voix haute, les décrets et les chants prononcés dans les enseignements du Maître Ascensionné et expliqués au Temple de La Présence, par rapport aux prières religieuses et aux pratiques de l'Occident, est que, dans le premier cas, la personne est dans le processus de s'éveiller à sa Divinité intérieure, tandis que, dans le dernier cas, ils peuvent être sans cette complète compréhension. Tandis qu'on devient plus conscient, à travers cet exercice sacré, que l'on s'éveille à sa propre Présence I AM, les aspirations pures du cœur se développent. Un momentum est développé et les formes pensée sacrées qui sont représentées dans ces appels sont plus fortement visualisées. Elles sont propulsées plus rapidement dans une manifestation physique.

Ainsi, celui qui s'éveille est "tiré vers le haut par ses propres tirettes de bottes (ou oreillettes de bottes, voir sur internet)".

C'est à cause de ce processus sacré que tant d'aspirants connaissent si rapidement une énorme clarté, une guérison, un dessein divin et les joies qui accompagnent cet acte d'illumination fait par libre arbitre.

Enfin, sur ce sujet, soyez informé qu'une telle sorte de changement est toujours vécue, dans ce processus, lorsqu'une personne commence à s'éveiller. Après tout, dans de nombreuses vies, la limitation du Samsara a été le coût habituel pour la plupart des âmes incarnées. Alors, c'est comme prendre, pour la première fois, une douche ou un bain de Feu Sacré.

Chaque fois que vous vous engagez dans cette pratique, de plus en plus de substance karmique, qui s'est accumulée au fil du temps, est éliminée de votre être. Vous commencez à voir clairement, à agir clairement, et à aimer plus clairement, par, à travers et dans la Lumière de votre Présence I Am. Le but final de ceci est la grande Maîtrise que Jésus et tant d'autres ont démontrée au cours des longues époques de l'histoire de la Terre.

Comme je l'ai partagé au début de cette section, il s'agit d'un très bref aperçu de La Science de la Parole Décrétée. Une compréhension beaucoup plus complète sur ce sujet peut être extraite du livre du même titre, publié par Le Phare du Sommet, ou en écoutant l'un des nombreux discours et dictées publiés par Le Temple de La Présence. De plus, tout ce travail est destiné à servir d'introduction générale à la Fraternité de Lumière et aux Grandes Lois qui régissent tout. Pour ceux qui ont soif d'une plus grande compréhension et expérience de ce qui n'est que légèrement effleuré ici, intégrer le matériel, publié via le travail de la Fraternité au cours des cent dernières années et actuellement par Le Temple de La Présence, c'est le travail de toute une vie.

Une Comparaison

A présent, je souhaite utiliser une analogie que le lecteur puisse considérer. Si quelqu'un n'ayant pas eu l'habitude de s'exercer était tenu de courir ou de nager un kilomètre sans aucun entrainement préalable, il n'irait pas très loin. Le même concept serait vrai si une personne hautement éduquée était mise dans un pays étranger dont elle ne comprendrait pas la langue. Il en est ainsi pour beaucoup de personnes, encore complètement prises dans le monde matériel, et qui n'ont pas permis à leur esprit et à leur cœur de réfléchir sur les mystères de la Vie. Cependant, comme abordé précédemment, cette condition ne durera pas éternellement. Quelque part, à un moment donné, dans cette vie ou dans une future, les circonstances de la vie les pousseront à se réveiller et à chercher à comprendre, à se rappeler, ce qu'ils savaient autrefois mais qu'ils ont oublié. Il est toujours espéré que ce réveil sera motivé par les aspirations intérieures du cœur, plutôt que par les coups durs de la tragédie, en raison du retour du karma négatif, qu'il soit personnel, de groupe ou planétaire.

Les analogies ci-dessus sont utilisées afin que vous puissiez considérer que, comme toute chose dans le monde physique, un entrainement est nécessaire pour obtenir une maîtrise. Les livres qui sont référencés ici représentent la pression extérieure de la grande Fraternité de Lumière pour allumer le feu de la Mémoire Divine de l'humanité. Plus précisément, les concepts et les formes pensée véhiculés dans ces affirmations, ces mantras et ces décrets, tous inspirés par les grands Maîtres (incluant le Bien-aimé Jésus), sont conçus pour l'accélération et la purification des corps inférieurs (physique, mental, émotionnel et de mémoire) qui sont les quatre véhicules par lesquels notre Présence Divine a prévue de s'exprimer (et à acquérir une maîtrise de soi) tout au long de chaque vie.

Ce qui différencie ces affirmations et ces décrets (nous nous référerons à eux, par la suite, en tant qu'appels) de la conception Chrétienne de la prière, c'est que ceux-ci sont donnés dans la compréhension que le I Am, Je Suis, est vraiment la Présence Individualisée de Dieu en nous qui donne ce décret, ces fiats à toute Vie.

C'est le même JE SUIS Celui que JE SUIS qui a amené et maintenu toute Création. Plus on commence à saisir ce concept, plus ces appels deviennent puissants. Plus ils deviennent puissants, plus la purification et la transmutation des vieux enregistrements karmiques stagnants se produisent, tandis que les sédiments de karma mal qualifié pendant des vies sont brûlés dans le Feu Sacré ainsi invoqué.

Plus ces enregistrements sont transmués, plus la Lumière existante de la Tri-Flamme rayonne et permet à la conscience extérieure et à tous les aspects de sa vie de devenir de plus en plus en harmonie avec la Volonté de sa Présence. Il y a un entrain, une clarté et une force qui se prête à toutes les facettes de sa vie.

Les scories du physique deviennent plus raffinées et on commence à ressentir et peut-être voir l'action qui se produit à mesure que l'on s'engage dans les appels et les méditations. On commence à se rappeler, à avoir des expériences intérieures qui continuent à se développer avec la purification et l'application du Chemin. Au fur et à mesure que la purification et l'accélération se poursuivent et que la conscience s'éveillant est à nouveau dirigée vers le Divin intérieur, les mots que Jésus a dits prennent une nouvelle signification. "Les choses que j'ai faites, vous en ferez encore de plus grandes...". Le processus décrit ici est la mécanique de la Science Sacrée qui apparaît lorsque l'on est si complètement engagé.

L'expansion et la profondeur magnifiques de mes méditations se sont poursuivies alors que je commençais à comprendre de plus en plus ce qui se passait lorsque je donnais ces affirmations. Je m'asseyais en Silence pendant un certain temps en méditation, suivant les visualisations que j'avais apprises en Inde pour calmer l'esprit. A un certain moment de ce processus, quand j'ai senti l'amour de mon Père jaillissant de mon cœur, je me suis engagé dans ces appels. Cela s'est transformé en quelque chose de semblable à de l'exaltation alors que je m'approchais de cet état intérieur.

Le Contact avec les Maîtres

Je commence à partager le compte rendu suivant avec une certaine préoccupation qu'il n'est peut-être pas toujours approprié de partager de telles expériences personnelles et sacrées. Cependant, le but de ce travail entier est de fournir une explication du voyage extérieur et intérieur que j'ai parcouru et les événements remarquables qui ont eu lieu, de sorte que d'autres puissent se prévaloir de la même assistance, non seulement pour eux-mêmes, mais pour leurs proches et le monde.

Les rencontres avec les Grands Maîtres que vous allez bientôt lire ne me sont pas réservées, car j'en ai rencontré beaucoup d'autres au cours des décennies qui ont eu des expériences similaires et transcendantes avec les Grands Maîtres et leur propre Présence I Am, Je Suis. Ce qui est tellement important à remarquer ici, c'est que cela se poursuit aujourd'hui. Cela ne se limite pas aux événements d'une décennie ou d'un siècle plus tôt. Ceci est à la portée de tous. La seule exigence étant, comme Jésus l'a dit, "... la pureté du Cœur".

Un jour précieux, je me suis approché du point culminant de ma méditation dans la tour qui est la première pièce que j'ai terminée dans ma maison et qui a été conçue et utilisée uniquement pour la prière et la méditation. J'étais juste sur le point de réciter dans mon cœur le décret "I Am, Je Suis la Lumière" de Kuthumi. Il s'est alors passé quelque chose de merveilleux. J'ai ressenti l'afflux de joie électrique comme décrit précédemment, puis, en un éclair, tout mon être a commencé à vibrer à une fréquence très élevée et le Maître se tenait debout devant moi et m'a dit : "Dis-le avec moi maintenant, Gene".

J'ai récité ce décret béni avec le Maître. Tout mon être était chargé et vibrant avec une telle intensité de Lumière. J'étais conscient que plusieurs autres Maîtres m'encerclaient, également engagés dans cette action. Mes yeux étaient ouverts, le Maître devant moi était complètement visible, mais, faute d'une meilleure description de ce que je voyais, le Maître était composé de différentes graduations de Lumière.

Je n'ai jamais ôté mes yeux de ceux du Maître, mais dans ma vision périphérique, j'étais au courant des autres Maîtres qui se tenaient en cercle autour de moi. Lorsque le décret a été terminé, c'était comme si la lumière diminuait lentement et que le Maître était parti, même si mon corps a continué à vibrer, après, pendant un long moment. J'étais totalement empli d'émotion, de gratitude et d'indignité. Je me suis juste couché sur le sol de la tour de méditation essayant d'absorber et de traiter ce qui venait de se passer. Dans toutes les expériences mystiques qui se sont produites au cours des années, dont certaines sont racontées dans ce récit, je n'avais jamais eu l'expérience, entièrement consciente d'un Maître se tenant devant moi, avant ce moment.

Après quelques heures, je titubais dans l'énergie et l'excitation de l'événement et c'est alors, par ignorance et stupidité abjectes de ma part, que j'ai fait une erreur.

J'ai conduit jusqu'à la maison d'un ami cher et j'ai partagé l'expérience. Immédiatement j'ai senti la charge de l'événement diminuer. Je me suis rendu compte que j'avais fait une énorme erreur. Si j'avais été capable d'écouter clairement en moi, j'aurais su que j'aurais dû garder cet événement secret. Ce n'est que des années plus tard que j'ai appris la devise de la Fraternité de Lumière, "Savoir, Oser, Faire et Etre Silencieux". Donc, c'est une phrase pour les sages, pour tous ceux qui liront ces mots. Tandis que l'augmentation et l'accélération ont lieu dans votre vie, ne le partagez avec personne afin que l'alchimie sacrée puisse se déployer et faire son travail parfait, sans votre ego, ou les egos de ceux avec qui vous partagez l'expérience, dissipant la charge.

Les enseignements de la Fraternité ont continué à s'accélérer en moi alors que je traversais la vie. Je donnais souvent ces appels en volant en charters ou en donnant des instructions de vol au-dessus du nord-est des États-Unis. L'un des plus beaux aspects d'un pilote professionnel est que, après la concentration et l'activité intenses du vol en amont, du décollage et de l'établissement du tracé de la route de vol, il y a de longues périodes de temps où la charge de travail diminue et c'est une joie de regarder les cités, les villes et les campagnes passer sous vos ailes. C'est au cours de ces périodes que je donnais souvent ces appels, voyant la Lumière envelopper tout ce qui était sous moi.

(C'est des années plus tard que je me suis rendu compte que, lors d'un vol ou dans la montagne, l'application du feu sacré en soi est plus puissante parce que le poids de la pensée et du sentiment humain et discordant est beaucoup plus fréquent à proximité d'élévations inférieures, et dans et autour des villes).

De Nouveau une Intercession Divine

Quelques années plus tard, j'ai ressenti l'approche de la naissance de ma fille, et je voulais qu'elle ait de beaux espaces ouverts pour jouer et apprendre la vie. Avant sa naissance, j'ai nettoyé plusieurs hectares de terre adjacents à la maison et à la grange, et j'ai commencé à construire un étang. En m'arrêtant pour discerner le potentiel qui était ici, j'ai éclairci une grande partie du terrain qui était autrefois une forêt dense et marécageuse, en la transformant en zones aménagées et ouvertes, entourant le grand étang d'un demi-hectare.

13 ~ *Une Direction Différente*

Excavation de l'étang sur une surface de 40 ares et 6 mètres de profondeur.

Vue directe à travers l'étang jusqu'à la zone où le grand tracteur "John Deere 420" a roulé sur moi.

C'était un autre grand projet de construction que la famille et les amis ne pouvaient pas comprendre. Ce qui avait été une zone marécageuse, fortement boisée, a d'abord été transformé en plusieurs hectares boueux remplis de débris où les engins ont enlevé de grands arbres et des souches. Après plusieurs semaines, les débris ont été nettoyés, laissant un grand champ glissant et plein de boue. Ensuite, les machines ont commencé l'excavation, et des semaines plus tard, il y avait un immense trou au milieu du champ boueux. Ce n'était guère beau, mais je pouvais plus facilement voir son potentiel. Le trou s'est rempli de l'eau d'une douzaine de sources souterraines qui ont été découvertes et d'un petit ruisseau que j'ai dirigé vers lui. J'ai ensuite commencé à façonner et à aménager le paysage de la zone dégagée autour de l'étang avec mon tracteur.

Alors qu'un jour je m'étais engagé dans ce travail, je conduisais mon gros tracteur le long de la rive de l'étang quand soudain, comme si un géant l'avait lancé, le tracteur s'est retourné sur moi dans l'étang. J'ai des réflexes très rapides (Vous devez en avoir si vous souhaitez survivre en tant qu'instructeur de vol lorsque vos élèves essaient de vous tuer). Instantanément, j'ai su que je devais sauter du siège, ou sinon le tracteur me clouerait sous l'eau en me roulant dessus (ce n'est pas une bonne façon de partir). Mais en sautant du siège, mon épaule d'abord, puis tout mon corps s'est retrouvé sous l'eau, avec cet immense tracteur John Deere, muni de son chargeur et de son râteau, qui me roulaient dessus.

A l'instant suivant, il y eut une explosion de Lumière et je me tenais debout sur un grand rocher qui était placé au centre de l'étang en forme de cœur. J'étais debout sur ce rocher avec mes mains élevées en prière, tout mon corps vibrant à une fréquence si élevée, semblable à ce qui s'était passé dans la Présence du Maître quelques années auparavant. Totalement détaché, d'une voix pleine et très puissante, je me suis entendu dire : "Merci Père, Merci Père, Merci Père."

Ma voix a retenti en écho à travers tout l'étang, à travers les grands arbres forestiers qui entouraient l'étang et à travers les montagnes au loin. Mon corps resplendissait, brillait et vibrait tellement intensément (je me souviens que je pensais avoir été frappé par un éclair de la Lumière blanche qui était partout autour de moi).

Dans la paix profonde, du point de vue de l'Observateur que je connaissais si bien, j'ai regardé où était mon tracteur; il était à environ quarante mètres de là. Seul le sommet du silencieux de l'échappement vertical était hors de l'eau (Le silencieux était à plus de deux mètres trente de haut). Le tracteur avait roulé au moins deux fois sur lui-même et était complètement immergé dans deux mètres d'eau, dressé sur le fond de l'extrémité de l'étang.

Avec émerveillement, j'ai regardé mes mains et j'ai remarqué qu'elles brillaient d'une Lumière blanche. Avec mon corps, vibrant encore entièrement à une fréquence aussi élevée, j'ai commencé à comprendre la portée totale de ce qui s'était passé. J'avais été déplacé de dessous le tracteur. Un Eclair de Lumière de la Grâce de Dieu m'avait transporté, m'empêchant d'être coincé et écrasé au fond de l'étang sous le tracteur de plusieurs tonnes, alors qu'il roulait encore et encore. J'avais été, dans ce grand éclair, transporté à ce rocher, à quarante mètres de là, situé au centre de l'étang en forme de cœur, me tenant debout en prières et actions de grâces, sans savoir consciemment comment j'y étais arrivé. J'étais, dans cette rencontre proche de la mort, complètement confondu et profondément humble devant cette extension de la Grâce Divine qui venait de me sauver la vie.

Je me souviens d'avoir parcouru le terrain, peut-être flottant au-dessus du terrain, jusqu'à ma maison à cent mètres de là, et entrer chez moi. Ma fille, juste un bébé, sa mère ne faisant même pas de commentaires sur mes vêtements trempés et humides, disant juste quelque chose comme : "Mon Dieu, tu es embrasé d'une lumière blanche ..."

Une connaissance avec de l'équipement lourd a pu retirer mon tracteur de l'étang. Il a fait un commentaire "ce n'était pas ton moment pour partir". Mon cher ami Elwood Babbitt (le médium clairvoyant en transe mentionné plus haut dans ce récit) a simplement dit avec un sourire "Ils t'ont déplacé". Encore une fois, j'ai eu le sentiment d'un rendez-vous que je devais garder, mais cela semblait très loin. Je savais très bien que j'étais protégé pour quelque chose que je devais faire.

La Bien-Aimée Mère Marie

Comme indiqué précédemment, j'ai lu, au cours des dernières années, plusieurs livres écrits et publiés par Le Phare du Sommet et contenant les enseignements des Maîtres Ascensionnés. Un jour, j'ai reçu un dépliant par la poste indiquant qu'il allait y avoir un séminaire à Washington. Ayant lu leurs livres et incorporé, dans ma pratique quotidienne de méditation, les appels merveilleux et puissants, j'étais très intéressé d'en savoir plus sur cette organisation.

J'ai volé dans un petit avion pour Washington, arrivant à l'hôtel juste à temps pour la première session du soir. En entrant dans la zone de conférences du Hilton qui était le lieu du séminaire, j'étais conscient d'un courant précis d'électricité spirituelle dans l'atmosphère. Il y avait quelques centaines de personnes à l'écoute d'une femme qui parlait des Maîtres. Elle était passionnante et claire et j'ai rapidement été pris dans le flux de ce qu'elle exprimait.

Les enseignements étaient simples et en même temps profonds. C'était le même type de substance avec laquelle je m'étais familiarisé au cours des dernières décennies dans divers ouvrages décrivant le travail des Grands Maîtres de la Fraternité de Lumière. Il y avait une exaltation palpable dans l'air et l'énergie a continué à grandir de plus en plus. Je me souviens, à un moment donné de cette séance d'ouverture, que je me demandais pourquoi il y avait des projecteurs de couleurs différentes sur elle pendant qu'elle parlait, et puis j'ai réalisé que ce n'était pas des projecteurs colorés, mais des aspects de son aura que je voyais.

Je n'avais jamais vu auparavant d'auras comme cela, mais je voyais cela maintenant et c'était fascinant. L'énergie a continué de monter de plus en plus haut, la Messagère (comme on l'appelait), Elizabeth Clare Prophet, parlait maintenant de Mère Marie, son discours était intercalé par les plus belles chansons et ces appels merveilleux, puissants et rythmés auxquels tous dans l'auditorium se joignaient. De toute évidence, contrairement à moi, la plupart des personnes qui assistaient étaient très familières avec ce qui se passait ici.

J'étais maintenant dans un nouveau territoire. C'était en dehors de mon expérience. J'étais conscient de l'énergie et de la charge de la Lumière qui s'augmentait et je pensais que quelque chose allait être donné. La pression de la Lumière et de l'Amour a continué à croître en moi. C'était intense et le devenait de plus en plus. J'étais à environ dix mètres de la plate-forme où la Messagère était située. Quand elle eut fini son discours une très belle musique commença à jouer. Il y avait une attente solennelle dans l'air. Grâce au jeu de cette magnifique musique, l'énergie dans la pièce changea de façon spectaculaire et devint réellement plus intense.

La Messagère, assise sur une chaise sur la plate-forme devant moi, ferma les yeux et la pression de la Lumière, se déversant comme une grande cascade, augmenta. Ensuite, faute d'une meilleure description, il y eut une douce explosion de Lumière où se trouvait la Messagère et je me sentis poussé dans mon siège par cette force. Quand mes yeux purent se concentrer à nouveau, là-bas sur la plate-forme était une sphère cristalline de feu d'or pur de quatre mètres de diamètre. Dans cette sphère il y avait une sphère plus petite du bleu-ciel le plus intense et à l'intérieur de cette sphère, Mère Marie elle-même regardait directement dans mes yeux, directement dans mon cœur. Elle avait de longs cheveux blonds et ses yeux étaient du bleu cristallin du ciel. Je n'avais jamais rien vu d'aussi beau, d'aussi parfait.

L'amour que je ressentais, étincelant de Mère Marie, était complètement irrésistible. Des larmes coulaient sur mon visage et j'ai commencé à parler avec elle à l'intérieur, des prières totalement inédites sortaient de mon cœur. Et puis elle a commencé à me parler directement, répondant à mes prières, et j'ai pleuré et pleuré dans l'amour le plus complet que j'aie jamais connu.

Cet interlude d'une Grâce si profonde sembla durer une éternité. Tout au long de cette communication ininterrompue, sur laquelle je n'eus absolument aucun contrôle, tandis qu'elle surgit spontanément du plus profond de mon cœur, c'était comme si j'étais dans un ouragan d'Amour le plus intense, et la totalité de Dieu était dans cet Amour. Tout mon être fut mis en morceaux par la force de ce grand amour, de l'intérieur vers l'extérieur et vice versa.

Après ce qui m'a vraiment semblé une éternité, Mère Marie inclina la tête, ses mains tenues devant son cœur en prière, et la sphère de feu d'or, de quatre mètres de diamètre, commença à diminuer en taille et en intensité. Et alors Mère Marie fut partie. Il y avait à sa place la Messagère, assise là-bas avec la tête inclinée et les mains en prière, tout comme Mère Marie quelques instants plus tôt.

J'étais simplement submergé. Je n'avais aucun désir de bouger. Je ne sais pas si j'aurais pu déplacer mon corps. Pendant trente minutes ou plus, je suis resté assis là en méditation, stupéfié, des larmes coulant, mon corps vibrant encore à une fréquence tellement élevée, par ce que j'avais vécu dans la Présence de Mère Marie. A ce moment, la plupart des gens dans la pièce étaient partis et le personnel se préparait à fermer le lieu pour la nuit. Quelques personnes m'ont regardé, ont souri et m'ont dit : "Première dictée ?"

13 ~ Une Direction Différente

Je ne pus qu'acquiescer de la tête.

J'ai appris quelques années plus tard que la première dictée (message du Maître donné directement par l'intermédiaire du Messager) à laquelle on est présent contient la clé de son Plan Divin. Je ne me souviens pas de la moindre chose que Mère Marie nous ait dite cette nuit-là, mais je sais que c'est écrit dans le Feu Sacré, dans les plus profonds recoins de mon être. Je sais que cette Grâce bénie a donné le ton pour le reste de mon incarnation et m'a rappelé ce que je suis venu faire.

A ce jour, près de 30 ans plus tard, le caractère sacré de cette expérience avec Mère Marie qui m'a été accordée, et aux autres qui étaient présents, me submerge au plus profond de mon être. C'était semblable en magnitude, mais très différent de ce qui m'était arrivé sur la plage ce soir-là à Pondichéry, lorsque je sentais que j'allais au Grand Soleil Central, c'était immense et Impersonnel, mais cette expérience avec Mère Marie fut immense et si intensément personnelle.

Qui étais-je pour être si béni ? Comment pourrais-je même commencer à comprendre, et encore moins à intégrer, l'immensité de ce qui m'était arrivé ? Ce n'était pas dans le haut Himalaya ni à l'Ashram d'Aurobindo de l'autre côté du monde, mais ici même à Washington, dans une salle de conférence de l'Hôtel Hilton.

Alors, et aussi maintenant, à mesure que ces mots sont écrits, à travers la conduite difficile d'une vie très physique, je peux à peine percevoir avec ma conscience la pureté absolue de la charge et des instructions qui m'ont été transmises pendant cette expérience et cela me rend humble au plus profond de moi-même. Il m'a été donné ce temple physique fort. Il m'a été donné ces expériences de vie pour une raison très précise, et j'étais encore (alors dans ma trente-quatrième année) dans l'entraînement et la préparation pour ce travail que j'étais appelé à faire; le problème étant que dans ma conscience extérieure, je n'avais toujours aucune idée de ce que je devais faire d'autre, sauf de continuer ma pratique quotidienne de la méditation, l'étude et l'intégration des Enseignements des Maîtres, et de le partager de mon mieux avec tous.

Ce fut pendant cette période, peut-être un ou deux ans auparavant, que j'ai commencé à donner des présentations publiques sur les Enseignements des Maîtres de l'Orient et de l'Occident dans des sites locaux de la région et dans les communautés environnantes, en publiant de petites annonces dans les journaux locaux et en mettant des affiches annonçant ces présentations gratuites. Pendant ce temps, nous avons également commencé à organiser des retraites de méditation, ici, sur cette terre sacrée. Le nouveau bassin d'un demi-hectare se transforma en une année d'un chantier boueux en une mecque magnifiquement paysagée couverte de fleurs sauvages et de pelouses ondulantes, reflétant la beauté paisible des Montagnes Vertes qui nous entouraient.

L'endroit exact où mon tracteur m'a roulé dessus quelques années plus tôt était maintenant le lieu où beaucoup de personnes se réunissaient chaque semaine pour prier, méditer, donner les appels des Maîtres Ascensionnés et parler du Chemin. Il y avait un sentiment, partagé par tous ceux qui se rassemblaient ici, que nous faisions un service à la vie, aidant les Grands Maîtres dans leur travail sacré. Il y avait une telle paix et une telle joie parmi nous lorsque nous nous rassemblions ici, donnant ces appels dynamiques pour nos proches et pour le monde, puis, après les appels, allant silencieusement en méditation, assis là près de l'étang, écoutant le bruissement de la brise à travers les grands pins et les oiseaux chanter, et absorbant le retour des actions que nous venions de créer et d'envoyer dans le monde par nos appels.

Nous étions conscients tandis que nous faisions une pause que nous étions en train de refléter la beauté de ce que nous pouvions alors percevoir de notre Présence I Am, Je Suis, tout comme l'étang reflétait la beauté du ciel bleu et des Montagnes Vertes du Vermont autour de nous. Cela se passait ici, semaine après semaine, et ce fut ma pratique quotidienne (même alors) pendant de nombreuses années.

Une remarque de bas de page intéressante : considérez l'accident du tracteur et l'intercession qui s'est produite sur ce lieu quelques années auparavant. Maintenant, considérez le service que nous avons été si bénis de rendre avec les appels, les méditations qui se sont produites sur ce même lieu pendant toutes ces longues années jusqu'à maintenant. Considérez la relation karmique entre les deux événements. Étaient-ce les événements futurs connus de ma Présence et des Grands Maîtres qui ont permis l'Intercession Divine qui m'a encore sauvé la vie lorsque le tracteur a roulé sur moi ? Ou est-ce que cette Grâce Divine a été étendue pour que cette place devienne un lieu saint, chargé et sacré qui, dans un futur proche, deviendrait un lieu de prière, de louange et de méditation pour beaucoup ? Ou était-ce les deux ?

En ajout à cette remarque de bas de page : En 1984, j'ai partagé avec plusieurs personnes rassemblées près de l'étang que je venais juste d'avoir un flash, le sentiment qu'un jour nous tiendrions un service officiel avec le Messager de la Grande Fraternité de Lumière ici même. Il a fallu quelques décennies, mais c'est exactement ce qui est arrivé, pas une fois, mais plusieurs fois avec les nouveaux Messagers du Temple de la Présence (l'activité de Maître Ascensionné qui est apparu après Le Phare du Sommet).

Le Phare du Sommet

Mon engagement avec Le Phare du Sommet prit maintenant une nouvelle dimension. Mis à part l'impact irrésistible de ce qui s'était passé avec Mère Marie, les autres personnes qui avaient participé à cet événement à Washington étaient différentes : tout le monde souriait et avait une étincelle dans les yeux. Il y avait un entrain tangible ici. J'ai rencontré pour la première fois dans cette vie des amis chers et spéciaux avec lesquels un travail sacré se développerait dans les décennies à suivre. Je n'avais jamais fréquenté autant de gens qui partageaient la même connaissance intérieure de la réalité des Grands Maîtres et du Chemin.

Tous ici semblaient très motivés (au sens le plus élevé du mot). Tous étaient bien là pour s'extraire eux-mêmes du harnachement du Samsara et de la Maya (il s'agit de mots sanskrits similaires, souvent utilisés de façon interchangeable, se référant au monde extérieur et aux cycles karmiques apparemment interminables de renaissance, décrivant "les diverses activités mondaines qui occupent les êtres humains ordinaires, les diverses souffrances de celui-ci, ou l'esprit instable et agité par lequel la réalité est perçue. "[Wikipedia]).

A cette l'époque, Le Phare du Sommet était une grande organisation avec plusieurs milliers de membres répartis dans le monde. Tous étaient des étudiants en herbe des Maîtres et des centaines d'entre eux se réunissaient régulièrement lors de grands événements organisés dans différentes villes des États-Unis. Le point focal de chaque présentation publique, comme celle à laquelle j'avais assisté à Washington, était les enseignements sacrés et l'autonomisation de la Grande Fraternité de Lumière (le corps collectif composé de tous les Grands Etres de tous les temps). Pour ce qui concerne l'autonomisation cela veut dire la transmission réelle, du Maître en conjonction avec la Présence I AM de la personne, d'immenses courants de feu spirituel physiquement tangible. L'objectif est d'accélérer et de purifier les corps inférieurs, afin que nous puissions intégrer et nous remémorer de plus en plus qui nous sommes réellement : notre I Am Presence en action.

La quantité de feu spirituel générée lors de ces rassemblements, lorsque des centaines de personnes sont physiquement présentes et engagées dans les appels, est fascinante et il est incroyable d'y participer. Cet exercice crée un champ de force qui, avec l'aide des Maîtres Ascensionnés, ouvre un espace dans le voile à travers lequel le Maître peut passer, par le mécanisme spirituel des initiations du Messager, donner une adresse formelle et une grande charge de Lumière à tous ceux présents.

Le Messager de la Fraternité était un concept qui était nouveau pour moi. Bien, bien différent des "canalisations" qui sont omniprésents dans les cercles dits du "New Age", un véritable Messager de la Fraternité est d'un ordre de magnitude différent et ne peut même pas être mis sur un même plan. De toute évidence, il devait être très loin sur le Chemin pour être un véhicule par lequel les Grands Etres pouvaient traverser le voile et déverser leurs bénédictions et leurs instructions, transmettant un tel courant électrique ardent, d' Amour, de Sagesse et de Pouvoir aux personnes présentes. Dire que c'était tout à fait exaltant est un grand euphémisme.

Chaque participant a vécu quelque chose de différent en fonction de l'état de sa propre harmonisation et de sa préparation intérieure avant et pendant l'événement. Certains ont effectivement vu le Maître Ascensionné qui s'adressait à l'assemblée. Certains ont vu des groupes d'Anges ou d'autres Maîtres sur la plate-forme près du Messager. D'autres ont été simplement pris dans leur propre communion avec leur Présence, inconscients de tout sauf les paroles du Maître et de la transmission du Feu Sacré.

C'étaient des événements incroyables. Si j'avais connu Le Phare du Sommet dans mon adolescence, j'aurais traversé les USA jusqu'en Californie en courant pour approfondir cette question et seul le Ciel sait comment ma vie aurait changé. Pourtant, j'étais là, maintenant, et j'avais eu beaucoup d'expériences durement gagnées sur le Chemin avant que mon association avec Le Phare du Sommet ne commence. J'en savais maintenant suffisamment pour comprendre que rien ne venait par accident, que je devais passer par ce que j'avais traversé, en entraînement, en préparation de ce que je vivais maintenant.

A cette époque, il y avait peut-être une douzaine de livres publiés par Le Phare du Sommet sur les Maîtres Ascensionnés et la Fraternité. Il y avait aussi des douzaines d'albums avec cassettes qui étaient des enregistrements des sessions avec le Messager, délivrés lors de conclaves complets de plusieurs jours, auxquels avaient participé des centaines de personnes et couvrant un large éventail de sujets ésotériques. L'instruction du Messager était habituellement suivie d'une Dictée du Maître Ascensionné comme point focal, crescendo incroyable de chaque session. Ces sessions étaient également publiées et envoyées aux abonnés du monde entier en tant que Perles de Sagesse. Ceux-ci racontaient, à ce moment-là, plus de 20 ans de l'histoire du Phare du Sommet.

Le Conclave de Pâques à Camelot en 1985

Après mon expérience à Washington, j'ai décidé que j'assisterais au Conclave de Pâques au lieu où le Phare du Sommet était situé, dans les collines près de Malibu, en Californie. En arrivant au conclave, j'étais très conscient d'être avec des centaines d'autres personnes qui partageaient mon amour pour ces enseignements. C'était une atmosphère chargée. Chaque jour, nous avons assisté à une ou deux sessions avec le Messager et chacune semblait s'appuyer sur la précédente. Il y avait, dans l'assemblée, le silence de l'attente alors que le Messager venait sur la plateforme, chacun sachant que les Maîtres étaient présents et qu'ils pouvaient commencer leur message à tout moment.

Le vendredi après-midi, je participais aux décrets et aux affirmations en préparation de la session, avant l'arrivée du Messager. Je me souviens de la joie et de l'augmentation de l'électricité, et je me souviens d'avoir ressenti un si grand sentiment de reconnaissance d'être ici, dans ce lieu précis, à ce moment exact.

Le Messager est arrivé et a immédiatement déclaré que nous étions tous invités à réciter le nouveau rosaire de l'Archange Michel. Le Messager a ensuite mené tout le monde dans cette puissante matrice de décrets et d'affirmations. C'était le Rosaire de l'Archange Michel. J'étais inondé de joie et de gratitude. Je savais à ce moment, au tout début de cette matrice de quarante minutes, que dorénavant, je donnerais ce rosaire tous les jours en plus de ma pratique quotidienne de méditation. Le rosaire a continué cet après-midi au Saint-Graal (leur chapelle principale) et l'électricité a augmenté. Immédiatement après la conclusion du chapelet, l'Archange Michel est venu.

Après toutes ces années et les Dictées des Maîtres où j'ai été béni d'avoir été présent, il m'est toujours impossible de transmettre l'immensité de ces expériences lorsque le Maître arrive. L'Archange Michel a donné des instructions sur l'objectif de ce rosaire et son importance. J'ai vu un pilier de feu bleu indigo s'étirant jusqu'au sommet du Saint Graal, peut-être de dix mètres de haut, là où la Messagère se tenait debout pendant la dictée du Seigneur Michel. J'ai ressenti une telle joie et une telle gratitude pour ce moment avec l'Archange Michel, pour ce nouveau rosaire, que d'une certaine manière, je savais à ce moment-là que les choses seraient maintenant meilleures.

Préparation Intérieure

Le Conclave de Pâques a pris fin dimanche et je suis rentré au Vermont peu de temps après. Chaque jour, avec résolution, j'ai pris part au Rosaire de l'Archange Michel. Il ne s'agissait même pas de me poser la question si je prenais quarante minutes supplémentaires, en plus de ma matrice, quotidienne et déjà longue, de méditation et de décrets. Cela faisait simplement partie de ma vie. (Pendant les années suivantes, je n'ai jamais manqué une journée de participation au Rosaire de l'Archange Michel).

A mon retour au Vermont, j'ai repris les présentations publiques sur les Enseignements des Maîtres. Je louais un lieu qui pouvait contenir quelques douzaines de personnes, puis mettais des affiches dans la région où se tenait la présentation et passais une publicité dans un journal ou un article pour la publier. Je me suis également arrangé pour ventiler une série de programmes vidéo, que Le phare du Sommet avait produits pour diffuser par télévision câblée. Je devais fournir une introduction avec ces vidéos pour qu'ils puissent qualifier le contenu comme produit local. Rapidement, plusieurs personnes se joignirent à moi, sur une base hebdomadaire, pour les décrets et les méditations, habituellement chez nous, à l'extérieur près du bel étang si le temps était agréable, ou à l'intérieur dans une pièce avec un autel provisoire s'il faisait froid ou pluvieux. Le Rosaire de l'Archange Michel continua à se déployer dans ma vie.

Les jours, les semaines et les mois se déroulèrent. Je volais plusieurs fois par semaine, je jouais avec ma fille et passais du temps avec mon père, le regardant faire face en paix à sa prochaine transition de fin de vie. Un jour d'octobre, je donnais des instructions de vol à un étudiant et reçus un appel radio de l'aéroport déclarant que je devais appeler chez moi immédiatement. J'ai atterri, passé l'appel et j'ai su que mon père allait mourir. J'ai conduit pendant une heure jusqu'à la maison de ma famille en faisant des appels pour lui, demandant que sa transition soit douce et que les Anges l'escortent aux Grandes Retraites des Maîtres. J'étais peut-être à trente minutes de la maison de mes parents, conduisant sur une belle route de campagne avec des feuilles qui tombaient et un soleil brillant. C'était un bel après-midi et tout à coup, mon Père fut assis à côté de moi dans la voiture, souriant avec un sourire étonnamment beau et aimant.

Il avait l'air d'être pas plus vieux que moi (la trentaine) et il était tellement heureux et exalté. Il y avait tellement d'amour qui est passé entre nous et j'étais tellement heureux pour lui qu'il était maintenant libéré de son ancien corps physique, qui était devenu une prison pour lui ces derniers mois. Il y eut un énorme éclat d'amour entre nous tandis que nous nous regardions l'un l'autre et ensuite, il disparut. J'étais seul dans ma voiture avec des larmes de joie et un tel amour pour mon Père. J'ai continué à conduire jusqu'à la maison.

Quand je suis arrivé, quelques-uns de mes plus jeunes frères se tenaient debout dans l'allée en train de pleurer. Mon père était mort environ trente minutes plus tôt. Exactement au moment où il était venu me rendre visite dans ma voiture pour me dire au revoir, dans l'instant, avec tout cet amour incroyable. J'ai partagé ce récit avec ma Mère, mes frères et mes sœurs, mais il leur était difficile de l'approfondir. Maintenant, alors que j'écris ceci vingt-sept ans plus tard, je suis en larmes et je suis encore inondé par l'amour de mon Père dans une magnitude que je n'ai pas connu depuis ce jour.

Mon père était un héros de guerre. Il était considéré (comme son père et son grand-père avant lui) comme un père de la ville. Il était aimé et respecté par beaucoup. Avec moi, le plus âgé des six, nous nous sommes pris la tête à plusieurs reprises pendant que je grandissais. Mais les souvenirs : me lever tôt pour aller pêcher avec lui, ensuite quand il est venu me voir à l'armée, comment il m'a donné de l'argent lorsque j'en ai eu besoin, sont des joies que je suis heureux de me remémorer.

Tout au long de tous ces événements, je n'ai jamais manqué mes méditations et mes appels du matin, et je n'ai jamais manqué de faire le Rosaire de l'Archange Michel.

Un Calice Elevé

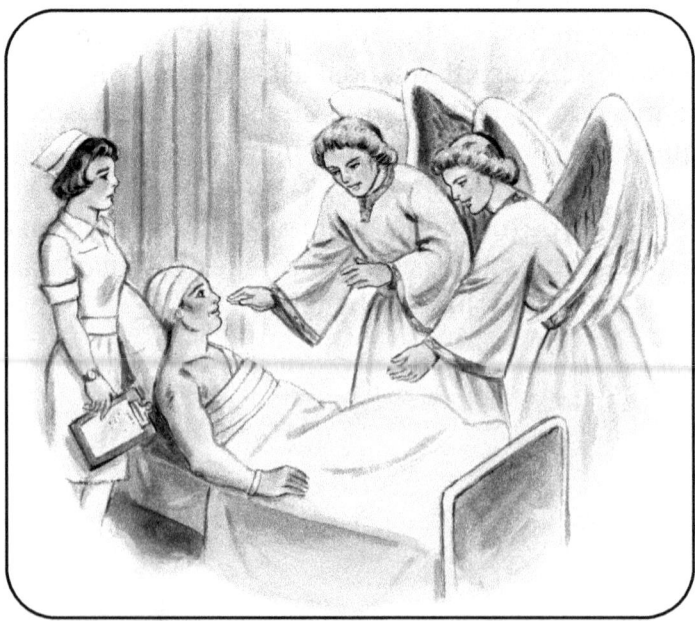

Une version enfantine de l'histoire miraculeuse de Gene a été imprimée dans "Les Anges, vos amis et vos aides" ("Angels, Your Friends and Helpers" en 2009, RoseLightBooks.com) par Nancy Kolze, illustrée par Alvera Kubal. La première image ci-dessus montre le moment juste avant l'accident lorsque l'Archange Michael est apparu et m'a ordonné de me préparer. La seconde illustre la visite des anges à mon lit d'hôpital et leur intercession dans ma guérison pendant la nuit.

14 ~ **Archange Michel**

Tandis que j'écris ceci, nous sommes le 3 décembre 2011 et il est 19h. La chronologie de ce récit qui se développe a rattrapé l'anniversaire de la grande intercession de l'Archange Michel dans ma vie. Après toutes ces années, l'impulsion a été fournie pour commencer à écrire, ce qui s'est poursuivi jusqu'à ce jour et se poursuivra jusqu'à ce que ce récit soit terminé et publié.

Maintenant, alors que j'écris sur tous les événements qui ont entouré l'intervention de l'Archange Michel, qui a eu lieu il y a vingt-six ans aujourd'hui, je ne me souviens pas avoir ressenti la pression de la Lumière si intensément avant, comme je l'ai ces derniers jours en conjonction avec cet anniversaire. Certes, c'est une autre indication que l'écriture de cette histoire doit se faire maintenant.

Mon père a fait sa transition à la mi-octobre 1985 après une terrible épreuve de 3 ans. Dans les semaines qui ont suivi, j'ai d'abord pensé que ma préoccupation de la transition était due au passage de mon père. Cependant, au fur et à mesure que l'automne progressait, j'ai commencé à avoir des prémonitions selon lesquelles j'aurais un grand rendez-vous qui allait me sortir de cette vie. Ces prémonitions se firent plus insistantes. Chaque jour, à la méditation du matin, j'avais l'impression que quelque chose de grand arrivait. Je le mentionnais à la mère de ma fille Azure et j'eus des conversations avec elle sur ce qu'il fallait faire lorsque je serais parti.

Puis, le matin du 3 décembre 1985, le sentiment de mon "rendez-vous avec le destin" était tellement concret que je peux encore le sentir, même maintenant, 26 ans plus tard. Je me souviens de dire quelque chose à ce propos à la mère d'Azure en sortant de la maison pour aller à l'aéroport. J'étais à environ un kilomètre ou deux de la maison et j'avais l'impression que quelque chose d'intense se produirait, quelque chose de si énorme que je pensais que je ferais mieux de rentrer chez moi pour prendre ma lourde parka chaude au cas où l'avion s'écraserait dans les montagnes du Maine cet après-midi. C'était un jour froid de décembre et j'avais deux étudiants qui allaient m'accompagner sur ce vol d'école vers le Maine.

Mis à part ma méditation du matin et les prières qui commençaient toutes mes journées depuis de nombreuses décennies maintenant, chaque fois que je conduisais, quelle que soit la direction, je faisais toujours des appels pour le monde, pour ma famille, etc. J'ai fait ce même exercice tandis que je conduisais pour une heure vers l'aéroport. Je roulais sur l'autoroute 91 entre les états des États-Unis en direction du sud, juste à l'extérieur de Greenfield, au Massachusetts, à environ quinze minutes de l'aéroport, pensant à la planification du vol avec mes étudiants. Je roulais à environ 110 km/h dans mon VW Jetta. Soudain, il y eut une explosion de Lumière électrisante. Elle n'était pas suffisante pour m'aveugler, mais elle a certainement mobilisé toute mon attention. Une sphère de Feu Sacré apparut, peut-être de 30 à 60 centimètres de diamètre, immédiatement devant et à côté de moi, ne bloquant pas mon point de vue sur la route, mais devant là où est la radio dans la voiture.

Cette Sphère de Feu était le Seigneur Michel. Je ne sais pas comment je le sus à l'époque; je le sus tout simplement. Il m'ordonna de donner son décret immédiatement:

Seigneur Michel devant, Seigneur Michel derrière,
Seigneur Michel à droite, Seigneur Michel à gauche,
Seigneur Michel au-dessus, Seigneur Michel en-dessous,
Seigneur Michel, Seigneur Michel partout où je vais !

I AM, JE SUIS son Amour protégeant ici!
I AM, JE SUIS son Amour protégeant ici!
I AM, JE SUIS son Amour protégeant ici!

J'étais étourdi, étonné, et bien plus que cela. Bien que j'aie été très béni d'avoir eu plusieurs expériences au cours de ma vie, jamais un tel Commandement, aussi Urgent, de passer à l'action ne m'avait été donné comme à cet instant.

Tout était dans un état altéré autour de moi. Je ralentis la voiture jusqu'à peut-être 80 km/h et tout semblait se dérouler comme dans un ralenti pendant que je faisais le décret qu'il m'avait été ordonné de faire. Il n'y eut même pas une pensée comme : "Ai-je vraiment vécu ce que je viens d'éprouver ?" L'état altéré, le Feu de son commandement si intense, mon appel tellement puissant. J'arrivais en côte, à un virage à droite et j'ai serré autant que possible vers les falaises rocheuses, comme si je m'attendais à ce que cela se produise à cet endroit. Je donnais le décret. Juste comme je commençais à sortir du virage, une voiture dans la direction opposée perdit le contrôle et coupa à travers la ligne séparatrice de l'autoroute, se retrouva en grande partie sur ma voie, et me percuta de plein fouet. A la toute dernière seconde, avant l'impact, je me souvins d'avoir reconnu cet événement. C'était complètement familier, comme si cela m'était déjà arrivé.

J'étais dans le vide, une noirceur blanche, une blancheur noire, entendant une voix masculine très puissante et très belle faisant le décret que l'on m'avait ordonné de faire. Je me souviens d'avoir dit (explétif supprimé) : "___, je suis mort". Un Moment plus tard, il m'a été commandé, "rejoins-moi, Gene" et j'ai dit ou pensé d'abord quelque chose comme (l'explétif a été supprimé à nouveau), "___, je suis vraiment mort". J'ai obéi à cet appel, par tout ce qui pouvait être possible dans cette situation : la voix ou la pensée. Après un certain temps de ce décret, j'ai eu l'impression que je me déplaçais rapidement (d'une certaine façon vers le bas ?) et, aussitôt, après, j'étais de retour dans mon corps, dans ma voiture, toujours en train de faire le décret avec le Seigneur Michel.

J'ai reçu le commandement ou l'impression que je devais sortir de la voiture rapidement, peut-être parce qu'elle aurait pu prendre feu. Toujours en train de faire le décret avec n'importe quelle voix ou pensée que j'utilisais à travers cette expérience, j'ai essayé de sortir par la porte du conducteur, mais elle n'était plus là. L'impact direct à plus de 130 km/h avait poussé le moteur, le volant et la porte sur le siège du conducteur. D'une certaine manière, je pouvais sortir par la porte du passager avec mes mains. J'ai constaté que mes jambes ne fonctionnaient plus du tout.

Je me souviens que c'était très difficile de respirer, essayant de me sortir de la voiture sur la route, continuant toujours à faire le décret avec l'Archange Michel, et avec seulement mes mains, me dirigeant vers la glissière. C'était très difficile de respirer et, comme j'essayais, il y avait un bruit de gargouillis et de grosses bulles rouges de sang sortant de ma bouche à chaque difficile respiration. Toujours faisant le décret, je me tirais sur la glissière pour essayer de respirer plus facilement, gargouillant de bulles de sang, en faisant le décret en grande paix, et tout à coup, ce fut comme faire un saut arrière d'un plongeoir.

J'étais hors de mon corps et je tombais ou je volais vers le haut dans ce tunnel blanc. Je me déplaçais très vite, très loin de la Terre, je faisais toujours le décret avec Michel, en paix absolue. Je n'avais pas le sentiment de ne plus pouvoir respirer et il n'y avait aucune douleur. Je me déplaçais très vite, en décrétant. La paix intense était partout.

Une autre Présence Maître était à côté de moi. Je ne pouvais pas préciser ses traits, je savais simplement qu'il y en avait deux. On m'a commandé, "Feu Violet maintenant, Gene !", Alors j'ai commencé à faire un décret de Feu Violet avec ce Maître (qui je crois était Saint Germain). Immédiatement il y eut un feu frais et électrique autour et au travers de ce qui était moi, et le sentiment de me déplacer très vite et très loin de la Terre s'est arrêté. Se joignant au décret de Feu Violet, il y avait une sensation d'électricité, de fraîcheur et de paix.

Et alors je suis redescendu, lentement au début, puis de plus en plus vite. Faisant le décret de Feu Violet, voyant ce monde grandir à partir d'une étoile, devenant de plus en plus grand, et puis, aussitôt, je suis retourné brusquement dans mon corps physique et j'ai regardé dans les yeux d'un médecin. Il a dit "OK, celui-ci est stable. Continuons". Et ils m'ont placé dans l'ambulance sur la civière. Pendant qu'ils m'emmenaient, j'ai vu l'autre civière avec le conducteur qui avait perdu le contrôle et m'était rentré dedans. Il était mort et je l'ai reconnu en un éclair, même si je ne l'avais jamais rencontré pendant cette vie.

J'étais dans et hors de la conscience. Dans l'Unité de Soins Intensifs (UCI), ils ont dit que mon dos était cassé, ma poitrine et mes côtes étaient cassées, mes mains brisées et le cœur endommagé et hors d'usage par l'impact fatal à plus de 130 km/h. Je me souviens d'avoir repris conscience et de voir mes frères avec les larmes aux yeux (Ils avaient dû conduire une heure pour arriver là-bas). Je me souviens qu'il a été dit que je ne passerais pas la nuit. Je savais que je devais appeler l'énergie, je connaissais la façon de faire ce rituel avec le Seigneur Michel, je l'avais fait tous les jours depuis sept mois maintenant, le Rosaire de l'Archange Michel. Je me souviens combien il était difficile de rester conscient pendant que je faisais le rosaire dans l'UCI de l'hôpital. Je me souviens de l'avoir presque terminé quand je me suis éteint à nouveau.

Je repris conscience au milieu de la nuit, en entendant deux infirmières qui me surveillaient dans l'unité de soins intensifs, en parlant d'expériences hors du corps. Je me souviens d'une précipitation, d'une charge de Lumière, et d'une certaine façon qui n'était pas la mienne, je me mis à parler à ces deux infirmières à propos de la Lumière du Cœur et du Chemin. Elles furent choquées. Ensuite, je leur ai demandé si elles pouvaient voir les deux Maîtres ou Anges qui se tenaient à côté de mon lit. Je pouvais voir leur rayonnement, leurs auras, mais je ne pouvais pas déplacer mon corps pour les regarder. Je me souviens que les infirmières ont commencé à pleurer, pensant que j'allais bientôt mourir, puis je me suis éteint de nouveau.

Je me suis réveillé un peu plus tard avec un docteur qui criait à l'infirmière, quelque chose comme "Cette machine ne fonctionne pas, vite, va en chercher une autre". Il y a eu une grande agitation et, après un certain temps, j'ai été accroché à la nouvelle machine et le médecin a déclaré : "Il y a quelques heures, ce type était prêt à mourir et maintenant il a le battement de cœur d'un athlète de 21 ans". Le lendemain matin, dans les rayons X, ils ont dit que, en quelque sorte, ils avaient commis une erreur le jour précédent; Mon dos n'était pas cassé, juste plusieurs disques compressés. Je sus alors que les deux Maîtres ou Anges qui m'avaient assisté la nuit précédente avaient fait un travail parfait.

Au cours de la semaine suivante, de nombreuses personnes de l'hôpital sont venues dans ma chambre d'hôpital pour me regarder, pour parler de ce qui s'était passé. Des paroles étaient sorties de l'hôpital disant que quelque chose d'important s'était passé et que l'Archange Michel était impliqué. Tous les jours, à l'hôpital, j'ai continué mon rituel quotidien du matin de méditation et des décrets, et le rosaire à l'Archange Michel.

Je me rappelle que mon frère était entré dans la chambre d'hôpital quelques jours après l'accident. Il m'a dit qu'il était allé à ma voiture détruite pour sortir mes affaires personnelles. Là, il avait rencontré un policier qui bouclait l'enquête. Lorsque l'officier avait regardé dans le véhicule détruit, sur le siège du conducteur, il avait trouvé une cassette blanche qui était tachée par mon sang. Cette cassette était si évidente par sa couleur et le fait que tout ce qui était dans la voiture avait été détruit. L'officier l'a ramassé, notant le titre : le Rosaire de l'Archange Michel. La cassette contenait les prières et les mantras de l'Archange Michel qui faisait partie de ma pratique quotidienne de méditation depuis plusieurs mois. L'officier a dit à mon frère : "Je pense que l'Archange Michel était vraiment avec votre frère". L'Archange Michel avait laissé sa carte de visite.

Une semaine plus tard, lorsque mes frères sont venus me conduire à la maison, je me souviens de la façon dont tout avait l'air nouveau, tout semblait différent. Je pouvais à peine bouger, mais j'étais soutenu par une telle charge, comme une électricité de Grâce et d'Intention.

Après l'Intervention du Seigneur Michel

Comme je l'ai partagé précédemment, après l'intercession du Seigneur Michel, tout était différent. Comment pourrait-il en être autrement ? Alors que j'étais encore à l'hôpital, des gens que je ne connaissais pas s'arrêtaient à ma chambre pour me dire bonjour. L'histoire s'est rapidement répandue qu'il s'était passé quelque chose d'extraordinaire. Même si j'étais chez moi au bout d'une semaine, il m'a fallu un mois avant que je ne puisse faire quelque chose. Je ne pouvais pas soulever un demi-litre de lait pendant un mois. Pourtant, ma santé physique s'est rétablie rapidement. Chaque jour, mes méditations et le Rosaire de Michel me donnaient une nouvelle impulsion spéciale, une charge en eux.

En quelques mois, j'ai repris les présentations publiques sur les Maîtres et le Chemin que je faisais avant l'accident, et j'ai certainement inclu les cas d'intercession du Seigneur Michel. De toute évidence, cette expérience a été une manifestation très tangible de ce qui est possible lorsque l'on s'engage avec tous les aspects du Chemin. Ces présentations duraient environ une heure et incluaient un aperçu très fondamental des Maîtres et du Chemin, avec le dessein de la Fraternité de la Lumière pour réveiller l'humanité dans le but sacré de la vie, tel qu'il est décrit dans tout ce récit.

A un moment donné dans ces présentations publiques, je menais un exercice pour ceux qui assistaient afin qu'ils puissent expérimenter par eux-mêmes la Science de la Parole Décrétée. Je transmettais les instructions de Maître Morya que, si l'aspirant donnait la matrice des Décrets "avec le Cœur, la Tête et les Mains" tous les jours pendant deux semaines (il ne fallait que dix à quinze minutes environ pour faire cet exercice) il verrait une telle augmentation de Lumière dans sa vie qu'il connaîtrait pour lui-même le Pouvoir du Chemin. Je demandais aux participants de prendre ce que j'ai appelé une vérification de la réalité, de noter leurs vibrations internes avant le début de cet exercice et d'être conscients des formes pensées qui ont été peintes dans leur esprit tandis qu'ils faisaient cette matrice de décrets. Puis, une fois terminé, nous entrions dans une petite méditation silencieuse, afin qu'ils puissent ressentir le courant de retour de leur action, la paix générée par cet exercice. C'était toujours le point culminant de la présentation.

Plusieurs mois plus tard, j'ai décidé d'écrire ce qui m'était arrivé, en l'envoyant à la Messagère Elizabeth Prophet, afin qu'elle puisse le partager avec les milliers de membres du Phare du Sommet. Quelques semaines après avoir envoyé ce compte-rendu, j'ai reçu un appel du personnel du Phare du Sommet disant que la Messagère avait lu mon histoire pendant un service du dimanche et donné un enseignement à ce propos. Cela a été suivi d'une Dictée du Seigneur Michel dans laquelle il a encore commenté ce qui m'était arrivé en son nom et pourquoi l'intercession s'était produite.

On m'a dit que ce service avec la Messagère, le Seigneur Michel et le Maître Kuthumi (référencé plus tôt dans ce travail) allait être envoyé partout dans le monde à la communauté élargie du Phare du Sommet comme exemple du pouvoir du Rosaire du Seigneur Michel.

En Partance du Phare du Sommet

Quelques années plus tard, lorsque je suis retourné au Phare du Sommet en Californie pour une conférence, j'ai été dérangé par certains comportements que j'ai vécus dans les décrets en groupe. Cette conférence avait pris une tendance politique et les vibrations étaient devenues très différentes pour moi. La pureté et le pouvoir de ce que j'avais éprouvé lors de mes premières interactions avec Le Phare du Sommet me paraissaient beaucoup diminués. Ce fut ma dernière visite là-bas.

Le phare du Sommet mérite vraiment plus que la brève mention écrite ici. Cette organisation, suivant certaines explications, était la quatrième activité extérieure dans le monde occidental axée sur la diffusion des enseignements de la Fraternité depuis 1875. Elle avait établi une telle portée qu'elle comprenait des dizaines de milliers de chercheurs adhérents visiblement, avec des centres d'enseignement dans de nombreuses grandes villes à travers l'Amérique et dans le monde entier. Mark L. Prophet (le fondateur) et quelques années plus tard, son épouse, Elizabeth, avaient été formés pour être les Messagers de la Fraternité de cette activité.

Lorsque Mark a fait sa transition au début des années 70, Elizabeth a repris le fonctionnement de l'organisation. Elle a poursuivi le travail pendant de nombreuses années et a ensuite subi un déclin de sa santé, finalement abandonnant et quittant l'organisation qui continua avec sa propre direction, mais sans nouveau Messager. Le travail du Phare du Sommet a aidé à éveiller plusieurs milliers de personnes dans le monde entier, et le fait toujours. Ses premiers matériaux sur les Enseignements des Maîtres demeurent un grand Trésor de Lumière.

Qu'est-ce Qu'un Messager de la Fraternité ?

Jusqu'à ce que l'on expérimente vraiment cela, il est presque impossible de comprendre. A l'heure actuelle, beaucoup de ceux qui ont été intéressés par le chemin spirituel ont rencontré des canals psychiques de toutes sortes qui prétendent être adombrés par tel ou tel maître, etc. Cela est devenu si courant dans les cercles ésotériques qu'il semble qu'il y ait un maître à chaque coin. Durant mes premières expériences dans la recherche de la vérité, je n'avais aucun intérêt pour toutes ces choses. Il me semblait que même les paroles écrites sur une personne ou une activité avaient une vibration d'eux-mêmes qui se ressentait. J'avais décidé que j'avais des choses infiniment plus importantes à faire que de prêter attention à tout cela.

En Inde et dans l'Himalaya, j'avais vu beaucoup de personnes qui étaient dans une sorte de transe, faisant une chose ou une autre. Cela n'avait pas changé, ce n'était vraiment pas pour moi. L'enseignant ou le maître qui m'attirait n'avait pas besoin d'entrer dans une transe pour canaliser un maître. Leur vie extérieure devait être une démonstration de cette maîtrise. Mon seul modèle dans ces premières années était ce que je savais être réel à propos de Jésus. Je dis "réel" parce que je n'acceptais même pas ce que le Christianisme organisé disait à propos de Jésus. Ce n'est qu'en Israël, avec ce qui s'est passé là-bas, que j'ai commencé à apprendre la vérité sur ce que Jésus avait fait et avait enseigné.

Donc, lorsque j'ai rencontré le concept de Messager de la Grande Fraternité de Lumière, j'ai été intrigué. Mis à part les expériences profondes de la méditation lors de la lecture de ces premiers livres du Phare du Sommet, tels que le Dossier sur l'Ascension et les Études de l'Aura Humaine, j'étais conscient qu'il devait y avoir quelque chose de différent pour qu'un livre contienne une vibration aussi élevée. Dans ces premières années, tout ce que j'ai lu et plus tard entendu par Le Phare du Sommet m'était si familier.

Quand j'ai senti mon corps accélérer pendant la méditation et lors de la pratique des appels, j'ai été absolument certain qu'il y avait de la Vérité dedans. Ma première expérience avec la Messagère à Washington, quand j'avais vu son aura si vivante et que a j'avais eu l'expérience bénie du changement de vie avec Mère Marie, avait cristallisé ce que devait être un Messager dans ma conscience extérieure.

Autrement dit, un Messager pour la Fraternité est celui qui a été formé depuis de nombreuses vies pour faire de sa vie un calice par lequel la pureté de l'Amour, de la Sagesse et du Pouvoir de Dieu puisse se répandre et s'exprimer dans ce monde physique extérieur. Cette expression étant toujours par la Volonté de la Présence I AM, Individualisée. Les Messagers apparaissent lorsqu'un certain travail doit être fait, lorsque la Grande Fraternité de Lumière souhaite introduire formellement des spirales d'instructions et d'habilitations éclairées à un groupe d'individus qui ont également été formés pendant de nombreuses vies à recevoir et ensuite incarner cette instruction. Tout cela pour le Grand Eveil de l'Humanité.

Au cours de ces services formels, le Messager oint transmet l'instruction du Maître Ascensionné et la charge du feu spirituel aux personnes présentes dont la préparation consciente pour le service (avec des décrets collectifs, des affirmations, des prières et des chants) a aidé à établir le champ de force. Ce champ de force permet aux Grands Maîtres Ascensionnés d'amener l'instruction et la libération correspondante du Feu Sacré tangible en tant qu'Action Mondiale, jugée appropriée par la Fraternité à ce moment.

La mécanique d'un vrai Messager, que j'ai essayé de décrire ci-dessus, est complètement impossible à transmettre ou à comprendre, à moins qu'on sache comment percevoir avec le cœur. C'est pourquoi j'ai déclaré que c'est mieux de l'expérimenter en personne, parce que, selon la Volonté de sa Présence, soit c'est le moment de l'entendre, soit sa Présence a une autre chose à s'occuper auparavant. Enfin, sur ce sujet, beaucoup de personnes qui ont été sur le Chemin pendant quelque temps, dont le cœur est ouvert, et qui ont une certaine perception subtile qui est toujours élargie en présence du Maître, peuvent avoir des expériences intérieures ou extérieures dans la Lumière, y compris de voir le Maître s'adressant au groupe. Il est toujours préférable de ne pas discuter de telles expériences avec d'autres personnes en raison de l'alchimie et de l'accélération bénies (et privées) qui se déploient dans le monde de l'aspirant.

Quand on partage ses expériences intérieures avec les autres, la charge de la lumière est souvent dissipée. Il peut y avoir une ouverture pour des pensées subtiles de l'ego (ses propres et celles des autres) qui contamineraient la pureté de l'expérience. Cela peut également transmettre un sentiment d'indignité ou l'indignation de "pourquoi pas moi ?" dans la conscience de quelqu'un qui entend parler de telles expériences. Encore une fois, la devise de la Fraternité : "Savoir, Oser, Faire et Etre Silencieux", est le meilleur moyen d'action.

15 ~ Poursuivre le Chemin

Les petits-chapitres suivants de ce récit sont inclus ici (bien que les descriptions soient brèves) car ils délimitent les événements majeurs postérieurs de cette vie, démontrant davantage la façon dont l'expérience d'une vie est modelée et vient lorsque la première priorité quotidienne est la recherche de l'alignement avec sa Présence.

Les années ont passé. Pourtant, j'avais toujours un sentiment de rendez-vous à tenir. Chaque journée commençait par une méditation, les affirmations et les louanges. Bien que je ne fusse plus directement impliqué dans Le Phare du Sommet, une grande partie du matériel qui avait été publié au cours des décennies était une tapisserie si riche qu'elle continuait à alimenter beaucoup de personnes sur le chemin. Plusieurs d'entre nous se rassemblaient encore pour se consacrer à des méditations et des affirmations en groupe, mais j'avais arrêté de faire des présentations publiques.

Roop

En 1989, j'ai assisté à un concert de sitar dans un collège local et j'ai été étonné de la lumière que j'ai ressentie dans cette musique. Je suis resté après l'événement pour parler avec cet homme qui venait évidemment de l'Inde et instantanément nous nous sommes reconnus dans le passé. Instantanément, nous nous sommes souvenus d'un lien étroit. Mon ami et frère sur le chemin, Roop Verma, est professeur de musique et un compositeur extraordinairement doué. Quand il était jeune homme en Inde, il a étudié avec les grands enseignants spirituels de son époque. L'entraînement de Roop dans la musique sacrée du Nada Yoga vient directement de Ravi Shankar et d'Ali Akbar Khan, comme il étudiait, voyageait et jouait beaucoup avec eux.

Ecouter la musique de Roop était beaucoup plus que d'écouter les merveilleuses traditions musicales de l'Inde. Il y avait une charge spirituelle tangible dans la musique que je pouvais sentir en interagissant et en entrant à l'intérieur. Roop a partagé que sa musique était du Nada Yoga, l'ancienne science védique du son.

J'appris que, en dehors des concerts qu'il effectuait, il animait également des retraites de méditation de musique sacrée, généralement un événement de deux jours, avec de nombreuses sessions dans lesquelles Roop effectuait des ragas sacrés anciens. Ce sont des formules musicales transmises à travers d'innombrables siècles, conçus et composés par les Maîtres pour la purification et l'accélération des chakras et des corps subtils. Sur la base de ce que j'avais vécu lors d'un concert de 45 minutes, je savais qu'une immersion continuelle serait merveilleuse. J'ai décidé d'organiser une retraite avec Roop, j'ai trouvé un lieu à Brattleboro et transmis le mot à mon réseau d'amis existant.

Roop a fourni un bref aperçu du processus au groupe, puis nous avons chanté le son sacré OM, quelque chose qui faisait partie de mes méditations depuis des décennies. Chaque session semblait durer environ 15 minutes mais elles étaient en fait d'une heure. Non seulement la musique tissait un charme, mais beaucoup ont pu sentir l'interaction avec les différents chakras. Quand Roop concluait un raga particulier, le Silence était assourdissant, incroyable.

La musique vibrait maintenant partout à l'intérieur et à l'extérieur même si Roop avait terminé et était assis en méditation avec nous tous. Il y avait un sentiment très visible que les Grands

15 ~ *Poursuivre le Chemin*

Roop et Tracy Verma lors de la retraite annuelle de la Méditation de la Musique Sacrée sous la canopée blanche à côté du grand étang représenté précédemment, à 30 mètres de l'endroit où le tracteur s'était retourné dans l'étang plusieurs années auparavant.

Etres étaient présents, adombrant cette méditation unique. Chaque session effectuait un nettoyage et une accélération qui préparaient la voie pour la session suivante. A la fin de la journée, tous se trouvaient dans un espace très modifié. Tout au long de ces sessions, il y avait un profond sentiment de joie qui était contenu dans l'accélération. C'était une expérience remarquable.

J'ai dit à Roop que je menais des méditations de groupe à ma maison depuis plus d'une décennie et lui ai dit que ce serait un endroit merveilleux pour tenir une Retraite de Méditation de Musique Sacrée en été. Au début, cela le préoccupait de le faire à l'extérieur, près du magnifique étang aménagé au milieu de la forêt de montagne, ce serait trop difficile pour l'instrument (l'humidité et la température affectent les sons) et il était également préoccupé par le confort de ceux qui y assisteraient. Cependant, après la première session, entouré par la beauté et l'énergie spirituelle qui a toujours béni cette terre sacrée, toutes les préoccupations se sont dissoutes. La première retraite avec Roop sur cette terre fut une accélération au-delà de ce que l'on avait imaginé. Depuis vingt-trois ans maintenant, le point culminant de nos étés fut d'accueillir ici ces Retraites bénies de Méditation de Musique Sacrée, en présentant à de nombreuses personnes cette tradition merveilleuse et ancienne. Les gens qui n'avaient que peu d'expérience dans la méditation, ou pas du tout, se sont retrouvés pris dans cette profonde paix et exaltation et ont pu lâcher prise. Au cours des décennies, il y a eu beaucoup de guérisons physiques et émotionnelles lors de ces séances.

Roop, moi-même et nos familles sont devenues très proches au cours des années. La vie de cet homme doux est vraiment une bénédiction pour tant de personnes qui ont assisté à ses remarquables retraites de méditation du Nada Yoga ou qui ont assisté à ses concerts dans des lieux plus ou moins grands à travers le monde. C'est un sitariste reconnu, compositeur et professeur accompli de musique Classique Indienne Sacrée. Roop a enseigné dans les plus grandes universités et a joué des concerts de haut niveau dans de prestigieuses salles de concert en Europe, en Amérique du Nord et du Sud et en Inde. Vous pouvez écouter sa musique sacrée et obtenir des CD à partir de son site Web : roopverma.com.

Aquaculture

Arrivant à la quarantaine et très fatigué de gagner ma vie en volant, j'ai pris une semaine de congé lors de mon anniversaire et j'ai médité près de l'étang, sachant qu'il était temps de trouver une autre façon de gagner ma vie. J'avais besoin de trouver quelque chose qui me garderait près de la maison, afin que je puisse être avec ma fille alors qu'elle grandissait. J'ai aussi senti que mon fils approchait (même si j'étais célibataire à l'époque. J'avais, des années auparavant, divorcé d'avec la mère de ma fille). A mon anniversaire, en regardant dans l'eau, j'ai vu plusieurs poissons nager. Il y eu un éclair d'inspiration et je me suis demandé immédiatement quel type de marché il y avait pour le poisson au Vermont.

J'ai commencé à faire des recherches et j'ai vu qu'il y avait un marché inexploité avec tous les restaurants locaux qui soutenaient l'industrie touristique du Vermont. J'ai ensuite commencé à planifier une installation d'aquaculture qui me permettrait de gagner ma vie sur cette terre sacrée.

En plus des magnifiques montagnes, l'abondance de l'eau était des plus évidentes pour tous les visiteurs. Vous deviez traverser notre pont au-dessus d'un magnifique et large ruisseau de montagne et, immédiatement en dessous du pont, vous aviez des chutes d'eau et des trous de baignade cristallins (C'est sur ce ruisseau que j'avais construit l'usine hydroélectrique 13 ans plus tôt). En remontant l'allée jusqu'à la maison un kilomètre plus loin, vous pouviez entendre les chutes d'eau des deux ruisseaux et, lorsque vous étiez arrivé à la maison, il y avait un magnifique étang. Tout était simplement chargé de vie, de sorte que la création d'une installation d'aquaculture semblait très plausible dans un tel environnement.

Les années suivantes ont vu la construction de l'établissement et de l'entreprise d'aquaculture. Il suffit de dire que c'était un projet énorme avec beaucoup de science, d'ingénierie et bien trop de travail. Cela a été abordé plus tôt, alors je ne vais pas en reparler maintenant (mais très rapidement je dirai comment cela s'est conclu), sauf de répéter que toutes mes journées ont commencé de la même manière qu'elles l'ont toujours fait, par la prière, la méditation et les louanges.

Joanne

C'était pendant le cycle de retraite de Musique de Méditation Sacrée en 1993. Quelques jours avant le début de la retraite, alors que Roop et moi nous étions assis dehors près de l'étang méditant tôt le matin, Roop m'a demandé "où est la femme supposée être ici avec toi maintenant ?" A ce moment-là, j'ai eu la vision en un flash et je lui ai dit que je pouvais "la voir approcher et qu'elle était avec notre fils". J'ai distinctement vu deux formes ensemble et je savais que l'une serait notre fils. Ce fut une expérience assez intéressante.

Les semaines se sont déroulées, la construction de l'infrastructure de l'entreprise d'aquaculture était intense, mais la plupart des travaux étaient maintenant terminés et l'argent entrait. Il m'avait été nécessaire de faire périodiquement des méditations tout au long de la journée pour faire tout cela. A la fin d'un après-midi d'août, quelques mois après la retraite, j'étais assis sur le quai séchant au soleil après une baignade, entrant et sortant de la méditation. J'ai clairement entendu à l'intérieur de moi que je devais aller à Brattleboro juste maintenant.

J'étais fatigué après la longue journée de travail, mais l'expérience que je venais de vivre était très claire. J'avais le sentiment que je devais rencontrer quelqu'un de spécial.

J'ai conduit les trente minutes qui me séparaient de la ville et je suis immédiatement entré dans le "Common Ground", l'un des plus anciens restaurants végétariens du pays, l'un de mes endroits préférés. J'ai immédiatement fait le tour du restaurant comme si j'étais en mission, en train de scanner qui était là, pour voir si je reconnaissais quelqu'un. A la fin de cette tâche, je fus ébloui par les brillantes étoiles bleues des yeux d'une femme. Fasciné, j'ai continué à marcher directement dans le mur. En souriant timidement, je lui ai parlé, je lui ai demandé d'où elle venait. Quand elle a dit "Long Island", j'ai dit "trop moche", et nous avons ri et nous sommes sortis du restaurant. Elle et son amie Val sont allées dans un sens et moi dans l'autre.

Nous avons marché autour du bloc dans des directions opposées et, comme je l'avais espéré, nous nous sommes retrouvés les uns en face des autres et je leur ai demandé si elles voulaient prendre un verre de vin et parler. Elles ont accepté et, pendant une heure ou deux, nous sommes entrés dans une très belle discussion spirituelle. Quand il fut temps de partir, j'ai donné à Joanne ma carte de visite et je lui ai dit que "si tu as peur du feu, tu n'as pas besoin de m'appeler". Nous nous sommes pris dans les bras pour nous dire au-revoir et l'énergie entre nous fut magnifiquement intense.

Au cours des jours suivants, elle fut totalement dans ma conscience. Je me donnai un coup de pied pour ne pas lui avoir demandé ses coordonnées pour la contacter et, pendant les jours suivants, en méditation j'ai demandé à mon Père qu'elle me contacte, car elle avait ma carte. Enfin, une semaine plus tard, je reçus une courte lettre de sa part et lui envoyai immédiatement des fleurs. Le lendemain, nous avons parlé au téléphone pendant peut-être une heure. Après plusieurs appels téléphoniques, Joanne est venue en voiture me rendre visite pour le week-end de la fête du Travail. Pour sa première nuit ici, je lui ai suggéré de faire les appels pour être emmenée dans la Retraite du Maître pendant que son corps dormait, et qu'elle pourrait avoir des expériences intéressantes.

Le lendemain matin, je suis allé à la chambre d'hôtes pour voir si elle était déjà réveillée. Un regard à ses yeux lumineux et je sus qu'elle avait eu une expérience intéressante pendant qu'elle dormait. Joanne était très courageuse de venir, en suivant son cœur, de Long Island à New York, jusqu'à la région sauvage du Vermont. Elle a partagé qu'à un moment donné de la nuit, elle s'est réveillée et a regardé le pied du lit. Là, elle a vu une forme géométrique énorme, oscillante, de plus de 2 mètres de haut (des années plus tard, en voyant une image en couleur d'un électron, elle a dit que c'était la chose la plus proche de ce qu'elle avait vu au pied du lit cette nuit là).

Elle m'a raconté qu'elle n'avait eu absolument aucune crainte sur le moment, mais qu'elle ne pouvait se souvenir d'aucune autre chose, vraiment, juste l'ampleur de la figure oscillante de Lumière et de Paix. Elle se souvient qu'elle n'a même pas réfléchi à poser des questions. Elle se souvient juste d'être rapidement retombée dans le sommeil et de se sentir enveloppée dans la Paix. Au cours des années suivantes, nous avons souvent pensé que c'était peut-être notre fils dans son corps de lumière qui lui avait rendu visite. Quoi que ce soit, c'est venu avec un objectif clair d'accélérer tout ce qui allait se passer dans les mois et les années à venir.

Sa visite prévue deux jours s'est transformée en une semaine. Quand elle rentra à Long Island, ses amis surent, à la minute où ils la virent, qu'il y avait quelque chose de majeur qui s'était passé et qu'elle déménagerait au Vermont. A la fin d'octobre, je l'ai aidée à quitter son appartement pour venir s'installer au Vermont. Un an plus tard, Jesse était né.

Joanne avait un contexte spirituel considérable, bien établi depuis de nombreuses années, mais son cœur a immédiatement sauté de Joie lorsque je lui ai présenté les Enseignements des Maîtres Ascensionnés. Elle reconnut instantanément, dans son cœur, les Enseignements comme étant Véritables, et n'en a jamais douté pendant longtemps. Elle a rapidement commencé à intégrer toutes les informations que j'avais recueillies au fil des décennies. Elle a incorporé les appels dans sa pratique quotidienne, et ensemble, nous avons regardé la vie se dérouler.

L'Epreuve du Feu

Au cours de l'été 1996, j'ai appris de l'état du Vermont que mon établissement d'aquaculture avait été contaminé et devait être fermé. Une grande entreprise internationale avait commis une fraude fédérale en modifiant les rapports d'inspection fédéraux et en nous vendant sciemment des alevins (bébés poissons) malades. La première chose que j'ai faite après avoir obtenu cette information et l'avoir partagé avec Jo ce fut de sortir et de méditer près de l'étang. Je savais que c'était la réponse directe et immense à la prière, qui avait été quotidiennement dans mon cœur depuis des années, de trouver une sortie à cette entreprise qui nécessitait trop de travail.

Je savais en méditation cet après-midi là que la seule façon dont je pouvais être victorieux, dans cette grande épreuve qui m'était présentée, était d'entrer profondément en méditation chaque jour et de rester complètement centré dans le courant de Lumière tout au long de la journée. Je savais que je devais engager des avocats et lutter dans une bataille légale contre une société multimillionnaire en dollars qui avait détruit notre entreprise. On nous a demandé de détruire tous nos poissons, de démanteler et de désinfecter tout l'établissement d'aquaculture. L'entreprise était terminée.

La froide réalité financière était dans tout. Il n'y aurait pas d'argent qui rentrerait. Les factures mensuelles énormes ne seraient pas payées. Ma fille avait 13 ans, mon fils 2 ans, et j'avais une énorme hypothèque pour l'entreprise, sécurisée par notre maison et notre terre. Bientôt, l'état et le gouvernement fédéral ont commencé le processus de saisie de notre maison et de notre terre.

Et précisément, voici la grâce salvatrice de cette épreuve, la clé de la victoire qui, je le sus en un éclair, allait être absolue et indéniable. Peut-être une semaine seulement avant que j'aie eu l'appel téléphonique de l'état, j'ai lu les Mystères Dévoilés de Saint Germain pour la deuxième fois en quinze ans et j'ai immédiatement commencé à accélérer; tandis que je lisais ce livre spécial écrit dans les années 1920, les instructions de Saint Germain sur le pouvoir absolu de la Présence I Am prirent un but nouveau et immédiat dans ma vie. Alors, face à ce tournant inimaginable et à la possibilité de perdre notre maison et notre terre, je me suis préparé mentalement et j'ai forcé mon corps émotionnel à être en paix. Je savais que nous serions victorieux d'une manière ou d'une autre.

Murmurant, tout au long de la journée, encore et encore, le décret de Saint Germain, "I Am, Je Suis la Seule Présence qui Agit Ici", avec Joanne faisant la même chose, nous avons poursuivi cette intense épreuve juridique deux ans. Comme indiqué au début de cette histoire, nous avons finalement été victorieux avec un règlement compensatoire qui nous a permis de ne plus avoir de dettes et de commencer une nouvelle entreprise.

16 ~ Le Temple de La Présence

Nous étions dans la deuxième année de notre épreuve par le feu, ayant viré deux groupes différents d'avocats, quand je reçus un appel téléphonique d'un ami cher qui vivait à quelques heures au nord de nous dans le Vermont. Geneviève et Henry m'appelaient pour partager ce qu'ils pensaient être des informations "passionnantes". Henry me dit qu'il y avait de "nouveaux Messagers", qu'ils venaient au Vermont pour mettre en place un séminaire de week-end pour les Maîtres Ascensionnés et ils voulaient vraiment que je vienne les rencontrer. Je les ai remerciés d'avoir pensé à moi, j'ai partagé avec eux que j'étais très impliqué dans ma pratique spirituelle depuis plusieurs décennies et que je n'avais absolument aucun intérêt pour de nouveaux Messagers. Mes amis furent si persuasifs que j'ai finalement accepté et que j'ai fait deux heures de route jusqu'à Montpelier (capitale du Vermont), pour rencontrer ces nouveaux Messagers.

Je suis entré dans l'église de pierre que mes amis avaient louée pour l'événement du week-end. Geneviève et Henry avec un autre couple étaient très occupés à nettoyer la pièce principale dans la petite église qui allait être utilisée pour le séminaire. Ils m'ont présenté à l'autre couple, Carolyn et Monroe. Les quatre m'ont remercié d'avoir pris la route pour les rencontrer et m'ont demandé si je voudrais bien participer à un petit service pour aider à ancrer la Lumière pour le séminaire qui devait débuter le lendemain.

Carolyn se tenait devant un autel provisoire juste à quelques mètres d'où Geneviève, Henry, Monroe et moi étions assis. Ce fut avec une excitation subtile que je me suis joint à eux pour quelques-uns des anciens décrets du Phare du Sommet et alors, du mieux que je puisse le décrire, la Lumière augmenta, puis, dans une Lumière dorée et brillante, là où Carolyn était debout, Gautama Bouddha se tint devant moi. Je ne me rappelle pas tout ce qu'il a dit, mais ce dont je me souviens, c'est ceci. Il a dit : "Le Feu qui brûle dans mon cœur, je vous le passe et mon Feu reliera votre cœur à ceux que je souhaite contacter".

Tout ce que je peux dire ici, c'est que je fus inondé de la Paix et de l'Amour électrique intense qui rayonnait du Bouddha. J'étais plus qu'étonné. J'étais euphorique. Après le service, Carolyn et Monroe m'ont demandé de venir à leur hôtel pour pouvoir parler. Ils m'ont partagé que Le Temple de La Présence était la nouvelle dispensation de la Fraternité de Lumière et qu'ils avaient été choisis pour être les nouveaux Messagers, pour faire connaître toutes sortes de facettes des Enseignements, y compris la primauté de la Présence individualisée I AM, dont, par coïncidence (si vous croyez aux coïncidences), à ce moment-là, je lisais de nouveau les livres du "I Am" de Saint Germain qui traitent exactement de ce sujet.

Nous avons parlé peut-être pendant une heure, puis j'ai fait le long trajet de retour de deux heures vers la maison. Pendant ce long trajet, je pensais que le nom de la nouvelle dispensation de la Fraternité, Le Temple de La Présence, était vraiment parfait, car je savais depuis toujours que Le Temple de La Présence était dans le cœur de chaque personne. Je vibrais à une si grande fréquence de la bénédiction du Bouddha qu'il m'a semblé que je flottais. Le trajet à la maison s'est passé très rapidement. J'ai immédiatement partagé ce qui s'était passé avec Joanne et le lendemain, j'ai contacté deux autres chers amis de notre ancien groupe et transmis ce que j'avais vécu avec Carolyn et Monroe et le Bouddha.

En l'espace de vingt-quatre heures, Le Temple avait doublé le nombre de personnes intéressées à voir exactement ce qu'il en était de la Nouvelle Dispensation. Avant de continuer plus loin avec ce récit, je dirai que cela a été une grande bénédiction pour moi d'avoir partagé, du moins dans une certaine mesure, la charge de Gautama Bouddha depuis cette première nuit ainsi qu'au cours des quinze années suivantes, et je partage cette charge sacrée, de nouveau avec vous, ici, dans cette écriture, en ce moment.

Première Communication de l'Archange Michel

C'est au cours de ce premier séminaire au Vermont que l'Archange Michel est venu pour la première fois au Temple de La Présence. J'étais resté à la maison avec Jesse (il avait quatre ans) afin que Joanne puisse assister au séminaire de week-end car c'était sa première expérience avec une dictée en direct des Maîtres Ascensionnés dans cette vie. J'ai reçu un message de Carolyn disant que je devais assister au service du dimanche et que les filles de Carolyn s'occuperaient de Jesse. Je devais être présent pour la première apparition de l'Archange Michel au Temple.

Il y avait peut-être 15 à 20 personnes présentes dans le sanctuaire du bâtiment encore en construction de Henry et Geneviève. Cela ressemblait davantage à une grande grange inachevée avec une belle fenêtre donnant une vue dégagée sur les montagnes. Nous étions situés en demi-cercle avec Carolyn au centre du cercle devant la grande fenêtre. Carolyn a donné le signal à Henry et il a commencé la méditation musicale avec la tonique que Carolyn lui avait dit de jouer. L'énergie était simplement électrique et si puissante. La tonique montait encore et encore tandis que le Feu Sacré augmentait. Soudainement, l'Archange Michel se superposa à la forme debout de Carolyn. Suivant la hauteur de la méditation musicale, l'Archange Michel s'est tourné et a fait face aux quatre directions avec sa main droite levée appelant ses Légions.

Le haut de la grange s'est dissous et à sa place il y eut un grand amphithéâtre avec, rangée après rangée, des anges intensivement ardents, se tenant debout, et arrivant obéissant à la convocation de l'Archange Michel. La passion et la résolution si intenses sur leurs visages, absolument rien ne pouvait se mettre sur leur chemin tandis qu'ils répondaient à l'appel du Seigneur Michel. L'Archange Michel a ensuite déclaré que chacun d'entre nous qui était présent avait une légion de ses Anges sous son commandement. Que nous devions les commander tous les matins, tandis qu'ils attendaient nos ordres pour aller sur Terre aider la situation où nous sentions le besoin de leur action.

Je me souviens qu'il nous a été demandé de rester debout pour que ses Anges se souviennent et identifient la note clé, vibration de notre Présence, afin qu'ils puissent être présents pendant nos méditations et nos appels du matin. L'enregistrement de cette dictée de l'Archange Michel peut être obtenu au Temple de La Présence.

J'ai parlé brièvement de mes premières rencontres avec Gautama Bouddha et maintenant avec l'Archange Michel. Comment puis-je seulement commencer à transmettre ici comment ce fut quand Jésus est venu pour la première fois, se tenant là avec ses bras élevés en signe de pouvoir et de bénédiction, le voyant à travers le brouillard des larmes qui me coulaient sur le visage, des larmes de joie et un amour et une gratitude si irrésistibles d'être ici, en ce moment précis, pour éprouver le feu intense de son amour et du pouvoir qu'il transmettait. Et encore une fois, qu'en est-il de Saint Germain ... Je sentais que je ne le connaissais pas avant qu'il ne vienne au Temple, dans son manteau de Feu Violet; sa grande passion et son humour caustique ont réchauffé nos cœurs et nous ont rempli de la ferveur de la Liberté pour la grande Victoire de la vie. Sa mission, d'amener le Grand Age d'Or; chacun de nous l'aurait suivi n'importe où. Comment commencer à transmettre l'immensité de tout cela à ceux qui ne l'ont jamais vécu ?

Les Premiers Jours

Aux premiers jours du Temple dans le Vermont, nous n'étions qu'une poignée à aider Carolyn, Monroe, Henry et Geneviève dans l'immense travail sacré qui leur était présenté. Ceux qui, maintenant, ne font partie du Temple que depuis quelques années n'ont peut-être pas entendu parler d'Henry et de Geneviève, mais ils sont inclus ici, dans ce compte-rendu des débuts, en raison du travail formidable et du sacrifice qu'ils ont, plus que tous, excepté Carolyn et Monroe, apportés au Temple dans les tous premiers jours.

En vérité, personne ne pouvait incarner le sentiment de service désintéressé à la vie plus qu'Henry et Geneviève ne l'ont fait, non seulement en accueillant chaque dimanche le service du Temple et une conférence trimestrielle, pendant plus de trois ans et demi, mais aussi en tant que principal soutien financier pour Le Temple pendant ces années. En tant que proche ami, témoin de tout ce qu'ils ont donné, c'est une expérience humble que de témoigner de leur complet dévouement à cette œuvre.

Il y avait tellement de travail d'organisation à faire et si peu de personnes pour le faire. Mais, tandis que d'autres furent attirés par Le Temple, certains, de plus en plus nombreux, offrirent leur temps, suivant leurs possibilités, pour aider. Le Temple était situé très loin dans le nord du Vermont. Cela signifiait que, tant que c'était dans une belle région immaculée, il n'y avait pas l'infrastructure d'une grande ville à proximité pour créer des emplois pour les personnes qui souhaitaient offrir un service à temps partiel comme ils l'auraient voulu. La plupart des personnes qui vinrent, dans les premiers jours, aux services du Temple devaient faire au minimum deux à quatre heures de route.

Plusieurs d'entre nous, qui furent galvanisés à l'amour indescriptible et au feu des services, donnèrent ce qu'ils pouvaient de leur temps, chacun d'entre nous ayant une famille, une carrière et une vie à vivre. Nous passâmes autant de temps que possible à Chelsea, au Vermont (l'emplacement du Temple) à aider, et ensuite nous faisions le travail que nous pouvions pour Le Temple lorsque nous étions rentrés chez nous. Cela a continué ainsi pendant trois ans et demi, se développant lentement au fur et à mesure que de plus en plus d'entre nous partageaient leur expérience avec d'autres.

Ces longs week-ends à Chelsea, lorsque plusieurs d'entre nous se rassemblaient, essayant d'y participer, furent vraiment magiques. Il y avait tellement le sentiment que nous y étions tous impliqués ensemble, il y avait tellement de joie et il était évident que nous avions été tous ensemble auparavant (dans les Retraites pendant que nos corps physiques dormaient ou dans des vies antérieures). Le don de Joanne était d'aider Geneviève et Carolyn pour l'organisation. Je pouvais transmettre le feu spécial du Temple à d'autres, aussi je communiquai, au nom du Temple, avec beaucoup de gens que je n'avais jamais rencontré auparavant.

J'ai souvent pu partager mes expériences avec les anciens membres du Phare du Sommet qui étaient bien versés dans les enseignements des Maîtres Ascensionnés, mais, avec le déclin du Phare du Sommet, ils n'étaient pas au courant du Temple. Par la suite, Joanne et moi-même nous fûmes très impliqués dans des présentations publiques, introduisant au Temple un grand nombre de personnes, dans le Vermont, dans le New Hampshire et à Toronto. Henry et moi-même nous fûmes ceux qui amenaient et récupéraient tous les équipements audio requis pour chaque service, lorsque nous voyageâmes à New York, au Montana, à Boston, au New Hampshire et à Toronto avec Carolyn et Monroe pour les services d'introduction au Temple.

Avant le déménagement du Temple pour Tucson, j'ai passé quelques jours avec mon frère (qui vivait à Tucson), Carolyn et Monroe à conduire pour explorer la périphérie de Tucson et les montagnes au sud. Pendant ces quelques jours, mon frère a organisé le lieu pour le premier service du Temple à Tucson; ce fût dans un centre de méditation tibétain où mon frère Brian était membre. Bien sûr, la dictée, la première des nombreuses futures à Tucson, fut de Gautama Bouddha.

Différences entre Le Temple et Le Phare du Sommet

Dans ces premiers jours, de nombreux amis anciens et nouveaux que j'avais contactés furent rapidement galvanisés par la pureté, l'amour et la charge du feu qu'ils vivaient, alors qu'ils faisaient le lien conscient avec leur Présence I Am, Je Suis, lors des Discours et des Dictées du Temple.

Quel était le processus qui se différenciait du Temple du Phare du Sommet ? Il s'agissait avant tout, pour chacun, de la reliance absolue avec sa Présence I Am, plutôt que de la dépendance au Messager. C'était de forger le souvenir que sa Présence I Am a toujours été là, nous aimant, nous guidant et nous déployant, autant que notre conscience extérieure et notre libre arbitre le permettait. C'était la base de l'instruction de Saint-Germain dans les livres du I Am des années 1920 et 1930 que lorsque l'on appelle la perfection de la Présence I Am, tous les états de conscience inférieurs qui créent l'expérience commencent à se dissoudre et la perfection se manifeste de plus en plus. Tout, selon la grande loi du karma, sur quoi on met son attention, est amené dans son monde. Et quand l'attention est fixée sur la Présence, elle élève littéralement la personne par ses propres tirettes de bottes (ou oreillettes de bottes, voir sur internet).

Une autre différence sensible entre Le Temple et la précédente activité que la Fraternité a produite, était qu'il y avait au Temple un tel sentiment de joie, d'amour et de pureté imprégnant toutes les facettes des services. Les Messagers disaient souvent dans ces premières années qu'ils étaient, tout comme nous, des étudiants des Maîtres. Ils étaient emplis du feu de l'Amour de Dieu et c'était tout ce qu'ils devaient faire comme travail. Carolyn partagea qu'ils continueraient à tenir ces services, même si personne ne choisissait d'y participer, en raison de l'action mondiale qui en découlait, alors que cette immense Lumière était ancrée physiquement au cours de chaque service. Ceux d'entre nous appelés à être présents dans ces tous premiers jours furent presque submergés par les aspects de cette action que nous vécûmes encore et encore.

Une facette étonnante du Temple de La Présence était la musique. Beaucoup d'entre nous ont été introduits à de nouveaux niveaux de perfection musicale faute d'un meilleur mot. Bien que j'étais très familier avec les traditions de la musique sacrée indienne à travers le travail de mon cher frère Roop Verma, les notes clés musicales avec lesquelles Carolyn et Monroe entouraient chaque service furent vraiment transcendantes. En raison des antécédents musicaux de Carolyn, et de sa propre harmonisation, les plus belles compositions célestes furent jouées avant le début de chaque service. Carolyn nous dit dans ces premiers jours que le Maître lui demandait d'obtenir un enregistrement spécifique qui devait être joué en tant que note clé de méditation, immédiatement avant et à la fin de chaque adresse du Maître. Carolyn ajouta que le Maître identifiait les enregistrements spécifiques (y compris la date et l'emplacement de l'enregistrement) qui contenait la charge la plus pure de Feu Sacré que le Maître souhaitait utiliser dans la délivrance. C'est au cours de ces morceaux de notes clés de méditation que la libération du feu spirituel s'accrut de plus en plus jusque dans la dictée du Maître.

Il y avait, pendant ces services, une pression physique très tangible de Lumière qui fluctuait souvent avec une grande intensité. Il y avait une joie, un amour porteur et une électricité si tangibles et si physiquement palpables, que tous ceux qui franchirent les portes du Temple de La Présence purent facilement toucher. A la conclusion de la dictée du Maître, la plupart de l'assistance restait assise en méditation et n'était pas disposée à se mouvoir. Désirant, plutôt, absorber l'intensité du Feu Sacré, savourant l'exaltation raffinée laissée dans l'atmosphère tandis que le Maître retirait sa Présence et que la méditation de la note clé musicale jouait en toile de fond de l'expérience.

Dans chaque service, cela fut répété dans de nombreuses variations différentes. Chaque service s'appuyant sur le précédent en grandeur et en profondeur tandis que ces intenses expériences nous élevèrent de plus en plus haut. Finalement, nous avons compris que le processus de purification que l'on expérimentait au cours de chaque service permettait une plus grande assimilation du Feu Sacré, ce qui permettait ensuite d'assimiler davantage le Feu Sacré lors du service suivant. Cela continue ainsi à ce jour.

Le plus remarquable fut le changement physique que je remarquais, et que tous les autres aussi, dans l'aspect extérieur et la personnalité de tous, alors que de plus en plus de déchets du monde extérieur furent consumés pendant ces services hebdomadaires du dimanche, et ces conclaves trimestriels de 5 à 12 jours. Souvent, à mesure que l'on devenait de plus en plus imprégné du pur Feu Sacré de notre Présence I Am, tout ce que l'on pouvait faire était simplement de pleurer parce que l'Amour, le Souvenir, la Gratitude étaient tellement intenses. Quant à moi, je me sentais, dans ces premiers jours et encore aujourd'hui, comme un petit garçon en toute sécurité et complètement aimé dans les bras de mon Père et de ma Mère. D'autres fois, je sentais que non, j'étais celui qui s'éveillait, un grand guerrier sentant l'Amour, la Sagesse et le Pouvoir immenses de ma Présence inondant ces corps avec un but sacré que je ne pouvais que faiblement percevoir, trop fantastique pour oser même en rêver.

Le Temple de La Présence était appelé la Nouvelle Dispensation. C'était un nouveau paradigme pour moi et pour nous tous, l'impulsion du Grand Age d'Or de Saint Germain. S'il n'y avait pas eu la pression très physique de la Lumière et les expériences magnifiques transcendantes que beaucoup eurent, il aurait pu être possible de ne pas croire que les Grands Maîtres Ascensionnés se tenaient réellement devant nous, nous submergeant avec l'Amour et la Lumière les plus intenses et avec l'enseignement qui était si simple et pourtant si profond.

Si l'un ou plusieurs d'entre nous n'avait pas expérimenté encore et encore, pendant le service, le plus grand frisson à l'approche du Maître lors de la note clé de la méditation musicale et aussi, à certaines occasions, un mélange de tristesse et parfois de soulagement que l'adresse du Maître fût conclue parce que l'intensité du Feu que le Maître et sa Présence libéraient rendait extrêmement inconfortable d'y être exposée, alors il aurait pu être possible de ne pas croire à ce qui se passait devant nous.

Si l'un ou plusieurs d'entre nous n'avait pas expérimenté encore et encore la joie et l'amour incompréhensibles dans la compréhension viscérale et la puissance de la réalité absolue et de l'immédiateté de sa propre Présence I Am individuelle, la compréhension et la responsabilité émergentes de l'exercice de ce grand pouvoir comme Jésus l'a vécu, comme tous les Maîtres Ascensionnés l'ont vécu, alors il aurait pu être possible de ne pas croire à ce qui se passait devant nous.

Si l'un ou plusieurs d'entre nous ne voyait, ni ne percevait réellement, pendant ces services bénis, ces Grands Maîtres se tenant devant nous, dans un tel Feu Sacré vivant et resplendissant, nous instruisant et nous convoyant le pouvoir des Vertus Christiques et des préceptes de l'Aube de l'Age d'Or de Saint Germain, alors il aurait pu être possible de ne pas croire à ce qui se passait devant nous.

Si tout cela, et bien plus encore, ne s'était pas produit encore et encore à chaque service du dimanche, et pendant la quinzaine de chaque conclave trimestriel (période de 12 jours autour des solstices et des équinoxes) et pendant les services organisés pour les fêtes de Thanksgiving, de Noël et d'autres périodes de l'année depuis plus de 15 ans maintenant, chaque service dépassant le précédent en Gloire, alors il aurait pu être possible de ne pas croire à ce qui se passait devant nous.

Ce qui s'est produit, dans ces premiers jours où les services furent suivis par moins de personnes que ce que l'on peut compter sur les doigts de deux mains, se produit encore aujourd'hui avec des centaines participant à ces services bénis, en personne, ou par diffusion en direct sur internet tandis qu'ils sont adressés gratuitement partout dans le monde.

En plus de tout ce qui précède, au fil des années, de plus en plus de personnes, des plus magnifiques et dynamiques, furent magnétisées vers Le Temple. Il y avait toujours le sentiment d'être à la maison, dans sa famille, lorsque l'on était réuni pour un service ou un conclave de 12 jours, le sentiment d'être avec d'autres personnes qui avaient une détermination similaire à la sienne. Il y avait un sentiment de joie d'être tous ensemble. Si souvent, que j'en ai perdu le compte; j'avais la forte impression que nous nous connaissions avant, lors des premières rencontres avec quelqu'un au Temple. C'était vraiment évident que nous nous reconnections de nouveau, dans cette vie, à cet endroit, pour développer ce travail, et que tout avait été préparé depuis de nombreuses vies.

Lorsque Saint Germain vint pour plusieurs jours consécutifs lors d'un des premiers cycles de 12 jours de Conférence et d'Acropolis Sophia, il donna l'instruction, le plan, pour la façon dont Le Temple devait se développer. Il déclara qu'il y en avait beaucoup qui avaient été formés pendant de nombreuses vies pour participer à cette activité, qui reconnaîtraient Le Temple et seraient galvanisés par le Feu Sacré. Que ceux-ci viendraient aux services du Temple, que leurs calices seraient remplis, et qu'ils prendraient ce qu'ils avaient vécus et reçus au Temple pour partager dans le monde avec d'autres tandis que leurs cœurs étaient remplis de pouvoir et les avaient guidés à agir. Il déclara que pour diverses raisons, ces personnes étaient les mieux adaptées pour transmettre le Feu de la Nouvelle Dispensation à ceux qui se trouvaient dans des endroits éloignés et qui ne pourraient pas assister physiquement.

Il semblait que nous étions tous des guerriers, des camarades d'armes, des bras de Lumière. Nous avions tous nos troupes auxquelles nous devions transmettre la charge que nous recevions encore et encore dans nos propres dévotions. C'est ainsi que vient le Grand Age d'Or.

17 ~ **Tout Compte**

Chronologiquement, je suis arrivé au point où Le Temple entre dans la description, ce récit change de vitesse. Depuis très longtemps, j'ai su que je devais, d'une certaine façon, organiser tout ce qui s'est passé dans cette vie dans une histoire cohérente qui serait un enregistrement pour les autres d'aventures, d'expériences, de bénédictions et d'intercessions remarquables qui ont tellement façonné chaque facette de ma vie. Que ces événements durement conquis puissent peut-être rendre le Chemin plus facile pour les autres, et si ce n'est pour les autres, alors au moins pour mes deux enfants et ceux directement reliés à cette vie afin qu'ils aient ce récit sur la façon dont tout cela s'est produit et qu'ils puissent l'utiliser et le transmettre comme ils le souhaiteraient.

Dans ce récit, j'ai détaillé l'expérience d'une vie, que ma Présence et ma conscience extérieure de la Fraternité et les enseignements des Maîtres ont progressivement déployé et façonné ma vie. Cela s'est directement manifesté dans la nature des expériences que mon karma dictait et dont l'opportunité m'était offerte. J'ai omis une grande partie des expériences ordinaires mondaines que la plupart ont dans le processus d'une vie, mais j'ai cherché à transmettre la motivation intérieure et les événements réels qui furent des jalons le long de mon chemin, et ceci sans la moindre licence littéraire. Chaque événement définissant le niveau et la tonalité de ce qui allait suivre.

Toujours est-il que j'ai senti que je n'avais jamais eu de choix, après les premières expériences avec les Enseignements de la Fraternité. Même dans de vieux registres dilués datant de plus d'un siècle, il y avait un frisson, une touche d'émerveillement, un espoir qu'il y avait quelque chose de très réel à en extraire et qu'il y avait un sens à tout cela. Pour moi, acquérir, expérimenter et transmettre à d'autres cette compréhension scientifique fut l'aspiration conduisant cette vie.

Maintenant que cette histoire est entièrement exposée et que vous avez une compréhension de base des sciences sacrées impliquées ici, il est temps de revenir au but, d'indiquer clairement, pour le dossier, pourquoi tout cela s'est produit et qu'est-ce que cela pourrait signifier pour vous.

Simplement et brièvement dit, notre vraie nature est Divine, elle est à nous pour que nous l'internalisions. Peut-être mieux dit, c'est la nôtre, à nous de nous en souvenir. Le but sacré de chaque vie est de s'en rappeler, et en se le rappelant de devenir, instant après instant, jour après jour, année après année, notre propre Présence I Am, la Présence individualisée de Dieu que nous avons toujours été, en action dans toutes les facettes de notre vie extérieure. En raison de nos nombreuses vies et de tout ce dont nous avons fait partie, ce processus d'éveil et d'efforts pour manifester les Préceptes d'Or du Chemin est, malheureusement pour la plupart, très long. Ceci est dû aux limitations karmiques que nous avons créées par nos choix de libre arbitre et qui doivent être surmontées et équilibrées par des actes d'amour désintéressés.

Toutefois, la bonne nouvelle est la suivante : le fait même que vous lisiez ceci maintenant est une certaine indication que vous êtes bien déjà sur ce Chemin, même si, en ce moment, il peut vous sembler nouveau. Souvent, notre Présence se retient de révéler l'accomplissement passé à la mémoire consciente afin de développer d'autres aspects de notre nature. Cela nécessite en général des vies d'efforts considérables pour arriver au moment du Chemin où l'on peut commencer à entendre les douces impulsions du cœur qui augmentent de plus en plus à mesure que le karma est purifié, et que l'amour augmente pour le pur bénéfice de l'amour.

Visualisation du Grand I AM

Alors, à ce stade de l'histoire, je vous invite à me suivre une fois de plus dans cette méditation : Au cœur même de notre être, est ancré le point focal sacré de notre Présence Individualisée : la Tri-Flamme d'Amour, de Sagesse et de Pouvoir. Elle est projetée à partir de notre Présence via la Corde de Cristal au début de chaque vie et elle contient l'impulsion et les moyens d'accomplir la mission spéciale qui est notre plan pour cette vie et qui contribuera à déployer la maîtrise depuis le Divin intérieur. Nous avons chacun une belle et glorieuse note clé d'amour unique dans toute la création. Cette note clé est notre talent spécial, notre travail sacré et notre don le plus précieux à la vie, forgés et développés par amour pendant toutes nos vies. C'est notre contribution à la continuelle grande symphonie de la création.

Tout au long de longues périodes du temps et de l'espace, grâce à d'innombrables incarnations, nous nous sommes efforcés avec amour d'accomplir cette maîtrise, pour perfectionner l'offrande de notre note clé qui est le noyau même de notre être. Ceci nous le posons sur les marches du maître-autel de notre Présence I Am. A mesure que ce processus se déploie, chacun commence à créer de plus en plus cette perfection Divine dans ses affaires, ajoutant à la glorieuse splendeur de toute vie. C'est le processus que les Grands Etres de tous les temps ont démontré, forgeant la plénitude de leur propre Divinité individualisée et, à leur tour, créant plus de vie de Dieu à expérimenter. C'est de cette manière que le Grand I AM, JE SUIS Celui que JE SUIS, crée plus de Divin à aimer.

Je ne crois pas qu'il existe des mots qui peuvent véhiculer adéquatement le sentiment d'émerveillement que l'on éprouve quand on se trouve dans l'éveil de sa Présence, maniant le pouvoir des fiats créatifs contenus dans les décrets et les affirmations que les Grands Maîtres ont délivrés pendant plus de cent ans et surtout depuis l'avènement du Temple.

Comment est-il possible de décrire, sauf en les prononçant, l'action de ces grands fiats s'écoulant du Calice Elevé de sa propre conscience ? Chacun peut comprendre que ces appels, émanant de sa propre Présence I Am, flamboient par le libre arbitre et le choix conscient d'être de nouveau l'instrument de sa Présence I Am dans ce monde extérieur. Sachant avec une certitude absolue que ce que vous avez décrété doit se manifester, parce que vous êtes un Fils ou une Fille de Dieu, c'est votre droit de naissance de créer et d'exercer le même Amour, la même Sagesse et le même Pouvoir que Jésus et que tant d'autres ont exercés pendant la longue histoire de la Terre.

Regard sur le Passé et Regard vers le Futur

Au début de ce récit, j'ai déclaré que rien n'attirait plus l'attention que la mort imminente. Qu'en est-il de ces plusieurs cas ? (Certains se demandent si j'ai finalement reçu le message). A ce stade de l'histoire, vous connaissez maintenant un peu ma conduite de vie qui m'a toujours été une bénédiction (la vie vraiment physique et orientée scientifiquement que j'ai menée) et vous avez lu à propos de ma petite tolérance envers la médiocrité lénifiante qui est si abondante dans notre culture. Vous pouvez imaginer mon étonnement, lorsqu'en conduisant ma voiture vers l'aéroport, pour préparer un long voyage à travers le pays vers le Maine avec deux élèves, je vis apparaitre l'Archange Michel dans ma voiture, devant moi, dans une sphère de feu, me commandant de faire un décret qui à peine une minute plus tard produirait la Grâce nécessaire pour continuer cette vie. Comment décrire le feu électrique intense rayonnant de la sphère de sa Présence à ce moment-là ?

Comment décrire ce que j'ai ressenti en faisant le décret qui m'était commandé ? Comment décrire les événements qui se déroulèrent au grand ralenti lorsque l'autre voiture traversa la ligne médiane et me frappa de front à une vitesse combinée de plus de 130 km/h ? Comment décrire que je me suis retrouvé hors de mon corps, en train de quitter rapidement ce monde, et puis que deux Maîtres m'aient ordonné de faire le décret de Feu Violet, ce qui m'a chargé immédiatement d'un feu frais et effervescent, et a arrêté mon passage vers l'autre côté, permettant de continuer cette vie. Et quel était, pour moi, le plan à accomplir dans cette vie ? Comment transmettre cela et tous les autres cas où les Grands Etres ont intercédé dans cette vie ?

Juste une de ces instances comme celle décrite ci-dessus pourrait être rationalisée avec quelque chose comme "ce ne devait pas encore être ton moment", mais lorsque vous les ajoutez tous ensemble, lorsque vous comprenez la motivation globale propulsant cette vie, lorsque vous y ajoutez toutes les expériences transcendantes étonnantes, il est évident que j'ai été gardé pour accomplir une certaine tâche. Il est également évident que les disciplines spirituelles détaillées dans ce compte-rendu m'ont aidé à avoir les moyens par lesquels tout cela pouvait se produire. Présenté plus directement, il y a une plus grande protection et plus d'opportunités offertes à ceux qui se sont engagés dans le Chemin.

Quand on rencontre la charge de Paix et la Lumière, qui se sont accumulées ici sur cette terre sacrée qu'au fil des ans j'ai appelée ma maison, ancrées ici par des décennies de louanges, de prières, de méditations, de retraites spirituelles et des nombreux services formels du Temple de La Présence qui y ont été accueillis, et l'enregistrement de cette vibration gravée dans le plan physique, cela fait une attestation très tangible. A tel point que d'autres, même ceux qui ne sont pas consciemment sur le Chemin, l'ont observée.

Lorsque vos enfants ont grandi dans un tel environnement, grandi en harmonie et sont admirés par d'autres personnes pour leur caractère, leur détermination à être différents, il est évident que quelque chose fonctionne. Lorsque vos enfants ont grandi et comme jeunes adultes vous transmettent leurs propres expériences intérieures avec la Lumière, vous remerciez Dieu pour le Chemin. Vous remerciez Dieu parce que vous avez pu transmettre cela à vos enfants, parce que vous savez qu'ils seront toujours guidés et protégés par l'Archange Michel et les Grands Maîtres. Vous priez Dieu que, d'une manière ou d'une autre, tous les enfants puissent être enseignés ainsi dès leur plus jeune âge, de sorte qu'ils ne commettent pas les erreurs que j'avais faites au début, et que tant d'autres font, parce qu'ils ne savent pas mieux.

Ma mère avait l'habitude de dire : "La preuve est dans le pudding (sorte de gâteau compact)". En regardant le long portrait dessiné ici, d'un point de vue scientifique et objectif, la plupart doivent admettre que le pudding, qui peut-être très différent de ce que l'on est habitué dans notre culture, est excellent. Donc, avec tout ce qui précède, en examinant les problèmes qui entourent maintenant nos vies, avec le chaos et l'incertitude croissants, il devient plus évident qu'une re-polarisation de la conscience de l'humanité est grandement nécessaire. Les gens doivent juste se réveiller avant que les choses n'empirent vraiment.

Ils (nos frères et nos sœurs du monde entier) doivent prendre conscience de la manière la plus directe et la plus physique possible qu'il y a une différente façon de vivre, une façon qui fournit à tous les parents ce qu'ils désirent pour leurs enfants, une façon qui favorise et engendre un vrai ennoblissement de la vie, mais pas seulement d'une vie, mais l'ennoblissement de toute vie, et de tout ce que cela implique. Il doit y avoir une façon qui permette à nos enfants de grandir en se rappelant qu'ils sont vraiment Divins et qu'ils se sont incarnés pour grandir et manifester leur Nature Divine ici dans ce monde extérieur. Chaque action où l'on est impliqué soit améliore, soit est neutre, soit diminue la Lumière que l'on reçoit de sa Présence I Am dans sa vie actuelle et dans les suivantes, non seulement individuellement, mais aussi collectivement pour toute l'humanité et la belle planète sur laquelle nous vivons.

Nos enfants (de tous âges) doivent comprendre que les pensées, les paroles et les actes sont des pouvoirs créatifs qui produisent des fruits similaires. Une fois que le "feu du cœur est prêt" et que ce processus du Chemin est engagé, il y a l'accélération intérieure des Feux Sacrés de l'Amour Divin, qui accélère au fil du temps et conduit à l'éventuelle libération de la limitation karmique par des paliers croissants d'auto-maîtrise. Ce n'est pas une petite question, ici, car nous parlons simplement de l'antidote à la Chute de la Grâce, décrite dans les livres sacrés de toutes les cultures de la Terre.

C'est le travail sacré de la Fraternité de Lumière. C'est l'œuvre de tous les Grands Maîtres qui sont venus enseigner l'humanité à travers les âges, y compris ces Grands Etres qui ont établi les religions du monde par leurs enseignements.

Partout là où Je Suis, mon Père, Je Suis en Toi.
Tout ce que je vois et entends, mon Père, Je Suis en Toi.
Tout ce que je pense et ressens, mon Père,
Tout ce que je fais et dis, Je Suis en Toi.

Puissante Présence I Am, développe Ton Feu
Dans chaque cellule de mon être,
Dans toutes les facettes de mes affaires.

18 ~ **Un Nouveau Palier**

Maintenant, en s'appuyant sur tout le travail passé de la Fraternité, un nouveau palier d'éveil pour l'humanité a été atteint et l'enseignement de La Présence de Dieu Individualisé ! Un Dieu—Une Présence—De Nombreux Fils—De Nombreuses Filles * est apparu. L'Aube de l'Age d'Or de Saint Germain arrive rapidement, il est ici. Avec cette connaissance vient la prise de responsabilité de ce que l'on a apporté dans sa vie, vient l'habilitation à le faire et à apporter les changements nécessaires conformément aux Grandes Lois et à son propre libre arbitre.

Pour quelqu'un tellement endurci par les expériences de la vie physique comme moi-même, il est difficile de décrire adéquatement le sens de liberté, de joie et d'excitation pure que l'on éprouve en s'engageant dans l'un des services du Temple tandis que la libération par le Maître Ascensionné est en cours. Bien qu'il n'y ait "rien de nouveau sous le soleil", les Maîtres offrent toujours un nouvel angle sur les enseignements qui, si simples qu'ils soient, sont aussi si profonds. Comment dire cela ? Tout en enregistrant le sens des mots que l'on entend, il y a une charge d'énergie en avant et arrière-plan, un courant de feu électrique autour et à travers les mots que l'on entend, qui peint intérieurement des formes de pensées élaborées et qui, littéralement, émerveille le cœur. Au cours de cette expérience, on sait qu'on l'a toujours connu, ce n'est pas nouveau, mais il est temps de l'amener dans chaque partie de sa vie. D'une certaine façon, vous sentez que vous êtes de nouveau à la maison.

* ® Marque déposée "The Temple of The Presence"

On a l'impression que les mots réels que l'on entend ne transmettent qu'une petite partie de ce qui est transmis, que le courant, le feu électrique qui surgit dans son être pendant l'enseignement du Maître contient vraiment ce qui est transmis.

Vous savez que vous y participez, l'intégrant dans une certaine mesure, mais vous pouvez à peine contacter tout ce qu'il y a, et encore moins comprendre ce qui se passe à tous les niveaux. Parfois, c'est entouré de tant d'amour que vous vous sentez comme un enfant, tenu dans les bras de votre mère ou de votre père qui vous aiment. Parfois, il y a une sensation de joie qui est si tangible que vous voudriez bondir hors de vous même. Parfois, la paix est si intense que vous pourriez simplement vous reposer dans cette paix pour toujours avec une si profonde gratitude d'être dans cet endroit précis à ce moment précis que vous ne souhaiteriez jamais être ailleurs.

Souvent, il y a le sentiment que vous êtes une ampoule de 110 watts, mais que le courant où vous êtes branché est d'un million de watts. Votre ampoule va sûrement éclater avec toute l'intensité que votre Présence et le Maître libèrent dans votre aura, votre calice, pendant ce service, cette initiation, et pourtant, vous savez que votre Présence préservera et protégera le calice élevé et votre vie. Car dans un tel état de prière et de méditation, jamais rien d'autre que la Volonté de Dieu ne peut se manifester dans votre vie.

Car vraiment quand on est engagé dans une méditation si profonde, et que la Présence Christique adombre directement le corps physique, les véhicules physiques sont comme un calice et le Feu Sacré de sa Présence et du Maître qui préside se déverse précisément dans votre calice élevé. Cela se traduit par une action d'étirement qui purifie et accélère les corps physique, émotionnel, mental et de mémoire, ancrant de plus en plus ce grand feu de sa Présence à l'intérieur et autour de vous, et ensuite progressivement dans toutes vos affaires. Cette grande charge de Lumière est également ancrée dans le corps même de la Terre dans la région où vous vous trouvez, créant de plus en plus le momentum, la paix, la perfection dans sa vie et dans l'emplacement physique où l'on est ainsi engagé.

Monroe Shearer a donné un enseignement merveilleux qui résume ce processus lorsque Le Temple était situé à Chelsea, dans le Vermont. C'est ce qu'on appelle le Discours du Blizzard, et dedans Monroe se réfère à l'état d'harmonisation d'une personne lorsqu'elle communique avec sa propre Présence I Am. Comme beaucoup l'ont expérimenté, lorsque Monroe et les Maîtres qui président sont engagés dans un Discours, le mécanisme de ce qui est partagé est vécu dans une plus ou moins grande mesure par ceux qui assistent au service.

Dans ce cas, le sujet décrit ce qui se passe alors que l'on se rapproche de sa Présence dans l'adoration la plus profonde et la plus complète de la méditation. Il a été décrit que le Feu Sacré de la Présence se déverse dans une intensité de plus en plus grande, s'écoulant, à travers la Corde de Cristal dans sa Tri-Flamme, en expansion et en intensification. Ce rayonnement impacte de plus en plus toute sa vie. Monroe a utilisé l'analogie du blizzard, affirmant que pendant la tempête de neige, la neige recouvre tout ce qui fait face au vent, la neige ayant un impact sur cette surface du côté du vent.

Ensuite, il enseigna que, dans une telle communion avec sa Présence, la Lumière se répand et influe de plus en plus, s'accumulant, sur et dans tout son monde avec la Perfection de la Substance d'une Etoile de la Lumière de sa Présence I Am, Je Suis. Cette action rayonnant en cercle de plus en plus grand à partir de la Tri-Flamme du cœur, purifie, transforme et perfectionne de plus en plus toute son expérience. Plus on s'engage dans cette communion, plus l'intensité de la Lumière est grande, et plus la distance de l'action de la Tri-Flamme est augmentée par ce déversement continu de Lumière, incluant ses relations extérieures, ses affaires et ses événements, même ceux qui ne se sont pas encore produits dans ce temps et cet espace.

Ce discours (et tant d'autres) est un Trésor absolu pour ceux qui sont sur le Chemin, car il n'y a pas seulement une compréhension intellectuelle du processus transmis, mais, comme indiqué auparavant, lorsque la préparation intérieure est effectuée, de nombreux participants vivent réellement, pendant ce Discours, une facette de cette action continue. Encore une fois, les Discours sont habituellement une action préparatoire précédant la Dictée du Maître qui préside. Encore une fois, les mots échouent simplement à transmettre la majesté profonde de ce processus profondément sacré qui se produit à chaque service du Temple de La Présence, services qui sont donnés gratuitement à tous.

Harmonisez et Décidez pour Vous-même

Expérimentez les décrets, les affirmations et les louanges du Temple et décidez pour vous-même si cela fonctionne pour vous. Un ensemble de décrets pour commencer peuvent être téléchargés gratuitement à :
www.templeofthepresence.org/pdf/decreesample.pdf

Vous pouvez acheter le livre des "I AM, JE SUIS, Adorations Affirmations, Fiats et Décrets Rythmiques" directement à partir du site Web du Temple. Vous pouvez lire les instructions du Maître Kuthumi sur la Loi de l'Invocation sur cette page Web:
www.templeofthepresence.org/fr/main/law_of_invocation

Prévoyez cet exercice pendant au moins deux semaines afin que vous puissiez voir l'effet cumulatif de cette action sacrée dans votre vie. Mettez de côté ne serait-ce que quinze minutes avant de dormir ou en vous réveillant le matin, ou les deux. Plus souvent, vous verrez mieux et plus rapidement les résultats. Pour le bénéfice de cette expérience, admettez que les actions merveilleuses que ces appels décrivent se manifestent vraiment (parce qu'elles le font réellement). Visualisez vos proches avant de commencer, voyez la Lumière se déverser sur eux. Lorsque vous vous engagez dans cet exercice, regardez les images peintes devant le regard de votre esprit, faites une pause pendant quelques instants après chaque appel et notez tout changement dans vos vibrations lorsque vous lisez ces formes de pensée et méditez sur leur signification.

Comprenez qu'il s'agit d'une action cumulative : plus vous mettez d'intention, plus longuement vous vous y engagez, et plus grand sera le retour dans votre monde. Participez à cette méditation dynamique chaque jour, tout au long de la journée selon vos possibilités, comme c'est indiqué pendant au moins une période de deux semaines. Rappelez-vous que vous exercez des muscles spirituels que vous n'avez peut-être pas utilisés auparavant. Le sens de la vibration sera d'abord très subtil, mais, tandis que le Feu Sacré que vous invoquez fait son travail parfait, vous commencerez à constater de plus en plus les effets de cet exercice dans chaque facette de votre vie. C'est comme se baigner dans le Feu Sacré de votre Présence, plus vous le faîtes consciemment, plus la patine de vie des enregistrements karmiques, qui sont moins que la perfection, est emportée et, peu à peu, vous commencerez à vous sentir plus léger, plus heureux et plus en paix.

Maintenant, un mot pour les sages : il est toujours préférable d'offrir tout cet exercice à votre Présence I Am pour juger. Si pour vous, maintenant, le concept de votre Présence I Am est un peu trop à envisager, alors offrez-le à la Grande Mère, au Grand Père, à Jésus, à Gautama Bouddha, à Mère Marie ou à la Grande Lumière, Tout ce que vous associez avec le Divin. Plus vous faites cet exercice, plus il deviendra puissant et sacré. A mesure que votre momentum et que le feu sacré augmentent, vous verrez comment ces formes pensée que vous lisez dans ces appels produisent l'action qu'ils décrivent.

Pensez à tenir vos proches dans la sphère de votre conscience lorsque vous donnez ces appels. Visualisez le Feu Sacré se déversant de leur propre Présence I Am Individualisée, faisant son travail parfait dans chaque facette de leur vie. Il est important de se rappeler lorsque vous êtes ainsi engagé que vous n'êtes ni le faiseur, ni le guérisseur, c'est la Présence I Am qui fait le travail à travers vous et la Présence I Am de vos proches assistés par les Grands Maîtres et les Anges.

Il existe plusieurs dizaines de livres inspirés et disponibles sur les enseignements des Grands Maîtres. A la fin de ce livre, vous trouverez une liste de Lectures Recommandées des plus extraordinaires (au moins pour moi) qui contiennent cette vibration tangible de pureté. Cependant, aussi extraordinaire que soit l'un de ces livres, rencontrer un service formel au Temple de La Présence, où les grands Maîtres Ascensionnés se tiennent devant vous, devant le monde, et libèrent la lumière de Dieu, la lumière de leur propre Présence et par cette action, accélèrent votre propre conscience, afin que vous puissiez expérimenter la lumière de votre propre Présence I Am, n'a rien de miraculeux, mais excitent et habilitent au delà de ce que les mots peuvent décrire.

Dit simplement, imaginez que les informations télévisées annoncent que Jésus, Bouddha, l'Archange Michel ou Mère Marie allaient littéralement franchir le voile des mondes supérieurs pour descendre dans le plan physique et s'adresser à l'humanité. C'est exactement ce qui se passe. Cependant, seuls ceux qui ont l'harmonisation ou la réalisation intérieure, dont les cœurs commencent à s'ouvrir et dont les motifs sont de plus en plus purs, pourraient, dans une plus ou moins grande mesure, sentir, entendre et voir ce qui se passe.

Comment peut-on acquérir la réalisation intérieure ? Un aperçu du processus est décrit ici. Si quelqu'un, lisant ce récit, veut expérimenter immédiatement la réalité irrésistible de tout cela, alors, avec tout l'Amour pour la vie qu'il peut rassembler, il devra approfondir la Science de la Parole Décrétée, en donnant les appels contenus dans le livre "I AM, JE SUIS, Adorations, Affirmations, Fiats et Décrets Rythmiques". Faites ceci afin que le Feu Sacré que vous invoquez puisse produire la purification et l'accélération de votre être, transmutant ainsi suffisamment de karma, de nombreuses vies, qui est comme une patine de brouillard obscurcissant la magnificence, la mémoire et donc l'autonomisation de votre Tri-Flamme Divine intérieure, qui est la focalisation de votre Présence I Am dans ce monde extérieur.

Selon l'effort avec lequel on s'engage dans ce processus, selon la Volonté de Dieu pour chaque personne individuellement, celui-ci commencera à voir et à ressentir l'immensité de l'Amour de Dieu augmenter dans sa vie, et qui peut s'accroître au cours d'un service du Temple. A mesure que l'on se sent plus à l'aise avec le processus, on commencera à sentir son cœur s'ouvrir. On peut commencer à expérimenter toutes sortes d'expériences spirituelles profondes que les mystiques ont enregistrées durant le long voyage de l'humanité. Tout cela est déterminé par la Volonté de sa propre Présence.

C'est exactement ce qui se passe avec des centaines et des centaines de personnes dans le monde qui participent maintenant aux libérations continues du Feu Sacré qui proviennent des Maîtres Ascensionnés pendant chaque service du Temple. Cela se produit s'ils participent en personne, sur le lieu où ces services sont tenus à Tucson, en Arizona, ou s'ils participent aux émissions gratuites, audio ou vidéo, diffusées sur internet chaque semaine. Pouvez-vous imaginer combien seraient alignés, voyant par eux-mêmes ce qui se passe réellement, tandis que les mots défilent ? Bien sûr, il y en a beaucoup s'en moqueraient, mais ils ne sont pas encore sur un point où l'éveil a commencé dans leur vie.

Le Chemin tel qu'il est décrit dans ce récit n'est pas destiné aux dilettantes (ceux qui, par curiosité, en retireraient un peu de ceci et de cela). Le Chemin décrit par les Grands Etres est pour ceux dont le cœur cherche sérieusement la raison du pourquoi, les réponses à : Qui suis-je? Pourquoi suis-je ici?

Il est toujours préférable d'assister personnellement à un service du Temple en direct afin de pouvoir rencontrer des anciens amis et des nouveaux et ressentir directement l'intensité du Feu Sacré (selon la Volonté de la Présence). Cependant, dans une dispensation absolument remarquable de Miséricorde et de Grâce, pour ceux qui ont fait la préparation intérieure, se joindre à la diffusion hebdomadaire de la vidéo sur Internet est encore la meilleure chose à faire après.

En fait, selon la Volonté de chaque propre Présence I Am, et l'application extérieure de l'effort de chacun, il est habituel d'être si engagé dans le Sacré-feu qui est libéré dans un service du Temple (qu'il soit en direct ou préenregistré), qu'on ne se rend même pas compte que l'on participe par Internet. C'est presque comme si vous étiez là-bas en personne avec ceux qui vous sont les plus chers, traversant ces libérations mondiales bénies de Feu Sacré. Vous savez que vous rendez ce service à la vie. Vous faites de votre conscience un calice élevé pour que le Feu Sacré se déverse de votre Présence et du Maître qui préside.

Ce Feu Sacré sort de votre cœur et touche tout dans votre monde, bénissant, accélérant, purifiant et protégeant tous les aspects de la vie, y compris les proches. Toutes les expériences mystiques intérieures et extérieures peuvent se produire, encore une fois selon la Volonté de la Présence de chacun.

C'est pour cette raison que des centaines de personnes qui sont engagées dans ces services continus refusent tout empêchement d'assister à ces services hebdomadaires ou aux conclaves trimestriels (en personne ou via Internet). Autrement dit, comme je l'ai partagé avec Carolyn et Monroe et avec beaucoup d'autres au cours des 15 dernières années, c'est de loin "le plus grand spectacle de la planète", et en fait, rien ne peut même s'en rapprocher. Ceux qui n'ont pas encore expérimenté un service au Temple en direct ou en rediffusion pourront avoir une expérience cumulative changeant leur vie.

Faites en Sorte que Cela Arrive

Tout commence directement dans votre cœur par l'application quotidienne des appels, des prières et des méditations, suivis de l'approfondissement des enseignements des Maîtres Ascensionnés transmis en direct du Temple pendant les services hebdomadaires ainsi que par des centaines de services enregistrés disponibles en ligne ou sur DVD. Le contexte et les fondamentaux du Chemin sont également contenus dans des dizaines de livres merveilleusement inspirés sur les enseignements de la Présence I Am, les Maîtres et le Chemin qui ont été publiés au cours des cent dernières années. (Voir Lectures Recommandées.)

N'oubliez pas de faire votre propre harmonisation avec votre Présence avant de commencer, en vous centrant sur les affirmations, les prières, les louanges ou les appels qui vous sont favoris. Cherchez à établir un rituel tôt le matin avant de vous engager dans les affaires de la journée, puis de nouveau la nuit avant de vous coucher. Demandez à votre Présence, et à ces Grands Etres auxquels vous vous sentez connectés, de multiplier et de développer cet exercice afin que d'autres puissent bénéficier des appels, des prières et des méditations auxquels vous allez vous engager à faire.

Saint Germain a déclaré qu'une fois que vous avez votre session régulière du matin, puis que vous prenez une minute toutes les heures (tout au long de la journée) pour écouter votre Présence (en appelant brièvement), vous garderez le Feu Sacré flamboyant dans votre aura. Tenez vos proches dans votre cœur pour leur guérison, leur protection et leur direction divine, puis vous vous réjouissez, car vous êtes tout à fait sur votre chemin de retour à la Maison.

En introduction à ce livre, j'ai présenté un aperçu des problèmes désastreux qui affligent notre monde. Dans ce travail, j'ai essayé d'établir, en relatant les expériences de cette vie à la

Un Calice Elevé

recherche des grands mystères de l'Orient et de l'Occident, et en rencontrant les enseignements des Grands Maîtres, j'ai essayé d'établir pourquoi on devrait envisager cette approche pour vivre sa vie et quels en sont les formidables et innombrables avantages.

Pouvez-vous imaginer non pas un seul, mais beaucoup d'initiés sur le Chemin, apportant la pleine mesure de leur réalisation, de la sagesse collective des Etres Christiques de tout âge et la Présence I Am de chacun, s'engagent dans le cœur des Problèmes mondiaux ? Encore une fois, ce n'est pas une idée nouvelle : c'est le travail même des grands Maîtres Ascensionnés, de Saint Germain, de Jésus, de Gautama Bouddha et d'innombrables autres qui servent la Vie. C'est le travail sacré de la Fraternité de Lumière, et c'est ainsi que le Grand Age d'Or se manifeste.

Avec un sourire léger et doux vers tous les sceptiques de ce qui est présenté ici, sachez que, par les expériences de cette vie, moi-même, avec tant d'autres, nous avons prouvé à maintes reprises la grande réalité du Chemin.

Ce travail est manifestement un défi pour vous et pour tous ceux qui ont lu ces mots ou qui ont réfléchi sur ces questions et qui n'ont pas encore pris contact dans leur conscience extérieure avec leur Présence Divine et les grands Maîtres Ascensionnés. Allez-vous vous carrer dans votre vie coutumière et confortable (ou pas si confortable) et attendre les derniers chapitres de votre vie avant de vous poser ces questions, en espérant que la maladie et la tragédie se dégagent de vous et de vos proches ? Ou aurez-vous les feux du cœur allumés par l'expérience de votre vie et peut-être la cadence de ces mots pour essayer, et voir s'il y a vraiment quelque chose de merveilleux là-dedans, ou plutôt juste ici, En Vous.

Après toutes ces années, j'aimerais partager avec mes enfants et mes amis "Lorsque vous faites un vœu sur une Etoile, vous découvrez qui vous êtes vraiment". Nous développons cette sagesse un peu de cette façon : Lorsque vous vous concentrez et que vous vous alignez sur l'Etoile de votre Présence, tout devient possible pour vous. Vous faites une différence dans votre vie, dans la vie de beaucoup en offrant le don sacré que seul vous pouvez donner, en donnant vie à ce que vous avez travaillé à perfectionner pendant de nombreuses réincarnations. Il y a là-dedans une gloire qui émerveille la partie la plus profonde de son cœur.

Comme promis, ce travail ne laisse pas ces cœurs sincères sans un chemin clair et scientifiquement détaillé par lequel chacun puisse expérimenter ces bénédictions incalculables et insondables pour eux-mêmes et leurs proches, dont les premières étapes peuvent être vécues en quelques semaines, suivant l'intensité du désir de leur cœur.

Le calice est soit à moitié plein soit à moitié vide. "Le feu du cœur est-il prêt ?" *

---

* Du poème d'Aurobindo, *Le Bateau de Rêve*

~ Réflexions sur le Chemin

Sortez de Votre Tête et Entrez dans Votre Cœur

Pour moi, j'ai connu ce Chemin depuis toujours. Je savais que je devais avoir une association directe avec le travail des Grands Maîtres et que c'était aussi mon travail, car j'ai été leur étudiant pendant très longtemps.

Tandis que votre cœur vous conduira peut-être un peu plus profondément dans le chemin spirituel avec Le Temple, j'aimerais partager avec vous qu'il peut y avoir des aspects de cette expérience qui pourraient être très différents et/ou complètement étrangers à certains. En fait, afin de protéger leurs cœurs, ils sont restés bloqués trop longtemps pour pouvoir laisser partir leur cadre de référence et leur personnalité extérieure, ce qui autrement leur aurait permis de sentir, de commencer à entendre et de voir ce qui se passe réellement intérieurement. Comme je l'ai indiqué précédemment, si vous pouvez placer vos préoccupations sur l'étagère pendant une période de temps et permettre au Feu Violet de faire son travail parfait, souvent les préoccupations se dissolvent.

Mark Prophet, le premier Messager du Phare du Sommet, qui est maintenant le Maître Ascensionné Lanello, a fait référence à ces caractéristiques extérieures de la personnalité comme des "peccadilles", c'est-à-dire les traits de personnalité de l'ego qui cherchent toujours à interférer avec l'éveil et la purification du cœur, et qui sont les obstacles personnels de chacun sur son Chemin. Ces "peccadilles" peuvent autoriser quelqu'un à se sentir offensé ou repoussé par les "perceptions" des activités, des comportements ou les mots des autres, et cela peut prendre toutes les formes imaginables dans la vie.

Pour comprendre cette situation, je transmettrais ici ce que je peux me rappeler d'un merveilleux Discours de Monroe sur ce sujet. Il a dit que ce genre de choses arrive toujours à quelqu'un sur le Chemin. Ce sont ces circonstances où l'ego se sent menacé ou offensé au point où ses réactions le feraient dévier du Chemin. Monroe a cité un exemple des enseignements de Jésus dans lequel Jésus dit à quelqu'un : "Est-ce que cela t'appartient ?" En voyant un de ses disciples prendre ombrage de l'action d'un autre.

Dans cette vie complexe et écrasante dans laquelle nous vivons, comment ne pas avoir, dans la vie de chacun, de nombreuses "peccadilles" qui viendront à la surface, en toutes sortes de circonstances, chaque fois que le cadre de référence, ou d'expérience, est remis en question ? Après tout, c'est le processus de discernement qui est essentiel pour qu'un enfant devienne adulte. Toujours, à propos du Chemin, quand on se souvient des paroles de Jésus que vous trouverez le royaume en devenant "un petit enfant", il nous est rappelé qu'une innocence simple est requise.

La raison en est que, dans cet état sans soucis, le cœur de sa conscience est plus libre de refléter, de se rappeler, d'expérimenter les mondes les plus raffinés et parfaits qui existent immédiatement à côté de ce monde, juste à une vibration beaucoup plus élevée, de sorte qu'elle est invisible pour quelqu'un qui est pris dans la densification de l'ego extérieur. Cette attitude d'enfant nécessite beaucoup de pratique, et c'est en fait la pratique de ne rien faire, de ne penser à rien, de se taire et de s'abstenir de critiquer. Tandis que son cœur désire devenir et se souvenir de plus en plus de son état natal d'Amour Divin, ce processus devient plus facile.

Quant à moi, j'ai pu finalement ignorer, et parfois en rire, de mes propres peccadilles qui m'étaient si familières. Dans Le Temple, il m'a toujours été très facile de ne pas simplement voir, mais de ressentir aussi l'immense perfection présente au cœur même de chaque service. J'ai pris conscience au commencement du Temple qu'une Action Mondiale se produisait au cours de chaque service. Parfois, j'avais un aperçu intérieur des innombrables effectifs qui orchestraient aux niveaux internes et aidaient à transmettre la Lumière dans les plans physique, émotionnel et mental du corps Terrestre. C'était presque une réflexion sans importance que des dizaines ou des centaines de personnes, présentes physiquement, se trouvaient précisément là, chacun d'entre nous passant par son propre processus d'assimilation de l'Amour et de la Lumière intenses libérés tout au long du service.

Pas à Pas

Tout au long de ce récit, j'ai utilisé des mots forts pour décrire mes expériences sur le Chemin. Il convient maintenant de dispenser ce que j'ai partagé avec beaucoup d'autres au fil des ans, en qualité de représentant du Temple pour introduire les Enseignements à ceux qui n'y étaient pas familiers, et, en privé, en faisant de même avec de nombreux amis et connaissances. Tout le monde se trouve à une position différente sur le Chemin, et, de ce fait, l'expérience de chacun est tout à fait différente.

La condition préalable pour tous ceux qui expérimenteraient un service au Temple est un cœur ouvert. Comme dit Saint-Exupéry dans "Le Petit Prince" : "voir avec le cœur, entendre avec le cœur, réfléchir avec le cœur, parler avec le cœur..." est le moyen le plus sûr. Quand on est si préparé qu'on s'engage dans les appels de groupes préparatoires, le momentum du groupe et celui des Grands Etres, on ajoute une énorme accélération à tout ce qui est prescrit, au-delà de ce que l'on pourrait normalement expérimenter en fonction de son propre momentum et de sa propre préparation.

Tout au long du Discours (donné par Monroe) et de la Dictée (donnée par Carolyn), il y a souvent des variations dans la quantité de Feu Sacré qui est libérée par le Maître qui préside et par sa propre Présence. Parfois, cela peut être très intense, et la pression de la Lumière peut même mettre mal à l'aise. Même quand c'est si intense, c'est encore tellement rempli d'amour et d'intention les plus glorieux. Il est utile de rappeler que, dans un tel état, rien ne peut venir sauf la Volonté de votre Présence I Am, et que la Volonté de votre Présence I Am ajustera et jugera pour vous tout ce qui peut se présenter, et que ce sera toujours Parfait et Bon. Les périodes d'inconfort ne viennent que du Feu Sacré de la Présence qui fait son travail parfait dans la purification et l'accélération de ses différents corps. Si on peut être tranquille et s'abandonner à ce Feu Sacré, avec foi, sachant que tout va bien, alors un travail plus grand peut se produire pendant cette initiation.

Ces moments de grande intensité diminuent lentement à mesure que le Maître se retire, l'inconfort se transforme en une paix profonde et aimante, dont on veut souvent ne jamais s'écarter, se déplacer ou se faire déranger, on désire seulement se prélasser dans ce Grand Amour. Pour cette raison, après chaque service, la méditation avec la note clé musicale que le Maître demande est rejouée encore et encore pour ceux qui restent assis en méditation, tandis que d'autres sortent finalement du sanctuaire. Il n'est pas rare pour certaines personnes de rester dans le sanctuaire pendant 30 minutes ou plus en méditation après que le Maître se soit retiré et que les Messagers soient partis.

J'ai découvert que j'étais comme un calice élevé lors de la participation à ces services, plus que dans mes méditations quotidiennes. Je savais que cette Lumière traversait mon cœur et allait directement dans le corps de la Terre avec la note clé de ma Présence marquée dessus pour un but que je ne peux que faiblement percevoir.

Au cours de ces expériences, j'ai pris conscience que je pouvais monter à un niveau supérieur de la délivrance, au-delà des mots prononcés. Avec un grand effort pour rester conscient, il m'a été possible de m'accrocher davantage à l'Amour et à la Lumière intenses qui étaient diffusés. Pour moi, l'approximation la plus proche que je puisse décrire ici est que c'est comme être dans une grande rivière d'Amour et de Lumière glorieux qui contient tout.

A l'heure actuelle, vous avez peut-être expérimenté le pouvoir et la joie des décrets et affirmations du Temple. Lorsque l'on s'engage dans ces appels avec des centaines de personnes autour du monde, construisant un champ de force par lequel les Grands Etres peuvent s'aventurer dans le plan physique, c'est une joie exaltante dans tous les sens du mot. Sachant que le retour karmique de cette action touche chaque aspect de sa vie, bénit tous ses proches, infuse toutes ses affaires. Ce bénéfice karmique n'est qu'une réflexion supplémentaire mais il fait encore partie de la majesté du service du Temple.

J'ai partagé cela, au fil des années, avec de nombreuses dizaines de magnifiques amis qui étaient des "vieilles âmes", et cela a toujours été triste de voir que certains ne pouvaient pas dépasser leur propre personnalité, dépasser, suffisamment de temps, leurs propres "peccadilles" de ce qu'ils percevaient comme limites de l'organisation extérieure du Temple, pour simplement entrer dans cet immense courant d'amour qui est juste au-delà du coin de sa personnalité extérieure. Il est certain que tout le monde a son propre Chemin, mais dans mon cœur, je sentais que s'ils n'avaient pu lâcher prise ne serait-ce que quelques instants, ils auraient pu expérimenter cet Amour Divin incroyable.

Pour la plupart d'entre nous, la personnalité extérieure, l'ego a dominé nos vies. Lorsque l'on commence à accélérer sur le Chemin, il y a souvent des turbulences à l'intérieur tandis que l'emprise que l'ego a eue pendant des siècles de vies est relâchée et que la Lumière et l'Amour de la Présence se rapprochent.

J'ai toujours voulu pouvoir formuler ce concept dans un ensemble de mots descriptifs qui aideraient chacun à juste sortir d'eux-mêmes pendant suffisamment de temps pour contacter ce pur Feu Sacré d'Amour Divin. Une personne touchant cela, même une seule fois, trouverait que cela changerait tout. Ils sauraient qu'ils sont finalement arrivés à la maison.

Le Chemin et le Contrôle du Trafic Aérien

Dans l'aviation, lorsque vous êtes dans un environnement radar ATC (Contrôle du Trafic Aérien), l'ATC signalera les menaces possibles de trafic que le pilote ne voit pas encore, ceci pour assurer une plus grande sécurité. Tout se passe si vite lorsque les avions volent et convergent, invisibles un instant et au moment suivant sont littéralement juste devant vous. Une collision en plein air peut vraiment gâcher votre journée.

Le Chemin est comme l'ATC. Lorsque l'on est pleinement impliqué dans une démarche quotidienne avec sa Présence, s'immergeant, se repolarisant, par la prière, la méditation et les louanges pour le Don de Vie pour soi-même, sa famille et le monde, un champ de force de protection est construit. Les appels purifient, accélèrent et transmutent une partie du karma qui doit revenir ce jour-là. Au fur et à mesure que le karma est transmuté, des choses très malheureuses qui auraient dû revenir, à ce moment précis, dans la vie d'une personne peuvent être dissoutes ou diminuées, afin que l'on puisse aller de l'avant dans sa vie sans avoir l'impact total de ce retour karmique. C'est exactement ce qui s'est passé dans l'intervention de l'Archange Michel en 1985. Vous pourriez dire que le fait d'être sur le Chemin est un intérêt personnel éclairé.

Les Enfants

A propos des enfants, voici quelques informations que vous pourriez trouver intéressantes. Je peux seulement m'approcher du mécanisme ici, mais il y a eu de nombreux commentaires des Grands Etres au cours des décennies dans de nombreux lieux différents, que les circonstances de la vie de celui qui s'incarnait sont déterminées par les enregistrements karmiques personnels, et, qu'avant la naissance, on choisit les circonstances de son incarnation à venir qui répondront aux exigences karmiques et fourniront la meilleure opportunité pour développer plus pleinement son propre Plan Divin unique et le manifester dans la future vie.

Au fil des années, lors de la vie avec les enfants, en particulier mes adolescents provocateurs et leurs amis, je leur rappelais souvent qu'ils étaient venus dans ce monde pour le rendre meilleur. Je leur ai assuré que c'était Ok de ne pas aimer cela, ainsi que les disciplines parentales auxquelles ils doivent faire face. Je leur rappelais qu'ils avaient choisi leurs parents (nous, les parents, ne les avons certainement pas choisis !) Je leur disais : "Vous m'avez choisi comme père, pour vous rappeler ce que vous aviez déjà appris dans les précédentes vies, alors faites-le !" Cela calmait leur protestation pour un temps tandis qu'ils considéraient ce que je disais.

Le Temple Physique

Certains ont déclaré que vous êtes ce que vous mangez, mais beaucoup plus précisément, vous êtes ce que vous mangez et aussi ce sur quoi vous mettez votre attention. Vous devenez ce que vous pensez, ressentez, dites et faites. Si vous mangez de la malbouffe transformée et que votre attention est centrée sur la nourriture matérialiste diffusée par les médias, ce sera votre sort dans la vie. Vous allez récolter le fruit de vos choix fait avec libre arbitre. Cependant, si vous décidez de faire des choix plus éclairés, vous aurez des expériences différentes. De plus, les choix que vous faites, dans l'ignorance ou conformément aux Grandes Lois, affecteront directement tous ceux avec qui vous interagissez, y compris vos enfants.

~ Réflexions sur le Chemin

Pour fournir une image plus claire de ce qui est décrit ici, j'ai inclus des éléments et des fragments de mon caractère physique, de mon entraînement, de mon manque de préoccupation quant aux conséquences qui pourraient s'en suivre, pendant la période de ma quête et puis ensuite, quand j'étais fidèle à moi-même. J'ai abordé brièvement les compétences avec lesquelles j'ai fait mon chemin dans le monde extérieur—mes décennies dans l'aviation, mes connaissances scientifiques, d'ingénierie et de construction, et j'ai affirmé que ma joie était toujours dans la communion quotidienne avec ma Présence et le partage du Chemin avec d'autres.

Pour compléter ce tableau, je dois rajouter quelques détails supplémentaires sur le côté santé physique de ma vie. Je ne vais toujours pas consulter des médecins, sauf pour l'aptitude physique à voler afin que je puisse fournir mes certificats professionnels de pilote. J'ai toujours compris que lorsque vous consacrez la nourriture que vous apportez dans votre corps, et qu'il est vraiment important que vous vous exerciez et vous vous efforciez d'habiter en être Divin envers Toute Vie, vous garderez ce corps en bonne santé aussi longtemps que vous en aurez besoin. Quand il sera temps de passer à autre chose, vous passerez. L'expérience des circonstances répétées de l'intercession bénie de l'Archange Michel tout au long de cette vie (dont la plupart sont détaillées ici) m'ont seulement servies à renforcer cela, j'étais encore là parce que j'avais encore du travail à faire.

Voici comment je vis ma vie depuis 40 ans. Chaque matin après ma longue méditation, je fais encore de nombreuses flexions dans le Soleil de ma Présence que j'avais commencé à faire cela dans le sud de l'Inde il y a de nombreuses années. Je vois le Feu de ma Présence se déverser dans mon corps physique, chargeant chaque cellule de l'impulsion de ma Présence. Et, si je ne peux pas faire cet exercice, je me visualise debout dans le centre du Soleil et je commence à respirer profondément, en entonnant le grand mantra, "Je suis la Résurrection et la Vie", à chaque inspiration.

Je visualise le Feu de Résurrection se déversant dans ces 4 corps (physique, émotionnel, mental et de mémoire) qui sont les véhicules de ma Présence. J'utilise les décrets et les affirmations bénis qui ont été écrits par les Grands Maîtres au Sommet, au Temple et dans les activités antérieures lorsque je fais de longues séances d'entraînement cardiologique, ou de vélo, avec des visualisations similaires.

Ce style de vie m'a fourni un corps physique qui est souple, fort, dynamique et sain, capable de faire ce qu'il a besoin de faire, ignorant complètement les prédictions horribles que les médecins me donnèrent, que je serais limité, après que j'ai été "tué" dans ce crash frontal en 1985. Les clés et les origines de sa santé physique sont (comme pour tout le reste) une situation karmique. Les actions auxquelles on s'est engagé au cours de cette vie et des vies précédentes déterminent tout, y compris sa prédisposition physique.

La connaissance et l'application du Chemin, telles que définies par la Fraternité de Lumière, est le moyen le plus rapide pour comprendre et transmuter (par le Feu Violet) les vieux schémas karmiques qui ont limité la santé physique, mais aussi tous les aspects de sa vie. L'incorporation des appels, des méditations et des louanges apporte tout dans le monde d'une personne avec la Perfection de la Présence I Am.

Pour moi, l'activité combinée de l'exercice physique et de la visualisation intérieure, en utilisant ces appels bénis, aide à purifier et à transformer l'accumulation de karma de vies passées qui produisent des limitations physiques, y compris le vieillissement du corps physique. Cette science sacrée est si profonde que beaucoup sur le Chemin semblent plus jeunes que leur âge physique réel. Il existe de merveilleuses histoires des traditions mystiques de l'Inde, où les Maîtres non ascensionnés ont conservé des corps physiques jeunes pendant de très nombreuses décennies, de sorte qu'ils pouvaient être utiles à la Vie beaucoup plus longtemps.

Comme j'ai décrit l'exercice que je fais quotidiennement, depuis plus de 40 ans, je souhaite donner une brève explication de l'appel que j'utilise en conjonction avec cet exercice qui le rend encore plus puissant.

L'énergie vitale du Soleil non seulement nourrit le plan physique mais tous les plans de la vie. Le Soleil derrière le Soleil est bien connu et souvent invoqué dans toutes les pratiques spirituelles anciennes. Hélios et Vesta sont les Hiérarques de notre Soleil, le Grand Père et la Grande Mère de notre système solaire. Ce sont eux qui servent la vie dans notre système de mondes. J'utilise cette invocation à Hélios et Vesta que j'ai modifié quelque peu depuis l'originel "Le Nouveau Jour", publié par le Phare du Sommet.

Hélios et Vesta, Hélios et Vesta, Hélios et Vesta,
Que la Lumière s'écoule dans notre être,
Que la lumière s'étende dans le centre de notre cœur,
Que la lumière s'étende au centre de la Terre
Et que la Terre soit transformée en un Nouveau Jour.

Entre dans notre cœur, O Soleil de Dieu.
Entre dans notre cœur, O Soleil de Dieu.
Entre dans notre cœur, O Soleil de Dieu.
(Répétée 3 fois)

Ci-dessous, j'ai copié quelques magnifiques appels sacrés du Phare du Sommet qui sont un excellent cadeau pour l'éveil de l'humanité. Ces appels aident à la cristallisation et à la focalisation du Feu Sacré dans sa conscience, son être et son monde entier, lorsqu'ils sont administrés au cours de la prière et de la méditation matinale, ou à tout autre moment de la journée.

Hymne au Soleil

O puissante Présence de Dieu, I AM, JE SUIS,
dans et derrière le Soleil :
J'accueille ta Lumière qui inonde toute la Terre,
Dans ma vie, dans ma pensée, dans mon esprit,
dans mon âme.
Rayonne et Flamboie ta Lumière !
Casse les attachements de l'obscurité et de la superstition !
Charge-moi avec la grande clarté
De ton rayonnement de feu blanc !
I AM, JE SUIS ton enfant, et chaque jour je deviendrai
Plus ta manifestation !

JE SUIS la Lumière du Cœur

JE SUIS la Lumière du Cœur
Brillant dans l'obscurité d'être
Et transformant tout en trésor d'or
De l'Esprit Christique.

I AM, Je projette mon Amour dans le monde
Pour effacer toutes les erreurs
Et pour démolir toutes les barrières.

I AM, JE SUIS le pouvoir de l'Amour infini,
S'amplifiant lui-même
Jusqu'à ce qu'il soit victorieux, monde sans fin !

Copyright © The Summit Lighthouse

Le Processus d'Edition Commence (3 Octobre 2012)

En ce jour, au petit matin (4h30), je me réveillai avec en mémoire une merveilleuse expérience hors-du-corps. J'étais avec un grand groupe de personnes, peut-être une centaine, dans une sorte d'amphithéâtre. Sur la scène se produisait une danse magnifiquement chorégraphiée de peut-être quelques dizaines de personnes, toile de fond du discours d'une personne sur un aspect du Chemin.

Je me souviens d'avoir écouté cette personne et de regarder cette danse chorégraphiée devenir plus élaborée et plus glorieuse alors que le discours devenait plus beau et plus puissant. Ensuite, j'ai regardé les danseurs réellement léviter, n'étant plus retenus par la gravité. C'était une fontaine de joie, c'était une promesse. Il semblait que les danseurs étaient étonnés de leur nouvelle liberté hors de la gravité. C'est alors que j'ai compris qu'un Grand Maître était impliqué, il donnait le discours que représentait la danse chorégraphiée.

Je me suis déplacé pour me rapprocher du Maître, afin que je puisse entendre plus clairement. J'étais peut-être à quinze mètres maintenant. Le Maître était debout sur une masse d'eau ou se déplaçait dedans. Alors, pendant que je sentais l'exultation à l'enseignement du Maître et que je regardais cette danse glorieuse, le Maître commença à marcher vers moi. Comme il s'approchait, je le reconnus comme étant Saint Germain. Ses yeux étaient lumineux alors qu'il regardait ceux qui étaient rassemblés tout autour, et il avait un sourire doux sur son visage. Il était à environ trois mètres de distance quand il me regarda directement. Alors, ses actions, à ce moment, changèrent. Je pouvais le sentir concentrer toute son attention sur moi avec ce sourire doux sur son visage, alors que nos yeux se fixaient l'un l'autre, il y eu une communication complète et je lui dis : "Merci, merci …"

Il y eut un courant électrique de joie, quelque chose de merveilleux se transmettait. Puis il attira mon attention sur un berceau vide à proximité, et il haussa les épaules comme s'il demandait où ? Qu'en est-il maintenant ? Une femme légèrement en arrière, à côté de moi, avança avec deux jeunes enfants dans ses bras. Et là, l'expérience s'effaça et je fus complètement réveillé, rempli de louanges dans mon cœur d'avoir été éveillé par une expérience aussi merveilleuse. A ce moment, je ne comprenais pas la partie à propos du berceau vide et de la femme tenant les deux enfants. Mais ensuite, à la fin de ce temps d'écriture matinale, le jour du 18ème anniversaire de Jesse, j'eus le flash que le berceau vide que Saint Germain regardait en haussant les épaules comme pour dire, et maintenant, où sont les enfants, était une forme pensée, transmise pour me dire que Jesse avait maintenant 18 ans, mes vingt-neuf ans en tant que père étaient terminés ; il était temps de m'engager pleinement dans la mission de cette vie.

J'avais déjà prévu d'envoyer aujourd'hui cette histoire à mon ami auteur qui ferait une édition simple de ce travail, utilisant l'anniversaire de Jesse et le début du cycle de conférence de l'automne au Temple comme des événements favorables pour commémorer le début du processus d'édition. L'avènement de cette merveilleuse expérience au début de ce matin est plus qu'un heureux hasard. C'est une partie intégrale de l'ensemble du processus décrit dans cette histoire : une avancée appropriée pour poursuivre le plan.

L'Œuvre Sacrée de la Fraternité et Vous

Tout au long de ce récit, j'ai partagé mes aventures et mes expériences qui peuvent sembler inhabituelles pour beaucoup de ceux qui lisent ces mots. Encore une fois, j'ai utilisé l'analogie selon laquelle, lorsqu'une personne éprouve quelque chose qui est tellement étranger aux concepts quotidiens par lesquels il vit sa vie, comment cela pourrait-il en être autrement ? Pensez comment, au cours des cent dernières années, les civilisations isolées ont réagi lorsqu'elles ont vu un premier avion voler au-dessus de leur tête.

J'ai déclaré au début de ce travail que divers comptes-rendus des Grands Maîtres, qui composent cette Fraternité sacrée de Lumière, ont d'abord fait surface dans la culture occidentale au cours des 120 dernières années. Ces comptes-rendus ont jailli en Amérique du Nord, en Amérique du Sud, en Europe et en Asie, et probablement en Afrique et en Australie aussi (Je ne suis pas coutumier de ces régions).

Beaucoup de ces livres ont été publiés, apparemment sans aucun lien entre les différents autres groupes ou organisations qui ont présenté ces livres. Chacun contient un thème similaire, celui d'une éternelle Fraternité de Lumière sacrée composée de tous les Grands Etres de l'Occident et de l'Orient, y compris Bouddha, Jésus, Kwan Yin, Mère Marie, Zarathoustra, Saint Germain et bien d'autres dont leur vie même a démontré une telle vérité, un tel amour, une telle sagesse et un tel pouvoir pour laisser un enregistrement permanent dans la conscience de l'humanité qu'il y a un moyen plus élevé, et que c'est le droit de naissance de Tous.

Ce qui m'a frappé au début de l'adolescence, et qui s'est répété souvent tandis que je grandissais, c'était le merveilleux de tout cela, que cette Fraternité sacrée n'était associée à aucune religion, ni gouvernement, que vous ne pouviez visiter son lieu ni aucun de ses membres. En fait, au début de ma recherche, il était difficile de trouver une référence aux Maîtres, mais quand je les ai trouvées, cela m'a rempli d'une joie électrique. Finalement, voilà la vérité. Maintenant, ce qui est curieux c'était que c'était eux qui faisaient connaître leur Présence à ceux qui cherchaient la vérité. C'était si logiquement rafraîchissant par rapport au dogme religieux dont j'avais été gavé enfant. En lisant ces concepts, mon cœur s'élargissait, il y avait vraiment un magnifique but derrière toute chose. Cela avait de plus en plus de sens pour moi.

Un Calice Elevé

J'ai décrit dans ce récit mon processus de découverte. Maintenant, avec une immense reconnaissance à ma Présence à laquelle je me réfère dans mon cœur en tant que Père, avec une immense reconnaissance envers ces Grands Etres qui m'ont aidé pendant toutes ces années et toutes mes vies. Avec une immense reconnaissance pour les moyens de produire cette histoire, je vous la transmets pour qu'elle puisse vous aider dans votre voyage et quelque soit le Chemin que vous pourriez prendre.

J'ai recommandé à beaucoup quand ils commencent à lire les livres ou à écouter l'un des services enregistrés ou en direct du Temple de La Présence (ou n'importe quel livre sur le Chemin), de demander à leur Présence Divine, au Grand Maître ou à l'Ange qu'ils ressentent, quel qu'il soit, de les aider à intégrer ce qu'ils vont lire : pour pouvoir lire entre les lignes écrites ou prononcées. Si c'est pour vous, alors il y a beaucoup de matière supplémentaire à partager sur ce sujet, des plus anciens aux plus sacrés. (Voir la lecture recommandée.)

La clé de ceci est de faire en sorte que votre esprit se retire, afin que vous puissiez lire avec votre cœur, voir avec votre cœur, entendre avec votre cœur, ressentir avec votre cœur et agir à partir de votre cœur, et non à partir de votre esprit extérieur. Finalement, cet exercice intérieur continuera de plus en plus dans les affaires de votre vie lorsque vous deviendrez un Calice Elevé d'Amour, de Sagesse et de Pouvoir Divins pour tous. C'est ici, dans la Chambre Secrète du Cœur, que vous commencerez à entendre la voix douce de votre Présence Divine.

Il est temps pour beaucoup de ceux qui savent déjà cela à l'intérieur de s'éveiller consciemment à cette connaissance. Je ne parle pas d'une simple compréhension "intellectuelle" des concepts ici. Si ceci parle à votre cœur, alors comprenez que vous êtes peut-être sur le point d'entreprendre un voyage de changement de vie.

Il se peut que cela n'implique pas de quêtes à Jérusalem, à l'Himalaya ou en l'Inde, ou des expériences de mort imminentes, ce ne sera peut-être pas aussi dramatique ou aussi difficile que certaines de mes aventures que vous avez lues ici, mais si vous êtes sincère et que vous y mettez votre cœur, votre vie changera pour le mieux. Car une fois que vous êtes touché par l'Amour toujours aussi doux et intense de votre Présence, vous rappelant Qui Vous Etes Vraiment, c'est comme une charge électrique qui apporte une accélération qui transmet le pouvoir de vivre différemment. Le Chemin devient l'aspect le plus Sacré et le plus Réel de votre Vie. Vous devenez un Calice Elevé. La Joie, la Paix, la Sagesse et la Protection que cela vous offrira ainsi qu'à votre famille et vos proches est au-delà des mots transmis.

Je vous recommande à Votre Présence. Que la Fraternité de Lumière, l'Archange Michel et ses Légions Vous guident et Vous protègent et pour Tout dans ce voyage sacré. ☙

~ Le Pouvoir des Décrets du Temple de La Présence

Ce qui suit sont quelques sélections très spéciales du Temple de La Présence, du I AM, Adorations, Affirmations, Fiats et Décrets Rythmiques. (Ce livre entier peut être commandé directement sur le site du Temple).

Ces appels véhiculent tellement. Lorsqu'ils sont lus et récités comme une méditation sacrée, les concepts contenus dedans se développent dans votre conscience. Chaque fois qu'ils sont récités, les actions représentées deviennent plus fortes et plus omniprésentes dans son monde en raison des sciences qui ont été légèrement abordées dans cette histoire. Ces appels spécifiques en eux-mêmes transmettent de nombreux aspects de ces anciens enseignements sacrés par lesquels les aspirants, avec leur propre libre arbitre, peuvent se libérer des attaches des momentum karmiques, révélant de plus en plus leur Présence Divine à l'intérieur d'eux.

Ceux-ci sont présentés ici pour ceux d'entre vous qui souhaitent expérimenter cet exercice sacré maintenant, afin que vous puissiez avoir le compte rendu de cette action dans votre conscience lorsque vous avancez dans votre vie. Vous pouvez télécharger un ensemble de décrets, d'affirmations et de louanges pour commencer sur le site Internet du Temple à : www.templeofthepresence.org/pdf/decreesample.pdf

Appels pour la Protection

Puissante Présence I AM !
 Ton Autorité est en Action dans mon monde !

Puissante Présence I AM
 et Bien-Aimé Archange Michel !

Vous et vos Légions d'Anges tenez-vous dans mon monde dès maintenant ! Libérez les Éclairs Bleus de Dix-Milles Soleils tout de suite. Balayez toute opposition astrale et psychique, toute condition humaine dans mon monde et annihilez-les tout de suite !

Puissante Présence I AM ! Bien-Aimé Jésus, Bien-Aimé Archange Michel et Bien-Aimée Archée Foi :

Prenez le commandement de mon être et de toute apparence d'imperfection et d'irréalité dans mon monde.

Bien-Aimé Archange Michel : *Flamboie (3x)* tes Éclairs Bleus dans, à travers et autour de toute opposition à l'Accomplissement Victorieux de chacun des Appels que je fais aujourd'hui et des buts internes à ce Service de Décrets.

Copyright © The Temple of The Presence

Archange Michel

Prince Michel Archange
Et les Légions de Lumière !
J'ai besoin de Vous, venez rapidement,
Pour bannir tout effroi !

Un Calice Elevé

Chœur :
Flamboie ta Lumière Bleue ! Délivre le Feu Cosmique !
  Saisis chaque apparence de désir humain !
Éclairs de Lumière Bleue ! Descendez de là-haut !
  Brisez toute noirceur opposée à l'Amour de Dieu !

Épée de Flamme Bleue et Éclairs de Feu Blanc !
  Élevez de plus en plus haut les faits et les mémoires !

Saint Michel Archange,
Grand Tourbillon de Pouvoir !
Ô, Champion de ma Cause
A chaque heure qui passe !

Seigneur Michel Archange,
Grande Épée de Flamme Bleue !
Protège-nous, Défends-nous,
Au Nom de Dieu I AM !

Coda :
  Sépare l'irréalité !
    Révèle ma Destinée de Feu !
  Défends mon Identité Christique !
    Et Manifeste ma Victoire ! (3x)

Que la LUMIERE Soit !
  Par la Puissance de l'Archange.
Que la FOI Soit !
  En Tout ce qui est Vérité.
Que le POUVOIR Soit !
  Gagner la Liberté de Dieu.
Que la JOIE Soit !
  Servir la Volonté de Dieu.

(Remarque : le chœur est répété après chacun des 3 couplets.)

Copyright © The Temple of The Presence

Appel à la Résurrection par Jésus

I AM, I AM, I AM, JE SUIS la Résurrection et la Vie de la Conscience de Jésus Christ maintenant manifesté dans chaque atome, cellule, et électron de mes quatre corps inférieurs et de toutes mes affaires ! *(3x, 9x, ou 12x)*

Feu Violet

Au Nom de la **Bien-Aimée Puissante Présence de Dieu, I AM** en moi, et ma propre **Bien-Aimée Présence Christique Sacrée**, par le Pouvoir et l'Autorité de la **Tri-Flamme** Victorieuse et Immortelle qui flamboie sur l'Autel de mon Cœur, j'appelle les Bien-Aimés Alpha et Oméga dans le **Grand Soleil Central**, Bien-Aimés Hélios et Vesta dans le Soleil de notre Système, Bien-Aimés Saint Germain et Portia, Bien-Aimé Maha Chohan, Bien-Aimé Omritas, Dirigeant de la Planète Violette, Bien-Aimé Archange Zadkiel et Sainte Améthyste, Bien-Aimés Puissants Elohim Arcturus et Victoria, Bien-Aimés Sanat Kumara et Maître Dame Vénus et les sept Saints Kumaras, Bien-Aimés Jésus et Mère Marie, Bien-Aimée Kwan-Yin, les Seigneurs du Karma, et les Hiérarques des Éléments — Terre, Air, Feu, Eau et Akasha — à Flamboyer la Flamme Violette de Transmutation dans ma conscience entière, mon être et mon monde. Étends cette Flamme pour inclure toute l'humanité et la vie élémentale. A cette fin je décrète :

> JE SUIS le Feu Violet
>   Tout l'Amour Consumant de Dieu.
> JE SUIS le Feu Violet
>   Descendant d'en Haut !
>
> JE SUIS le Feu Violet
>   Si Cristallin et Brillant.
> JE SUIS le Feu Violet
>   Délivrant la Puissance de la Liberté !

JE SUIS le Feu Violet
  Transmutant de Part et d'Autre.
JE SUIS le Feu Violet
  Faisant Toute Chose Nouvelle !

JE SUIS le Feu Violet
  De Vapeur et de Flamme Suprême.
JE SUIS le Feu Violet
  Restaurant le Rêve des Cieux !

JE SUIS le Feu Violet
  Une Puissante Flamme Tournoyante.
JE SUIS le Feu Violet
  Ascensionnant à Nouveau !

JE SUIS le Feu Violet
  Transmutant de Part et d'Autre.
JE SUIS le Feu Violet
  Nous libérant, Vous et Moi !

Copyright © The Temple of The Presence

Quand on commence à comprendre ce qui est contenu dans les appels ci-dessus, c'est à la fois une expérience humble et puissante; humble dans le sens où l'action sacrée invoquée est si belle, si vaste et incluant tout, transmettant de tels espoirs et promesse d'une glorieuse liberté seulement rêvée; puissante en ce sens que, tandis qu'on accélère dans ce décret sacré, la majesté de sa propre Présence donnant ce décret est vraiment de plus en plus vécue, et le décret devient encore plus puissant.

Et pourtant, ce ne sont que quelques appels; Il y en a tellement d'autres. Et alors, qu'en est-il de la grandeur et de la profondeur de ces enseignements délivrés par cette Fraternité de Lumière sacrée, délivrés au Temple de La Présence ? Tout ce que l'on peut faire au figuré ou en réalité est de tomber à genoux et remercier Dieu pour cet excellent don de Liberté et tout ce qu'il implique.

Maintenant, pour conclure ces extraits des appels du Temple, j'inclus ci-dessous ce qui est donné en tant que fiat :

Criez la Lumière Cosmique

Puissante Lumière Cosmique, flamboie !
   Que Dix-Mille Soleils descendent !
I AM, JE SUIS le Commandement du Christ Cosmique !
   Défends les enfants de la Terre !

Puissante Lumière Cosmique, jaillis !
   Flamboie à travers la nuit la plus noire !
I AM, JE SUIS le Pouvoir qui rend nouvelle toute chose et
   Qui se réveille à la Lumière de l'aube !

Puissante Lumière Cosmique, lève-toi !
   Transmute par mon Décret !
I AM, JE SUIS le Commandement du Christ qui Tonne !
   Proclamant la Liberté pour toute Vie !

Puissante Lumière Cosmique, brille !
   D'une mer brillante à l'autre !
I AM, JE SUIS ton Amour Consumant-Tout,
   L'Amour qui rend tout libre !

Force Cosmique de la Nature, déverse !
   Plus de Lumière ! Plus de Lumière pour Toi !
I AM, JE SUIS la Liberté Divine pour la Terre !
   I AM, JE SUIS sa Liberté !

(3x, 9x, 12x)

Copyright © The Temple of The Presence

Le Temple Flottant du Soleil

"Tout pour l'Amour de Dieu—Partout en Action".

Lorsque l'appel ci-dessus a été donné pour la première fois pendant un service formel du Temple par Monroe, avec plusieurs dizaines de personnes le rejoignant dans sa récitation, cela a résonné partout dans mon être. Avec euphorie, j'ai senti et vu l'action de cet appel rouler sur la surface de la Terre. C'est tellement puissant, surtout lorsqu'il est donné à l'unisson avec d'autres, ce qui se produit au cours de chaque service du Temple dans le cadre de la construction du champ de force qui permet aux Grands Etres de venir.

Quelques années plus tard, j'ai sculpté cet appel dans les huit panneaux qui entourent la grande roue de prière tibétaine qui orne le sommet même du temple pagode flottant représenté sur cette image.

J'ai d'abord vu ce temple dans une méditation alors que ma mère s'approchait de sa transition. La zone où je l'ai vu se superposer était un endroit boisé et marécageux près de notre vaste étang paysager. A son décès, j'ai commencé le processus de construction. L'année précédente, j'avais dégagé l'aire des arbres et creusé l'étang. Chaque jour en méditation, j'ai vu la tâche de construction pour ce jour-là, ne voyant jamais l'image entière du temple, juste les détails de la construction pour lesquels je devais m'engager pour cette journée précise.

Chaque jour que je travaillais, j'écrivais des mantras et des appels sur les différents morceaux de bois que je coupais et assemblais. Le temple se trouve au milieu d'un étang en forme de cœur de 18 mètres de diamètre. Le seul accès possible serait soit "en marchant sur l'eau" soit par le pont de 6 mètres renforcé et arqué, posé librement. Tout au long du printemps de l'été et de l'automne, il est entouré de fleurs parfumées, du tintement des cascades qui alimentent l'étang, et les oiseaux et les grenouilles chantant leurs chœurs. Lorsque l'on pénètre dans le temple, la première chose que l'on voit (en dehors de la beauté de la nature) est le premier panneau avec mon mantra favori sculpté : "Tout pour l'Amour de Dieu—Partout en Action". C'est un Lieu magique pour les louanges. ෬

Lectures Recommandées/ Sites Web

Voici quelques ressources que vous pourriez trouver intéressantes :

BIBLIOGRAPHIE :
(Certains livres ne sont disponibles qu'en anglais.)

Autobiographie d'un Yogi (Éditions Adyar, et collection J'ai Lu, 1946), Paramahansa Yogananda

Les Mystères Dévoilés (Publications du Nouveau Monde, 1934), Godfré Ray King

La Présence Magique (Agorma, 1935), Godfré Ray King

Les Discours du "I AM" (Collection de Saint Germain, Vol. 3, 1935), Godfré Ray King

La Vie des Maîtres (Robert Laffont, 1924), Baird T. Spalding

L'Evangile du Verseau (The Aquarian Gospel of Jesus the Christ), Levi H. Dowling (1908)

Les Maîtres et le Sentier (Société Théosophique, 1925), Charles W. Leadbeater

Aux Pieds du Maître (Société Théosophique, 1910, Éditions Adyar), Jiddu Krisnamurti

Agni Yoga (Agni Yoga Society, 17 titres : 1923-1941), Nicholas and Helena Roerich

Prière et Méditation (The Summit Lighthouse, 1978), Jésus et Kuthumi

Climb the Highest Mountain (The Summit Lighthouse, 1972), Mark et Elizabeth Prophet

Les Etudes De L'Aura Humaine (The Summit Lighthouse, 1975), Mark Prophet

J'ai Vécu sur Deux Planètes (Frederick S. Oliver, 1905, Robert Laffont), Phylos le Tibétain

The Bridge to Freedom Dispensation (Plus de 70 titres: 1952-1961), Géraldine Innocente (Ascended Master Teaching Foundation)

Wisdom from White Eagle (White Eagle Lodge, plus de 50 titres, 1936-1979), Grace Cooke

Œuvres complètes de Shri Aurobindo (Albin Michel & Buchet Chastel),
La Vie Divine (4 tomes, 1939)
La Synthèse des Yoga (3 tomes, 1940)

SITES WEB :

Musique Sacrée de Roop Verma
Des informations sur les concerts et séminaires de Roop ainsi que sur les CD de ses enregistrements sont disponibles à : roopverma.com

Ascension Research Center
Un Centre de Recherche sur les Enseignements des Maîtres Ascensionnés, à : ascension-research" (en anglais)

Le Temple de La Présence
Emissions en direct et enregistrées des discours et des dictées par Monroe et Carolyn Shearer, à : templeofthepresence"
(en plusieurs langues dont le français)

An Upraised Chalice (Un Calice Elevé)
Plus d'informations, blog de commentaires sur le Chemin, tirages en couleur des illustrations de couverture et copies supplémentaires de ce livre à : upraisedchalice.com

www.ingramcontent.com/pod-product-compliance
Lightning Source LLC
Chambersburg PA
CBHW061632040426
42446CB00010B/1382